Ralf Georg Reuth
Andreas Bönte

Das Komplott

SERIE PIPER
Band 2052

Zu diesem Buch

Wie setzte Gorbatschow das KGB gegen die orthodoxe SED-Führung ein? Welche Rolle spielten Markus Wolf, Hans Modrow, Lothar de Maizière, Ibrahim Böhme, Manfred Stolpe und andere während der Wende?

War Honeckers Sturz die Folge eines Komplotts?

Öffnete Honecker-Zögling Krenz die Berliner Mauer ohne Zustimmung des Kremls?

Welche Rolle spielte ›das Volk‹?

Auf diese und andere Fragen geben Ralf Georg Reuth und Andreas Bönte geradezu sensationelle Antworten. In ihrem hochbrisanten Buch enthüllen die Autoren so erstmals die eigentlichen Zusammenhänge jener Entwicklung, die zur deutschen Einheit führte.

»Da nun kleinliche Flickschusterei den Vereinigungsbetrieb entstellt, lenkt Reuths und Böntes brillanter Grundriß der Geschichtsmechanik den Blick zurück auf ein Stück Staatskunst. Das ist der Stoff, der analytische Bücher verlohnt.«

Sender Freies Berlin

Ralf Georg Reuth, geboren 1952 im Oberfränkischen. Dr. phil., von 1985 bis 1994 Korrespondent der »Frankfurter Allgemeinen Zeitung« in Berlin, seitdem Leiter des Berliner Büros der »BILD«-Zeitung. Im Piper Verlag erschienen: »Goebbels« (1991)

Andreas Bönte, geboren 1959 in Kiel, Leiter und Moderator des ARD-Magazins »Report aus München«.

Ralf Georg Reuth
Andreas Bönte

Das Komplott

Wie es wirklich zur deutschen Einheit kam

Piper
München Zürich

Von Ralf Georg Reuth liegt in der Serie Piper außerdem vor:
Joseph Goebbels Tagebücher (SP 1410)

ISBN 3-492-12052-0
Neuausgabe März 1995
3. Auflage, 11.–14. Tausend
(1. Auflage, 1.–4. Tausend dieser Ausgabe)

Umschlag: Federico Luci
Foto: Süddeutscher Verlag, Bilderdienst
Gesamtherstellung: Clausen & Bosse, Leck
Printed in Germany

Inhalt

Das »Europäische Haus« und die Perestroika – eine Einleitung

Begonnen hatte alles im Moskauer Hauptquartier des sowjetischen Geheimdienstes KGB. Dort, in dem riesigen Gebäudekomplex an der Lubjanka, waren Glasnost und Perestroika als Antwort auf die große Krise des Sowjet-Imperiums konzipiert worden.[1] Keine Institution in der UdSSR wußte besser, wie es wirklich um die Supermacht stand. Nur das KGB kannte die wahre Situation der Planwirtschaft und das ganze Ausmaß der technologischen Überlegenheit des Westens. Der damalige Chef des Geheimdienstes, Jurij W. Andropow, hatte dies schon Ende der siebziger Jahre zum Anlaß genommen, tiefgreifende Reformen des Systems anzumahnen, fürchtete er doch um die weltpolitische Machtstellung der Sowjetunion.

Als Andropow nach dem Tod von Leonid Breschnew im November 1982 in Partei und Staat die Führung übernommen hatte, war seinen Äußerungen und Veröffentlichungen das Bemühen anzumerken, einerseits die »Altkommunisten« nicht zu brüskieren, andererseits aber die Schwächen des Systems behutsam anzusprechen. So tat er es zum Beispiel im Verlauf seiner Rede vor dem Plenum des ZK der UdSSR im Juni 1983, als er sagte: »Leider, Genossen, sieht es mit der Umsetzung der Errungenschaften von Wissenschaft und Technik bei uns in der Praxis, wie Sie wissen, noch schlecht aus. Der Wirtschaftsleiter, der ein Risiko eingeht und eine neue Technologie im Betrieb einführt, neue Anlagen einsetzt oder produziert, hat nicht selten das Nachsehen, während jener, der Neuerungen aus dem Weg geht, nichts verliert«[2] – ungewohnte Worte nach den selbstherrlichen Jahren der Breschnew-Ära.

Mit Andropow schob sich auch ein Mann in das Moskauer Machtzentrum, den man im Westen bestenfalls als Landwirtschaftsexperten kannte: Michail S. Gorbatschow.[3] In Moskau hatte er Anfang der fünfziger Jahre Rechtswissenschaften studiert und war dort auch in die Partei eingetreten. Rasch avancierte der schon mit 19 Jahren mit dem »Roten Banner der Arbeit« Ausgezeichnete zum Komsomolzenchef seiner Studiengruppe. Sein eigentlicher Aufstieg als Parteifunktionär begann in seiner nordkaukasischen Heimat Stawropol, von wo er 1970 in den Obersten Sowjet gewählt wurde. Im Jahr darauf holte man ihn als Vollmitglied ins Zentralkomitee der KPdSU. Als der dort für Landwirtschaft zuständige Fjodor D. Kulakow starb, übernahm Gorbatschow dessen Posten. Im Oktober 1978 wurde er Vollmitglied des Politbüros, das bei weitem jüngste in dem Führungsgremium.

Gorbatschows steile Karriere wäre ohne einflußreiche Förderer nicht möglich gewesen. Zu diesen gehörte neben Kulakow der noch unter Stalin eingesetzte Michail A. Suslow, der gefürchtete Chefideologe der Partei, der deren Linie als Richtschnur für alle kommunistischen Parteien konsequent durchgesetzt hatte. Hinzu kam als Gönner vor allem aber der langjährige KGB-Chef Andropow, der den Nordkaukasier unter seine Fittiche genommen hatte. Auch der hatte schon früh sein Interesse an dem mächtigen KGB bekundet. Seine praktische juristische Ausbildung leistete er wohl deshalb nicht bei einem Gericht oder einer Staatsanwaltschaft ab, sondern beim Geheimdienst. Andropow setzte seinen gelehrigen Zögling für seine Politik ein. Um diese in Angriff nehmen zu können, galt es zunächst, im Parteiapparat den Widerstand der orthodoxen Kommunisten zu brechen. Gorbatschow war es, der nun zahlreiche Partei- und Staatsfunktionäre des Machtmißbrauchs und der Korruption bezichtigte und damit aus ihren Ämtern entfernen ließ.

Da nach der Phase der Stagnation während der Breschnew-Ära die Zeit drängte, wollte der weitsichtigere Andropow nun die Reformen zügig ins Werk setzen, ging es doch seiner Auffassung zufolge um das Überleben des Sozialismus. Um diesen stand es schlecht, auch wenn die Propaganda mit ihren manipulierten Leistungsbilanzen anderes glauben machen wollte. Nur der positiven Preiskonjunktur auf den Weltrohstoffmärkten hatte es die Sowjetunion zu verdanken, daß es nicht schon Ende der siebziger Jahre zum wirtschaftlichen Zusammenbruch gekommen war. Erdöl und Erdgas konnten nämlich mit großen Gewinnen verkauft werden. Nicht zuletzt dies hatte von der Tatsache abgelenkt, daß die Sowjetunion immer noch nicht über die Wirtschaftsstruktur eines industriellen Entwicklungslandes hinausgekommen war.

Andropows Reform-Frühling dauerte jedoch nur wenige Monate. Bereits bei seinem Amtsantritt schwer erkrankt, starb er am 9. Februar 1984. Es folgte der 72 Jahre alte, kränkelnde Konstantin Tschernenko. Der langjährige Weggefährte Breschnews hatte sich gegen die Perestroikisten durchgesetzt, weil er sich mit denjenigen zusammengetan hatte, die Rache für Andropows »Säuberungsaktionen« hatten nehmen wollen. In der westlichen Welt war man mit der Ernennung Tschernenkos nicht unzufrieden, schätzte man doch den neuen Kremlchef als umsichtigen Außenpolitiker ein, der nicht zu hastigen und unberechenbaren Entscheidungen neigen würde. Gleichwohl sah man in Tschernenkos Machtübernahme ein unübersehbares Krisensymptom. »Die Zeit« schrieb darüber: »Der Rückgriff auf einen Mann, dessen Alter schon bei Amtsantritt zehn Jahre über der durchschnittlichen Lebenserwartung der (männlichen) Sowjetbürger liegt, zeigt die akute Paralyse des Moskauer Führungssystems ebenso auf, wie die traditionellen Parallelen zum hinsiechenden zaristischen Imperium.«[4]

Aber auch Tschernenkos Regierungszeit war kurz. Am 10. März 1985 erlag er seinem Leiden. Am darauffolgenden Tag wurde Gorbatschow zum neuen Generalsekretär der KPdSU ernannt. Seit Monaten hatte er sich auf diese Stunde vorbereitet. Er selbst berichtet, daß er mit einem Expertenstab eine umfassende Analyse zur Lage des Sowjetimperiums angestellt hätte, deren Ergebnis niederschmetternd gewesen sei. Gorbatschow schrieb: »Unsere Gesellschaftsform hat Vollbeschäftigung garantiert und für fundamentale soziale Sicherheit gesorgt. Gleichzeitig aber hat sie versäumt, die Möglichkeiten des Sozialismus voll auszuschöpfen, um den wachsenden Bedarf an Wohnungen und qualitativ hochstehenden Lebensmitteln zu decken; sie hat es versäumt, das Transportwesen zweckmäßig zu organisieren, medizinische Betreuung und Bildung zu verbessern und andere Probleme zu bewältigen, die natürlich in dem Maße entstehen, wie sich die Gesellschaft weiterentwickelt. Eine absurde Situation trat ein. Die Sowjetunion, der Welt größter Produzent von Stahl, Rohstoffen, Öl und Energie, produziert in diesen Bereichen noch immer nicht genug; Ursache ist die verschwenderische und ineffiziente Nutzung. Obwohl einer der größten Getreideproduzenten, muß unser Land Millionen von Tonnen Futtergetreide pro Jahr importieren (...) Mit verblüffender Genauigkeit finden unsere Raketen den Halleyschen Kometen oder fliegen zur Venus, aber neben diesen wissenschaftlichen und technologischen Triumphen verzeichnen wir einen offenkundigen Mangel an Effizienz, wenn es gilt, diese wissenschaftlichen Errungenschaften für den wirtschaftlichen Bedarf nutzbar zu machen.«[5]

Gorbatschow setzte nun fort, was sein Lehrmeister Andropow als Chef des KGB begonnen hatte: Schonungslos sprach er die Situation an, um den Funktionären in den Parteigremien und Apparaten zu verdeutlichen, daß jetzt gehandelt werden mußte. Wiederaufgenommen wurden von Gorbatschow auch die »Säuberungsaktionen« innerhalb von Partei und Staat. In den ersten zehn Monaten seiner Amtszeit wechselte er drei Dutzend Minister und mehr als fünfzig Gebietsparteisekretäre aus. Für Aufsehen – auch im Westen – sorgte die »Weglobung« Andrej Gromykos, des seinerzeit dienstältesten Außenministers der Welt, der fortan das mit verhältnismäßig wenig Einfluß ausgestattete Amt des Staatsoberhauptes der UdSSR bekleiden sollte, das Gorbatschow dann 1988 von ihm übernahm. Registriert wurde auch das Ausscheiden des hartnäckigsten Gorbatschow-Gegenspielers im Politbüro, Grigorij W. Romanow.

Nachdem Gorbatschow seine Machtbasis innerhalb der Partei ausgebaut hatte, stellte er im Oktober 1985 sein Programm des grundlegenden »Umbaus«, der Perestroika, vor. Er wollte darunter die »Initiative der Massen« und vieles mehr verstanden wissen: »Entwicklung der Demokratie auf breiter Basis, sozialistische Selbstverwaltung, Förderung der Initiative und schöpferischer Arbeit, Stärkung der Ordnung und Disziplin, mehr Offenheit, Kritik und Selbstkritik in allen Bereichen unserer Gesellschaft; ein Höchstmaß an Achtung des Individuums und Wahrung seiner persönlichen Würde. Perestroika bedeutet Intensivierung der gesamten sowjetischen Wirtschaft, Wiedereinführung und Entwicklung der Prinzipien des demokratischen Zentralismus bei der Führung der Volkswirtschaft, generelle Einführung ökonomischer Methoden, Verzicht auf ein Management des Kommandierens und administrativer Methoden sowie Ermutigung zu Innovation und sozialistischem Unternehmergeist auf allen Ebenen.«[6] Mit anderen Worten: Gorbatschow wollte einerseits für die maroden Staatsbetriebe mehr Selbständigkeit und Eigenverantwortung, andererseits den Einfluß der Partei auf die wirtschaftlichen Prozesse beschränken. Er wollte mehr Markt.

Bestandteil der Perestroika sollte Glasnost, eine neue Offenheit, sein. Mit dem Pluralismus verheißenden Schlagwort wollte Gorbatschow die Intelligenz des Landes für sich und sein Programm gewinnen. Ihr war die Funktion eines Transmissionsriemens zugedacht, über den die Reformen den Arbeitern und Bauern vermittelt werden sollten.[7] Noch wichtiger mußte Gorbatschow die Zustimmung des Militärs sein. Gegenüber diesem setzte er auf das Argument und stieß dabei auf offene Ohren, denn längst hatten die Generäle erkannt, daß die wirtschaftliche Talfahrt der Sowjetunion bei aller Konzentration der Ressourcen auch nicht vor dem militärisch-industriellen Komplex Halt machen würde.[8] Gerade auf dem Gebiet der Mikroelektronik, die für die Wehrtechnik zunehmend an Bedeutung gewonnen hatte, geriet der Warschauer Pakt gegenüber dem Westen immer weiter ins Hintertreffen. Des amerikanischen Präsidenten Ronald Reagans SDI-Projekt war zu einem regelrechten Schreckgespenst für den sowjetischen Generalstab geworden, zeichnete sich doch damit die unabwendbare militärische Überlegenheit der Vereinigten Staaten ab.

Zentraler Punkt in Gorbatschows auf dem XXVII. Parteitag der KPdSU im Frühjahr 1986 erörterter Konzeption war dann auch die Beendigung des atomaren Wettrüstens. Abrüstungsschritte boten der Sowjetunion auch andere Vorteile: Sie mußten den Genesungsprozeß der mit Rüstungsaufwendungen überstrapazierten, umzugestaltenden Wirtschaft zusätzlich befördern. Gleichzeitig konnte eine sich friedliebend präsentierende Sowjetunion mit einem ganz anderen Umfang der so dringend benötigten westlichen Wirtschaftshilfe rechnen.

Schon das erste Gipfeltreffen zwischen Gorbatschow und Reagan im November 1985 in Genf war nach Jahren diplomatischer Frosttemperaturen durch eine ungewohnte Wärme gekennzeichnet. Als der sowjetische Partei- und Staatschef dann im darauffolgenden Januar vor der Weltöffentlichkeit die vollständige Beseitigung der Kernwaffen bis zur Jahrhundertwende anbot, war die Überraschung perfekt und Washington schlagartig in die Defensive gedrängt. Dies war insbesondere deshalb der Fall, weil sich die westliche Verteidigungsstrategie aufgrund der konventionellen Überlegenheit des Warschauer Paktes auf die nukleare Abschreckung stützte.

Hinter dem Vorschlag der vollständigen atomaren Abrüstung stand die schlichte Erkenntnis, daß ein Atomkrieg vor allem Europa, nicht aber Nordamerika die totale Vernichtung brächte. Auf der Grundlage dieses Interessengegensatzes basierte dann auch Gorbatschows Bauplan eines »gemeinsamen Europäischen Hauses«, das große Ziel der Perestroika. In diesem sollten sich nach den Vorstellungen Gorbatschows alle europäischen Staaten, darunter auch die beiden deutschen, einrichten. Aus der Sicht des Kremls sollte daher der für den alten Kontinent als existenziell angesehene europäisch-nordamerikanische Interessengegensatz forciert werden, was die Sowjetunion allmählich in die Rolle des »europäischen Hausmeisters« manövrieren mußte.

Gorbatschows Außenminister Eduard Schewardnadse schwor seine Warschauer-Pakt-Kollegen im März 1986 auf den neuen Kurs ein. Er sagte: »Eine sozialistische Macht, die über ein mächtiges Kernwaffenpotential verfügt, erklärt, daß sie bereit ist, auf dieses zu verzichten. Das ist keine Phrase, keine Pose, keine Geste, sondern eine zutiefst durchdachte Entscheidung, die in voller Einsicht der auf uns liegenden Verantwortung für die Geschicke des Friedens und des Sozialismus getroffen wurde.«[9] Schewardnadse fuhr fort: »Von jetzt an wird der Kampf um die Realisierung des vom Generalsekretär des ZK der KPdSU unterbreiteten Programms der Vernichtung der Kernwaffen und aller Arten von Massenvernichtungswaffen und zur Abwendung der Kriegsgefahr für viele Jahre im voraus die Hauptrichtung der Außenpolitik der UdSSR.«

Schewardnadse hatte von seinen Amtskollegen in Warschau gefordert, »das Schwergewicht auf die Arbeit mit der Weltöffentlichkeit zu legen, um diese zu mobilisieren und so auf die Positionen der Regierungen einzuwirken. Der Kampf um die Weltöffentlichkeit, um die Hirne und Herzen der Menschen steht jetzt im Vordergrund unserer Politik.«[10] Im Blickpunkt stand vor allem die Bundesrepublik, war Gorbatschow doch klar: »Die BRD sei nach den USA die größte westliche Militärmacht und die ökonomische Hauptmacht in Westeuropa. Ohne sie werde man bei der Errichtung des europäischen Hauses keinen Schritt weiterkommen. Die Zusammenarbeit müsse schrittweise entwickelt werden.«[11]

Mit diesem »Kampf um die Weltöffentlichkeit«, vor allem aber um die der Bundesrepublik, hatte Gorbatschow seinen engen Mitarbeiter, Alexander Jakowlew,[12] betraut. Als einer der ersten sowjetischen Austauschstudenten hatte dieser nicht nur die Denkweisen des Westens studieren, sondern auch praktische Erfahrungen mit Marketing und Medienmechanismen sammeln können. Diese brachte er nun in Gorbatschows Konzeption ein.

Motor der sowjetischen Propaganda sollte Gorbatschow selbst sein, stand doch sein publikumswirksames Auftreten in krassem Gegensatz zu dem seiner Vorgänger. Nicht mehr das versteinerte Gesicht und das ordensbehangene Revers, sondern ein modisch gekleideter, stets lächelnder Dynamiker betrat nun das Weltparkett gemeinsam mit der nicht minder aufgeschlossen wirkenden Moskauer First Lady, Raissa Gorbatschowa. Ein Vertrauen erheischender, die Herzen der Menschen erobernder Sowjetführer mußte seine politische Botschaft vom »Europäischen Haus« glaubwürdig vermitteln und Teile der Öffentlichkeit gegen die »Rüstungspolitik« der Vereinigten Staaten und deren »Sternkriegspläne«, wie SDI in der Propaganda genannt wurde, mobilisieren können.

Da das »Europäische Haus« ein demokratisch-sozialistisch verfaßtes sein sollte – der mit der Perestroika letztendlich angestrebte »dritte Weg« zwischen Kapitalismus und Sozialismus sollte sozusagen die Hausordnung abgeben –, galt es, das Image des Sowjet-Systems aufzupolieren. Endgültig vorbei sein sollten die Zeiten, da die Warschauer-Pakt-Staaten als undemokratischer Hort der Menschenrechtsverletzung galten. Der dortige Sozialismus sollte sich fortan mit einem »menschlichen Antlitz« präsentieren können. Hierfür wurde sogar das KGB als »weltoffen« präsentiert. Erstmals durfte jetzt ein amerikanischer Botschafter den KGB-Chef in dessen Amtsräumen besuchen, standen Geheimdienstoffiziere ausländischen Journalisten Rede und Antwort. Und immer wieder wurde auf die strenge Kontrolle des Dienstes hingewiesen. Das KGB erschien so als demokratisch verfaßter Geheimdienst in einer »demokratischen« Sowjetunion, schrieb doch Gorbatschow: »Jeder Teil unseres Perestroika-Programms – und natürlich auch das Programm als Ganzes – gründet sich auf das Prinzip von mehr Sozialismus und mehr Demokratie.«[13]

Wer glaubte, die Kreml-Funktionäre des neuen Typus würden im Zuge des »neuen Denkens« die Aktivitäten des Geheimdienstes einschränken, hatte sich von der Propaganda täuschen lassen. Tatsächlich verstärkte das KGB im Zuge der Perestroika nicht nur die wissenschaftliche und technische Spionage im westlichen Ausland, sondern auch seine operative Einflußnahme.[14] Im Zusammenwirken mit den Geheimdiensten der Warschauer-Pakt-Staaten gründete beziehungsweise unterstützte das KGB eine Vielzahl von internationalen, blockübergreifenden Bewegungen. Es war mit seinen Einflußagenten bei internationalen Tagungen und Kongressen dabei. Auch versuchte es nicht ohne Erfolg, die Kirchen vor seinen Karren zu spannen. Die Funktion dieser Strategie lag unter anderem darin, innerhalb der westlichen Staaten über ein kritisches Potential zu verfügen, das punktuell dann eingesetzt werden konnte, wenn die Ziele dieser Gruppen mit der sowjetischen Politik konform gingen.[15]

Vom KGB und von den anderen befreundeten Diensten wurden darüber hinaus langangelegte, sorgsam konzipierte Operationen eingeleitet. Mit der »Aktion Abkopplung« sollte die Abkehr Westeuropas von den Vereinigten Staaten befördert werden. Zu dem Maßnahmenkatalog im Gesamtzusammenhang des »Europäischen Hauses« gehörte auch die »Aktion Zwietracht«, mit der die Atmosphäre zwischen Paris und Bonn vergiftet werden sollte; aber auch die »Aktion Nordlicht«. Sie hatte zum Ziel, im Zusammenhang mit der KSZE von dem für die Warschauer-Pakt-Staaten so unbequemen Thema der »Menschenrechte« durch die Überbetonung der Ost-West-Zusammenarbeit abzulenken.[16]

Zu den Zielgruppen der Einflußnahme in Westeuropa gehörten neben den sozialistischen und sozialdemokratischen Parteien sowie den grünen Politorganisationen vor allem die Friedensbewegung, wie die heute zur Verfügung stehenden Unterlagen des DDR-Ministeriums für Staatssicherheit (MfS) und Aussagen seiner einstigen Offiziere belegen. Im Zuge ihrer gemeinsamen »Aktion Mars« sollten Gruppierungen der Friedensbewegung, wie etwa die »Generäle für den Frieden«, gegen die sogenannte »amerikanische Hochrüstungspolitik« mobilisiert werden.[17] Voraussetzung dafür war auch hier eine breite Unterwanderung mit inoffiziellen Geheimdienstmitarbeitern sowie die wirtschaftliche und logistische Unterstützung. So entwarf die Abteilung X (»Aktive Maßnahmen«) der MfS-Hauptverwaltung Aufklärung Vorträgc und Bücher. Selbst die Reden führender Repräsentanten der Friedensbewegung sollen von östlichen Geheimdienstoffizieren geschrieben worden sein.[18]

Im Januar 1987, als Jakowlew den Chefideologen der Bruderparteien die weitere Propaganda-Strategie erläuterte, betonte er, es sei »notwendig, die ideologische und propagandistische Offensive der Länder des Sozialismus auf die Positionen des Imperialismus weiter zu koordinieren«.[19] Was die Durchschlagskraft der Propaganda anging, gab er sich zuversichtlich: »Uns scheint, und so wurde das auch im jüngsten Beschluß des Politbüros des ZK zu Fragen der außenpolitischen Propaganda unterstrichen, daß wir jetzt zusätzliche Möglichkeiten haben, um die herrschenden Kreise in den USA in die Schranken zu weisen, ihnen allmählich ihre Selbstsicherheit, ihren Dünkel gegenüber der übrigen Welt und ihren Glauben, daß ihnen alles erlaubt und möglich sei, abzugewöhnen.«[20]

Jakowlew hatte allen Grund, optimistisch zu sein. Bei den westeuropäischen Nato-Partnern der Vereinigten Staaten, vor allem aber bei der für die Errichtung des »Europäischen Hauses« so entscheidenden Bundesrepublik, stieß Gorbatschow auf viel positive Resonanz. Nach Jahrzehnten des mehr oder weniger kalten Krieges keimten besonders hier Hoffnungen auf, sog die Bevölkerung die neuen »friedlichen und demokratischen« Verkündigungen des so sympathischen Sowjetführers regelrecht in sich hinein. Als er im Sommer 1988 Bonn besuchte, war die Rede von einer »Gorbimanie«, die ausgebrochen wäre.

Doch nicht nur die Bevölkerung der Bundesrepublik und die mannigfaltigen Gruppierungen der Friedensbewegung standen im Banne Gorbatschows. Die von seiner Politik ausgehende Faszination hatte inzwischen auch die etablierten Parteien erfaßt. Ausgerechnet die Berliner SPD machte sich im Sommer 1986 mit einem Leitantrag zum Sprachrohr sowjetischer Außenpolitik, wenn es in dem Papier hieß: »Solange die Vereinigten Staaten eine Politik der Stärke und der Überlegenheit betreiben, müssen die europäischen Verbündeten, voran die Bundesrepublik Deutschland, die Entspannungspolitik notfalls bis zum Konflikt im Bündnis verteidigen und vertreten.«[21]

Die Bundes-SPD begann, nachdem sie bereits im August 1987 mit der von Moskau wohlinstruierten SED ein gemeinsames Grundsatzpapier über den friedlichen Wettbewerb der beiden unterschiedlichen Gesellschaftssysteme vorgelegt hatte,[22] einen umfassenden sicherheitspolitischen Dialog mit der Partei Honeckers. Gemeinsame Vorstellungen – sozusagen Bauabschnitte zur Errichtung des »Europäischen Hauses« – wurden erarbeitet, sei es in Gestalt eines »atomwaffenfreien Korridors«, eines »atom- und chemiewaffenfreien Mitteleuropas« oder auch nur eigener konkreter Vorschläge in Richtung gegenseitiger Nichtangriffsfähigkeit.[23]

Vorgegeben wurde das außenpolitische Handeln der SED in Sachen »Europäisches Haus« vom Kreml. Wie sich dieses in das Konzept Gorbatschows einfügen sollte, sagte dessen deutschlandpolitischer Berater, Valentin Falin, im Januar 1989: Die sicherheitspolitische Zusammenarbeit von SED und SPD helfe,

»die aggressive Politik der Nato zu entlarven und zurückzudrängen«. Falin fuhr fort, daß die SPD zwar eine Oppositionspartei sei. »Man könne aber durch diese Zusammenarbeit SED – SPD aus der sozialdemokratischen Schwäche ein Tugend machen, indem man mit ihrer Hilfe den Druck auf die Bonner Regierung erhöhe und andere sozialistische und sozialdemokratische Parteien mobilisiere.«[24]

Aber auch Hans-Dietrich Genscher, der Außenminister der aus CDU und FDP gebildeten Bundesregierung und Freund Schewardnadses, zeigte sich gegenüber dem Gedanken des »Europäischen Hauses« aufgeschlossen. In einem Gespräch zwischen Honecker und Gorbatschow im September 1988 waren sich beide laut Protokoll in ihrer Anerkennung für Genscher einig, wenn es hieß: »Genosse Honecker stimmte zu, daß Genscher jetzt als Vorkämpfer für die Ost-West-Beziehungen auftrete. Durch seine klare Position sei er einer der angesehensten Minister dieser Regierung geworden.«[25]

Gorbatschow erläuterte daraufhin, »Washington verfolge sehr argwöhnisch die Bewegungen in den Beziehungen zwischen der BRD und der Sowjetunion sowie der DDR. Bundeskanzler Kohl habe noch keine festen Positionen, wie er vorgehen solle, er schaue immer noch nach allen Seiten um sich.«[26] Tatsächlich agierte der Bundeskanzler, der Genschers Einfluß in den Fragen des »Europäischen Hauses« einzudämmen suchte, gegenüber der Sowjetunion umsichtig. Seine Politik war gekennzeichnet von dem Willen, Gorbatschows Perestroika-Kurs nicht zu gefährden, ohne dabei aber durch eine vorschnelle Zustimmung zur Beseitigung aller Kernwaffen in Europa die Nato-Verteidigungsstrategie, die auf der nuklearen Abschreckung basierte, zu unterlaufen.

Kohl, der engsten Kontakt mit Washington hielt, folgte damit im wesentlichen der Politik des Weißen Hauses. Dort gab man sich keinen Illusionen hin, was die Zielsetzung Gorbatschows anlangte, wenn etwa der Berater des amerikanischen Präsidenten, Brent Scowcroft, im Januar 1989 gegenüber dem Fernsehsender ABC erklärte, Gorbatschow sei anscheinend daran interessiert, »Unfrieden im westlichen Bündnis zu stiften.

Und offensichtlich denkt er, daß ihm das eher mit einer Friedensoffensive gelingt als mit dem Gepoltere, das einige seiner Vorgänger veranstaltet haben.«[27]

In einem kurze Zeit darauf abgefaßten Bericht des amerikanischen Geheimdienstes CIA wurde George Bush nahegelegt, nicht zu vergessen, daß Moskau weiterhin nach dem Status »einer konkurrenzfähigen Supermacht« strebe. Gorbatschows »Wunsch nach weniger auf Konfrontation ausgerichteten Beziehungen« sei ein »zweischneidiges Schwert«, das möglicherweise das westliche Bündnis aufweichen könnte. Die amerikanische Politik müsse bestrebt sein, rieten die Experten, nicht Gorbatschow zu »helfen«, sondern die Sowjets in einer Weise »herauszufordern«, die sie zwinge, »die Richtung einzuschlagen, die wir wünschen«.[28]

So gut sich die in Washington kühl analysierte Konzeption Gorbatschows auch in Westeuropa angelassen hatte, so problematisch gestaltete sich die Perestroika in seinem eigenen Machtbereich. Um diese mit Blick auf das gemeinsame »Europäische Haus« erfolgreich umsetzen zu können, bedurfte es nicht nur der Abstimmung des außenpolitischen, sondern auch des ökonomischen Parts. Mehr marktwirtschaftliche Elemente nur in der Sowjetunion hatten wenig Sinn, da alle Mitgliedstaaten im RGW, im Rat für gegenseitige Wirtschaftshilfe, über ihre Handelsbeziehungen aneinandergekettet waren. Das Schicksal der Sowjetunion war demnach untrennbar mit dem Reformwillen seiner Satelliten verbunden.

In den Sitzungen der verschiedenen Gremien des RGW appellierten die sowjetischen Wirtschaftsfachleute allzu oft vergeblich an ihre Kollegen, sich zu umfassenden Organisationsänderungen bereit zu erklären. So mußte der für Wirtschaftspolitik zuständige Sekretär des ZK der KPdSU, Nikolai Sljunkow, noch im März 1989, nachdem er bei einem Arbeitstreffen mit seinen Amtskollegen der Bruderparteien in Prag ein Schnellkonzept für einen gemeinsamen sozialistischen Markt vorgelegt hatte, enttäuscht konstatieren, daß »der Grad der Bereitschaft der Länder zu dieser Arbeit unterschiedlich (sei). Es besteht die Gefahr, daß diese Sache in Abstimmungen steckenbleibt.«[29]

Sljunkow machte seinen Gesprächspartnern unmißverständlich klar, daß sie keinen Grund hätten, sich zu verweigern, denn der Zustand der sozialistischen Wirtschaft lasse doch sehr zu wünschen übrig: Produktion und Zusammenarbeit hätten sich »vor allem in die Breite und nicht in die Tiefe entwickelt. Wir sind in der extensiven Phase steckengeblieben, haben keine ausreichend schnellen und energischen Maßnahmen zur Umstellung der Wirtschaft und der Zusammenarbeit auf dem intensiven Weg ergriffen, haben keinen gemeinsamen technologischen Durchbruch organisiert.«[30]

Spätestens im Frühjahr 1989 mußte aus Moskauer Sicht unabänderlich feststehen, daß die Mehrheit der orthodoxen Führungskader der Bruderparteien sich den sowjetischen Reformvorgaben verweigerten. In seinen Erinnerungen resümierte Außenminister Schewardnadse: »Auch eine nicht gerade tiefschürfende Analyse würde zu dem Ergebnis kommen, daß die meisten Führer dieser Länder keine Änderungen wünschten und sich ihnen widersetzen würden. In Reden und Erklärungen befürworteten sie unseren Kurs, beeilten sich aber nicht mit Reformen.«[31]

Die Schwierigkeit lag für Gorbatschow nun darin, daß die Perestroika mit ihrer Demokratie- und Friedens-Propaganda ein rigides, offenes Durchgreifen gegenüber den Verweigerern, wie dies in der Vergangenheit geschehen war, verbot. Gorbatschow selbst war es, der nicht nur im Zusammenhang mit der Propaganda zum »Europäischen Haus« die Souveränität der osteuropäischen Staaten hervorgeboben hatte, wie etwa auf der Festveranstaltung aus Anlaß des 70. Jahrestages der Oktoberrevolution, als er nachdrücklich bekräftigte: »Die einzelnen Kommunistischen Parteien sind unwiderruflich selbständig.«[32]

Neben den systemimmanten Reformblockaden gehörten die begrenzten Steuerungsmöglichkeiten zu den wesentlichen Unsicherheitsfaktoren bei der Umsetzung der Perestroika-Konzeption. Lediglich durch die Forcierung der Entwicklung in den reformwilligen Ländern und den davon erhofften Auswirkungen auf die Verweigerer, aber auch durch verdeckte Einflußnahme konnte diese Unwägbarkeit gemindert werden. Dies gelang offenbar, denn in den einstigen Satellitenstaaten brachen sich mit frappierenden zeitlichen Parallelen Entwicklungen Bahn, deren rasch eintretende Konsequenzen Schewardnadse wie folgt beschrieb: »Fast in allen Ländern Osteuropas verlor die politische Führung schnell die Kontrolle über die Lage und fand keine adäquaten Antworten auf die Forderungen der Anhänger demokratischer Wandlungen.«[33]

In Ungarn[34] waren im Gegensatz zu den übrigen Ostblock-Staaten Reformen schon vor der Gorbatschow-Ära ein Thema gewesen. Bereits 1968 hatte die Kommunistische Partei ein Reformprogramm in Angriff genommen, das sogar in kleinem Rahmen zu privatem Wirtschaften animieren sollte. Aber die Erfolge des »Gulasch-Kommunismus« – so spottete Nikita Chruschtschow über den ungarischen Weg – hielten nicht lange an. Ungarn verschuldete sich im Westen, der Lebensstandard der Bevölkerung sank seit Beginn der achtziger Jahre kontinuierlich.

Mitte 1987 begannen sich die Vorgaben Gorbatschows in der ungarischen Politik niederzuschlagen: Die Führung der USAP, der Ungarischen Sozialistischen Arbeiterpartei, wurde teilweise ausgewechselt. Zwar blieb Jánosz Kádár der starke Mann in Staat und Partei, doch waren Funktionäre in die zweite Linie aufgerückt, die zu Reformern gerechnet wurden. Der Druck auf die Regierenden rührte jedoch längst nicht mehr nur von der schlechten Wirtschaftslage her, sondern auch von einer Vielzahl von Interessengruppen und Bürgerinitiativen, die jetzt auf den Plan traten, ohne daß sie offiziell am politischen Geschehen hätten teilhaben dürfen.

Im Mai 1988 wurde Kádár gestürzt und mit ihm fast die gesamte Regierung. Zu Kádárs Nachfolger als Generalsekretär avancierte Károly Grósz, ein Mann, der noch versuchte, das Einparteien-System zu bewahren. Gleichwohl hatte er jedoch einige Radikalreformer in die Regierung gerufen, unter ihnen Imre Pozsgay, der einstige Kultusminister und stellvertretende Abteilungsleiter für Agitation und Propaganda des ZK, der jetzt zum Staatsminister im Rang des Regierungschefs ernannt wurde. Der alte Kádár-Kritiker Pozsgay, gegen den noch 1988 ein Parteiausschlußverfahren anhing, hatte sich als Generalsekretär der Patriotischen Volksfront eine starke politische Basis geschaffen und drängte jetzt auf schnelle Veränderungen. Selbst den Führungsanspruch der Kommunistischen Partei stellte er dabei in Frage. Ein weiterer wichtiger Reformer war Miklós Németh. Der Wirtschaftswissenschaftler bekleidete nun den Posten des ZK-Sekretärs für Wirtschaftsfragen. Der Kurs, den er einschlug, sah die Streichung zahlreicher Subventionen, die Einführung von Marktelementen sowie die Öffnung zu westlichen Märkten vor.

Am 24. November 1988 löste Németh Parteichef Grósz als Ministerpräsident ab. Nicht nur die Wirtschaftsreformen wurden nun mit Riesenschritten in die Tat umgesetzt. So wurde Imre Nagy, der hingerichtete Führer des von sowjetischen Panzern blutig niedergeschlagenen ungarischen Volksaufstandes des Jahres 1956, rehabilitiert – ein symbolträchtiger Schritt, zu dem Gorbatschow seine Zustimmung gegeben und damit das sowjetische Unrecht gegenüber Ungarn eingestanden hatte. Im Januar 1989 wurde die Gründung politischer Parteien zugelassen, im April trat das gesamte Politbüro der unterdessen an einem dramatischen Mitgliederschwund leidenden Kommunistischen Partei zurück und machte damit den Weg für die Reformen vollends frei. Wenige Tage darauf begannen ungarische Soldaten in einer medienträchtigen Aktion, den »Eisernen Vorhang« zu demontieren. Der Kreml hatte Ungarn gewähren lassen, wenngleich für jedermann die Folgen für den gesamten Ostblock, vor allem aber für Honeckers DDR, auf der Hand lagen.

Im Herbst 1989 beschleunigte sich die Entwicklung in Ungarn noch einmal. Nachdem die Kommunistische Partei mit den neugegründeten Gruppierungen und Parteien am »Runden Tisch« für März 1990 geheime und freie Parlamentswahlen verabredet hatte, votierte am 7. Oktober die Mehrheit der Parteitagsdelegierten dafür, die USAP in eine Unabhängige Sozialistische Partei (USP) umzubenennen. Zwei Wochen später wurde im Budapester Parlament Ungarn zur Republik erklärt, worauf Gorbatschow positiv reagiert haben soll. Die Visionen der ungarischen Reformkommunisten zerstoben jedoch bald darauf, denn bei den Wahlen am 25. März beziehungsweise 8. April siegten die bürgerlichen Parteien.

In Polen[35] lockerte das kommunistische Regime 1986 den

Druck. Die inhaftierten Gewerkschaftsführer der ein knappes Jahr nach Verhängung des Kriegsrechts im Herbst 1981 verbotenen Solidarność wurden freigelassen und konnten halblegal ihre Arbeit wiederaufnehmen. Mit Streiks verstärkten diese nun ihrerseits den Druck auf die Regierung. Es ging dabei um die Forderungen nach Lohnerhöhung und der Wiederzulassung der Solidarność, die mit ihren fast neun Millionen Mitgliedern zu Beginn der achtziger Jahre zur schweren Bedrohung für die bislang allmächtige Polnische Vereinigte Arbeiterpartei (PVAP) geworden war.

Um die Lage nicht eskalieren zu lassen, machte die Regierung in Warschau Zugeständnisse. Am 6. Februar 1989 begannen Gespräche am »Runden Tisch«. Sie endeten mit der Wiederzulassung der Solidarność. Im Gegenzug wurden den Kommunisten bei Neuwahlen 65 Prozent aller Parlamentssitze zugestanden – eine Vereinbarung, die zu diesem Zeitpunkt sicherlich auch im Kreml gut ankam, denn die kommunistischen Parteien sollten, den Vorstellungen Gorbatschows zufolge, trotz aller Reformen die bestimmende politische Kraft bleiben.

Bei den Wahlen im Juni 1989 gewann Solidarność fast alle freien Parlamentssitze und 99 Prozent aller Mandate für den Senat, dessen Zusammensetzung nicht quotiert worden war. Im Monat darauf brachte die PVAP zwar General Wojciech Jaruzelski als Staatspräsident durch, mußte allerdings am 24. August nach langem Tauziehen mit Tadeusz Mazowiecki den ersten nichtkommunistischen Ministerpräsidenten akzeptieren. Nur noch vier Minister stellte in dessen Kabinett die Polnische Vereinigte Arbeiterpartei, die sich am 27. Januar 1990 offiziell auflöste.

In Bulgarien[36] kündigte sich die neue Zeit an, als am 3. November 1988 Mitglieder der Kommunistischen Partei in Sofia den »Klub zur Unterstützung von Glasnost und Perestroika« gründeten. Die Parteiführung unter dem Stalinisten Todor Schiwkow, der nicht zuletzt wegen seiner rücksichtslosen Bulgarisierung der islamisch-türkischen Minderheit im Lande sein internationales Ansehen längst verspielt hatte, reagierte schroff. Er ließ die Klubmitglieder mit Parteiausschluß oder Ausweisung bestrafen.

Aber Schiwkow konnte trotz aller Anstrengungen die Entwicklung nicht aufhalten. Noch im Jahr 1988 wurden weitere Menschenrechts- sowie Umweltgruppen und im Frühjahr 1989 die freie Gewerkschaft »Podkrepa« gegründet. Die Isolation Schiwkows zeigte sich auf der Europäischen Umweltkonferenz, die vom 16. Oktober bis zum 3. November 1989 in Sofia stattfand. Vor den Augen der Weltöffentlichkeit mußte Schiwkow seines diktatorischen Kurses wegen harsche Kritik aus Ost und West hinnehmen. Einen Tag nachdem in Deutschland die Mauer gefallen war, wurde er vom erstarkten prosowjetischen Perestroikisten-Flügel in der Partei gestürzt. Die Macht übernahm Petar Mladenow. Der Absolvent der Militärschule Suworow und der Militärakademie Georgi Dimitroff war am Moskauer Institut für Internationale Beziehungen zum Funktionär ausgebildet worden. Dort hatte er Gorbatschow kennengelernt, mit dem er noch kurz vor dem Sturz Schiwkows zusammengetroffen war.

Auch für die kommunistischen Führer in der Tschechoslowakei[37] wurde das Jahr 1989 zum Schicksalsjahr. Die wirtschaftliche Situation hatte sich verschlechtert. Das Volk rief angesichts der Veränderungen in der Sowjetunion nach mehr Freiheiten, forderte die Menschenrechte ein. Doch die richtigen Antworten blieb das Führungsduo, Staatspräsident Gustav Husák und Parteichef Miloš Jakeš, schuldig. Sie vertraten eine Politik: Perestroika ja, Glasnost nein, was Gorbatschow zum Anlaß indirekter Kritik nahm. Ende Oktober eskalierten die Dinge, als sich der größte Demonstrationszug seit den Ereignissen des Jahres 1968 durch die Prager Straßen wälzte. Am 17. November kam es zu blutigen Auseinandersetzungen: Erstmals hatte die Führung eine nicht-kommunistische Demonstration zum Gedenken an den von den Nationalsozialisten ermordeten tschechischen Studenten Jan Opletal genehmigt. Als die Menschenmassen von dessen Grab zurück zum Wenzelsplatz zogen, schlug die Miliz mit beispielloser Brutalität zu. Mehr als fünfhundert Verletzte kostete der Terror-Einsatz. Wer den Befehl dazu gegeben hatte, konnte bis heute nicht geklärt werden. Die Staatsführung wollte es jedenfalls nicht gewesen sein.

Die blutig endende Demonstration geriet zur Initialzündung für eine Welle oppositioneller Aktivitäten. Es formierten sich neue Bürgerrechtsgruppen, die sich nun offen gegen das Regime auf der Prager Burg wandten. Wortführer der Opposition war der immer wieder inhaftierte Schriftsteller Václav Havel, der schon der Bürgerrechtsbewegung Charta 77 angehört hatte. Am 24. November sprach er an der Seite Alexander Dubčeks, dem »Helden des Prager Frühlings«, zu Hunderttausenden, die sich auf dem Wenzelsplatz eingefunden hatten. Vier Tage davor, als es nicht weniger waren, hatte Ministerpräsident Ladislav Adamec Verhandlungen mit der Opposition aufgenommen und versprochen, diese an der Regierungsarbeit zu beteiligen. Nun traten er, Husák und die gesamte Spitze der Kommunistischen Partei, die auf ihren Führungsanspruch verzichtete, zurück. Dubček wurde nun Parlamentspräsident und Havel, der bisherige Staatsfeind Nr. 1, Staatspräsident der Tschechoslowakei.

Später wurde von einer gemeinsamen Verschwörung des KGB und des tschechoslowakischen Geheimdienstes berichtet. Die Aktivitäten, die mit dem Sturz der Regierung endeten, sollen demnach unter dem Decknamen »Operation Keil« durchgeführt worden sein – Behauptungen, deren Kern kein Geringerer als Staatspräsident Havel bestätigte. Am 31. Mai 1990 zitierten ihn Zeitungen dahingehend, daß das KGB ein Komplott zur Ablösung des orthodoxen Systems unterstützt habe.[38]

Der rumänische »Conducator« Nicolae Ceaușescu und sein Familien-Clan waren zu keinerlei Reformen nach sowjetischem Vorbild bereit, obgleich nirgendwo im Ostblock die Situation nach Reformen so schrie wie hier.[39] Rumänien hatte zu Recht den Ruf des »Armenhauses Europas«. Die Industrie des Landes produzierte kaum Güter, die auf dem Weltmarkt hätten abgesetzt werden können. Terror, Willkür und die Launen des »Conducators« bestimmten seine Innenpolitik. Die sogenannte »Systematisierung« war ein typisches Beispiel dafür. Bauern mußten ihre angestammten Gebiete verlassen, um in agro-industrielle Zentren angesiedelt zu werden. Jegliche Opposition wurde gnadenlos niedergehalten. Doch auch vor Politbüro und Regierung machte Ceaușescus Schreckensregiment nicht halt. Sicher war letztendlich nur derjenige, der dem Familien-Clan angehörte, der sich mit verschwenderischem, stillosem Reichtum umgab.

Moskau legte gegenüber Bukarest die übliche Zurückhaltung in der Auseinandersetzung zwischen den »sozialistischen Bruderstaaten« nach und nach ab. Am 9. März 1989 passierte eine Resolution gegen Rumänien die Menschenrechtskommission der Vereinten Nationen in Genf, weil der sowjetische Vertreter sich der Stimme enthielt und somit auf die Möglichkeit eines Vetos verzichtete. Lediglich bei der SED-Führung in Ost-Berlin stieß Ceauşescu auf Zustimmung. Die gegenseitigen Staatsbesuche waren zunehmend zu Demonstrationen des alten Kurses geworden. Immer wieder nahmen beide Seiten Gorbatschow beim Wort und beriefen sich auf die Unabhängigkeit der jeweiligen Kommunistischen Parteien.

Der Sturm gegen Ceauşescu brach am 16. Dezember 1989 los, als in Temesvar der regimekritische Pfarrer Lázló Tökés verhaftet wurde. Wie ein Flächenbrand weitete sich der Protest aus. Der gefürchtete Geheimdienst Securitate versuchte, ihn gegen Teile des Militärs brutal einzudämmen. Die Folge waren bürgerkriegsähnliche Zustände, die alsbald auch die rumänische Hauptstadt erreichten. Am 22. Dezember wurde Ceauşescu verhaftet. Als Gorbatschow die Nachricht vor dem Kongreß der Volksdeputierten verlas, brach stürmischer Applaus los. Dem Gestürzten gelang es jedoch, mit seiner Frau Elena zu fliehen. Bald darauf wurden sie aufgegriffen, von einem Tribunal zum Tode verurteilt und am 25. Dezember hingerichtet. In einem Bukarester Fernsehstudio ernannte sich die »Front für das Wohl des Vaterlandes« unter dem früheren Außenminister Corneliu Manescu zur provisorischen Regierung. Am 26. Dezember wurde ihr Anführer und Organisator der Front, Ion Iliescu, zum vorläufigen Präsidenten erklärt.

Iliescu war kein Oppositioneller im eigentlichen Sinne, sondern Parteifunktionär. Er, der Anfang der siebziger Jahre das Amt des ZK-Sekretärs für Propaganda und Erziehung bekleidet hatte, galt sogar zeitweise als Nachfolger des »Conducators«. Doch es kam zum Bruch zwischen beiden Männern. In der zweiten Hälfte der achtziger Jahre setzte Iliescu ganz auf Gorbatschow. Ihm wurde nachgesagt, er kenne den Generalsekretär schon seit seiner Studienzeit. Iliescu, der in einem aufsehenerregenden Zeitungsartikel 1987 Glasnost-Thesen verbreitet hatte, wies solches als Gerücht zurück. Wie dem auch sei – während der dramatischen Ereignisse des Dezembers 1989 stand er in ständigem Kontakt mit der sowjetischen Botschaft in Bukarest.

Gleichwohl passen die rumänischen Ereignisse des Jahres 1989 nicht in das Bild der »samtenen Revolution« im Osten Europas. Hier tobte ein blutiger Kampf, der mehr als tausend Menschen das Leben gekostet hat. Zur Frage, weshalb es in Rumänien anders verlief, schrieb Anneli U. Gabanyi vom Münchener Osteuropa-Institut: »Zum Unterschied zu den anderen Staaten des ehemaligen Ostblocks hatten Rote Armee und KGB als Folge der jahrzehntelangen rumänischen Abgrenzungspolitik von der Sowjetunion ihren traditionellen Zugriff auf die nationalen Befehlsstränge der rumänischen Armee und der Securitate eingebüßt. Die Wiedergewinnung des sowjetischen Einflusses in Rumänien war nicht ohne den Widerstand der Ceauşescu-loyalen Militärs und Sicherheitskräfte zu bewerkstelligen.«[40]

Innerhalb von weniger als zwei Monaten waren Schiwkow, Husák und Ceauşescu gefallen. Nach Ungarn und Polen waren nun in Bulgarien, der Tschechoslowakei und Rumänien die Hemmnisse für die Reformen nach sowjetischem Vorbild beseitigt worden. Im selben Zeitraum wurde auch der Staats- und Parteichef Erich Honecker gestürzt und damit in der DDR eine Entwicklung in Gang gesetzt, an deren Ende nicht die Umgestaltung der DDR stand, sondern die Wiedervereinigung Deutschlands. Was war geschehen?

1. Ost-Berlin verweigert sich der Perestroika

Ein Interview in einer westdeutschen Illustrierten sensibilisierte erstmals die Öffentlichkeit für den Konflikt um die Reformpolitik, der zwischen Ost-Berlin und Moskau seit längerem entbrannt war. »Würden Sie, wenn Ihr Nachbar seine Wohnung neu tapeziert, sich verpflichtet fühlen, Ihre Wohnung ebenfalls neu zu tapezieren?« fragte SED-Ideologe Kurt Hager im »Stern« vom 9. April 1987. Im Klartext hieß dies: Es existiere kein allgemeingültiges Sozialismus-Modell, daher sehe die SED auch keinen plausiblen Grund, den Kurs zu ändern, den sie auf dem VIII. Parteitag 1971 eingeschlagen habe.

Auf diesem Parteitag war der im August 1912 im saarländischen Neunkirchen geborene Erich Honecker[1] zum SED-Generalsekretär gewählt worden. Als 17jähriger war der Dachdeckerlehrling in die KPD eingetreten. Nachdem er ein Jahr lang die Schule der Kommunistischen Jugendinternationale in Moskau besucht hatte, avancierte er zum Sekretär und bald auch Politischen Leiter der Bezirksleitung Saar des Kommunistischen Jugendverbandes Deutschlands (KJVD). Nach Hitlers Machtübernahme und dem Verbot der KPD organisierte Honecker die Untergrundarbeit des KJVD. Im Dezember 1935 wurde er in Berlin verhaftet und im Juni 1937 »wegen Vorbereitung eines hochverräterischen Unternehmens« zu zehn Jahren Zuchthaus verurteilt. Aus Brandenburg-Görden befreite ihn die Rote Armee am 27. April 1945.

Es folgte eine steile Parteikariere in der sowjetisch-besetzten Zone und späteren DDR. Im März 1946 gründete der maßgeblich an der Vereinigung von KPD und SPD zur SED Beteiligte mit anderen die Freie Deutsche Jugend (FDJ), deren Vorsitzender er bis 1955 blieb. Sein Ziehvater Walter Ulbricht machte ihn 1950 zum Kandidaten des SED-Politbüros und nach seiner Rückkehr von der Parteihochschule in Moskau zum ZK-Sekretär für Sicherheit. 1958 zog er ins Politbüro ein und erhielt obendrein die Verantwortung für die Bereiche »Leitende Organe« und

»Kaderpolitik«, 1960 avancierte er zum Sekretär des Nationalen Verteidigungsrates. In dieser Eigenschaft organisierte er auf Ulbrichts Geheiß den Bau der Berliner Mauer. Als der von den Sowjets gestürzt wurde, stand Honecker für die Nachfolge bereit.

Er verkündete nun ein innenpolitisches Regierungsprogramm, in dessen Mittelpunkt die Einheit von Wirtschafts- und Sozialpolitik stand.[2] Als Kernstück der Sozialpolitik sollte ein gewaltiges Bauprogramm in Gang gesetzt werden, das bis 1990 für jeden Bürger des Landes eine angemessene Wohnung in Aussicht stellte. Damit verbunden war eine Politik der festen Preise. Tatsächlich erweckten die ersten Jahre den Anschein einer – wenn auch langsam – prosperierenden Entwicklung in der DDR. Doch dieser Anschein trog, wie die achtziger Jahre verdeutlichen sollten.

Von Anbeginn seines politischen Lebens hatte sich Honecker, der 1976 auch noch den Vorsitz des Staatsrates übernahm, als treuer Gefolgsmann der Sowjetunion, von der zu lernen siegen hieß, gefühlt. Er verehrte Stalin, nannte Breschnew seinen Freund. Doch seit Gorbatschow und der von diesem in Angriff genommenen Perestroika geriet er in eine zunehmend schwieriger werdende Situation. Honecker und seinen Getreuen war es bewußt, daß nun einmal für die DDR andere (geo)politische Bedingungen Gültigkeit haben würden als für die Sowjetunion. Die DDR, an der Nahtstelle der beiden Weltsysteme, rang immer noch um ihre staatliche Identität. Schon seit seiner Machtübernahme hatte Honecker eine konsequente Abgrenzungspolitik zur Bundesrepublik betrieben. In der DDR-Verfassung von 1974 wurde sogar der Begriff »deutsche Nation« getilgt.[3] Doch das »Volk der DDR« gab es trotz vorgegebener und auch von einzelnen Politikern des Westens übernommener Sprachregelung auch Mitte der achtziger Jahre noch nicht.

Ausgangspunkt für die SED-Politik gegenüber Bonn mußte daher der sich scharf vom Kapitalismus abgrenzende Sozialismus sein, der die schon auf dem VIII. Parteitag proklamierte Einheit von Wirtschafts- und Sozialpolitik bewahrte. Die Aufweichung dieser Einheit, wie sie eine Reformpolitik nach Gorbatschowschem Vorbild beinhaltete, mußte aus der Sicht der Ost-Berliner Führung, insbesondere aus der Perspektive derjenigen Funktionäre, die noch das eine Deutschland bewußt erlebt hatten, nicht nur die Aussichten beim »friedlichen Wettbewerb« mit der Bundesrepublik schmälern, sondern letztendlich an die Existenzgrundlagen der DDR rühren – eine Tatsache, auf die auch SED-Partei-Ideologen, wie Otto Reinhold, der Direktor der Akademie für Gesellschaftswissenschaften beim ZK der SED, hingewiesen hatten.[4]

Der Konflikt zwischen Honecker und Gorbatschow hatte jedoch nicht erst mit den Reformen seinen Anfang genommen, sondern mit Verstimmungen, die in den deutschlandpolitischen Aktivitäten Ost-Berlins ihre Ursache hatten – und dies, obgleich man sowohl in der Zielsetzung des »Europäischen Hauses« als auch in der Überzeugung übereinstimmte, daß eine deutsche Frage nicht existiere. Gorbatschow drückte dies so aus: »Es gibt zwei deutsche Staaten mit unterschiedlichen gesellschaftlichen und politischen Systemen. Jeder hat seine eigenen Wertvorstellungen. Beide haben aus der Geschichte Lehren gezogen, und jeder von ihnen kann einen Beitrag leisten für die Sache Europas und der Welt. Und was in hundert Jahren sein wird, das soll die Geschichte entschciden. Für die Gegenwart sollte man von den bestehenden Tatsachen ausgehen und sich nicht zu Spekulationen hinreißen lassen.«[5]

Honecker hatte gleichwohl nicht nur ein mit dem Kreml koordiniertes Netz von Verträgen und Abmachungen mit Bonn geschaffen, die die wirtschaftliche Unterstützung durch die Bundesrepublik gewährleisteten, sondern auch Quasi-Alleingänge unternommen, wie den über den Staatssekretär im Außenhandelsministerium und Chef des Bereichs Kommerzielle Koordinierung (Koko), Alexander Schalck-Golodkowski, beim CSU-Vorsitzenden Franz Josef Strauß eingefädelten Milliardenkredit. Gorbatschow stand solchen und anderen deutsch-deutschen Unternehmungen argwöhnisch gegenüber. Schon bald nach seiner Machtübernahme war in sowjetischen Zeitschriften dann auch gefordert worden, die sozialistischen Staaten hätten gemeinsam gegen den bundesdeutschen »Revanchismus und Militarismus« vorzugehen. Und weiter hatte es geheißen: »Solange revanchistische Rufe von der BRD ausgehen, wird ihre Politik von den sozialistischen Ländern als eine potentielle Quelle von Konflikten und Spannungen angesehen werden.«[6]

Angesichts der außenpolitischen Irritationen mußte es Honecker um so angebrachter erscheinen, jedwede offene Konfrontation in den Fragen der inneren Umgestaltung zu vermeiden. Entsprechend trat er bei den Treffen der Warschauer-Pakt-Führer auf. So war dies auch, als sie am 23. Oktober 1985 in der bulgarischen Hauptstadt Sofia zusammenkamen. Gorbatschow zeichnete bei diesen wie auch bei den späteren Treffen ein düsteres Bild der wirtschaftlichen Entwicklung. Alle wüßten, so sagte er, »daß sich die durchschnittlichen Wachstumsraten von 5,5 Prozent im letzten Fünfjahresplan auf ca. 3,5 Prozent im jetzigen verringert hätten«. Einem regelrechten Offenbarungseid kam es gleich, wenn er sagte, »die Möglichkeiten der Sowjetunion, Rohstoffe gegen Verarbeitungsprodukte anderer Länder zu liefern, seien erschöpft«.[7]

Gorbatschow sprach vor allem auch die organisatorischen Mängel an, die es zu beheben gelte. So werde »das große Potential an wissenschaftlichen Leistungen« nicht innerhalb des RGW koordiniert. »Künstliche Hindernisse« bestünden bei den Handelsbeziehungen zwischen den Betrieben der RGW-Staaten. »Offenbar komme man mit kapitalistischen Firmen schneller überein als mit sozialistischen Betrieben. Er spreche darüber mit Verantwortung und Sorge«, sagte der Sowjetführer und versäumte nicht, noch anzumerken, daß der Westen versuche, »auf diesem Wege Einfluß auf die Bruderländer zu nehmen«.

Die Ausführungen Honeckers glichen einer Gratwanderung zwischen sozialistischer Gefolgschaftstreue gegenüber der Sowjetunion auf der einen und der Ablehnung der Reformvorgaben auf der anderen Seite. Er hob hervor, daß es nunmehr darauf ankomme, »über die bedeutenden Probleme (...) nachzudenken und die erforderlichen Schlußfolgerungen für die Arbeit unserer Parteien, einschließlich der SED, zu ziehen«. Sodann merkte er an: »Bei allem, was sei, müsse man davon ausgehen, daß wir gemeinsam einen historischen Weg zurückgelegt haben.

Unsere Errungenschaften seien bedeutend, und ungeachtet der neuen Fragen, die vor uns stehen, wäre es ein großer Fehler, diese Errungenschaften nicht zu berücksichtigen.«[8]

Wenn Honecker in Sofia von »unseren Errungenschaften« sprach und dabei die der DDR meinte, dann rührte dies nicht nur von den spezifischen politischen Gegebenheiten der DDR her, sondern auch von einer gewissen Überheblichkeit der deutschen Spitzenfunktionäre. Der Lebensstandard der DDR-Bevölkerung war zum Beispiel ungleich höher als der der Sowjetmenschen. Die Infrastruktur im Honecker-Staat war weitaus besser als die der übrigen Warschauer-Pakt-Staaten, ohne daß dabei in Ost-Berlin berücksichtigt worden wäre, daß man letztendlich von der schwindenden Substanz der Vorkriegszeit zehrte. Kurzum: die DDR schien, verglichen mit den verbündeten Staaten im Warschauer Pakt, so etwas wie ein »sozialistisches Musterland« zu sein.

Diese und andere Illusionen hegte auch Honecker. Genährt wurden sie von Günter Mittag, dem Sekretär für Wirtschaft im ZK der SED, jenem opportunistischen Parteikarrieristen, der als Eisenbahner nach dem Krieg in die SED eingetreten und schon 1953 zum Abteilungsleiter für Verkehr und Verbindungswesen avanciert war. Mit seinem Aufstieg – 1962 wurde er bereits Sekretär der Wirtschaftskommission beim Politbüro des ZK, 1973 als solcher abgesetzt und 1976 von Honecker wiederum inthronisiert – gingen wissenschaftliche Meriten einher, der Dr. rer.oec., die Promotion samt einer Reihe wirtschaftsideologischer Traktate.

Seit den siebziger Jahren traf Mittag die planwirtschaftlichen Entscheidungen mit Honecker außerhalb des Politbüros, von dem sie nur noch bestätigt wurden.[9] Mittag war es gelungen, ein Vertrauensverhältnis zu Honecker aufzubauen, der damit in den Fragen der Wirtschaft auf Gedeih und Verderben seinem Gefolgsmann ausgeliefert war. Im Alleingang mit Schalck-Golodkowski hatten beide schon 1983 den Milliardenkredit bei Strauß auf den Weg gebracht. Eine Milliarde war zwar angesichts der katastrophalen Nettoauslandsverschuldung, die 1980 bei 25,3 Milliarden und fünf Jahre darauf bei 30 Milliarden gelegen hatte, nur »ein Tropfen auf den heißen Stein«. Dieser sollte jedoch eine große psychologische Wirkung zeitigen, denn er vergrößerte bei den ausländischen Banken die Neigung, der DDR weitere Kredite zu gewähren.

Im Mai 1986 erteilte man dem Vorsitzenden der staatlichen Plankommission, Gerhard Schürer, den Auftrag, Vorschläge zu unterbreiten, wie die Auslandsverschuldung halbiert werden könne.[10] Der Absolvent der Moskauer Parteihochschule und Vorsitzende der Paritätischen Regierungskommission für wirtschaftliche und wissenschaftlich-technische Zusammenarbeit DDR-UdSSR, der seit 1973 als Kandidat des Politbüros vergeblich auf den Sitz im Führungsgremium wartete, gelangte zu dem Ergebnis, daß einige Investitionen gestrichen werden müßten, was die Schere zwischen Akkumulation und Verbrauch nur noch weiter auseinandertrieb.

Mittags Opportunismus, Manipulation, Illusionen und – letztendlich ausschlaggebend – die spezifischen Bedingungen der DDR ließen Honecker den planwirtschaftlichen Gegenkurs zur Sowjetunion beibehalten. Als der Kreml die Verbündeten in Ost-Berlin immer mehr drängte, antwortete man dort mit dialektischer Kosmetik. Das Schlagwort von der »Vervollkommnung des Sozialismus« sollte nun eine zukunftsorientierte Aufgeschlossenheit der SED manifestieren und die Verweigerungshaltung kaschieren. So meldete der wohlinstruierte DDR-Delegationsleiter Günther Kleiber dem ZK-Sekretär für Internationale Verbindungen, dem Altkommunisten und ehemaligen KZ-Häftling Hermann Axen, daß er auf der 123. Sitzung des Exekutivkomitees des RGW am 4./5. Juni 1987 in jeder Hinsicht hart geblieben sei. »Das unterschiedliche grundsätzliche Herangehen zeigt sich auch in den Vorschlägen zur Überschrift des Beschlußentwurfs. Alle Länder, außer der DDR und SRR, bestehen auf einer Umgestaltung des Mechanismus der Zusammenarbeit. Wir haben weiterhin an unserem Standpunkt festgehalten, von seiner Vervollkommnung zu sprechen.«[11]

Wenn die SED-Führung auf ihren Positionen beharren zu können glaubte, dann deshalb, weil sie am Ende dieses Sommers, an dessen Anfang Reagan den Sowjetführer am Brandenburger Tor aufgefordert hatte, die Mauer niederzureißen, einen entscheidenden Schritt weiterkam. Erstmals in seiner Eigenschaft als DDR-Staats- und Parteichef besuchte Honecker Mitte September die Bundesrepublik. Es war der Höhepunkt seiner politischen Laufbahn, als in Bonn, München und Saarbrücken die DDR-Nationalhymne erklang, als Hammer, Zirkel und Ährenkranz an den Fahnenmasten wehten und er, der einstige Dachdecker und kommunistische Funktionär, von den führenden Repräsentanten aus Politik und Wirtschaft des kapitalistischen Weststaates hofiert wurde. Honeckers DDR war damit faktisch als unabhängiger und gleichberechtigter deutscher Staat durch die Bundesrepublik anerkannt worden.

Entsprechend bewertete er den Arbeitsbesuch, dem der Charakter eines Staatsbesuches nicht abzusprechen war, als eine Bestätigung seiner konsequent beibehaltenen politischen Linie. Eingebettet in die Kreml-Konzeption vom atomwaffenfreien »Europäischen Haus«, hatte die SED-Führung ihre alte Strategie weiter verfolgt. Danach wurde propagiert, daß aufgrund der spezifischen deutschen Vergangenheit nie wieder Krieg von deutschem Boden ausgehen dürfe. Unabdingbare Voraussetzung dafür sollte die Anerkennung der Realität zweier deutscher Staaten sein. »Realität« für die SED war damit die Anerkennung ihres Machtmonopols auf dem Gebiet der DDR, während die »Realität Bundesrepublik« ihrer demokratischen Ordnung wegen die potentielle Möglichkeit der gesellschaftlichen Umwälzung bot. Unter diesen Bedingungen proklamierte die SED den (ungleichen) »friedlichen Wettbewerb der Systeme«.

Mit wem die SED neben der DKP, dessen Vorsitzenden Herbert Mies Honecker während seines Besuches in der Bundesrepublik demonstrativ als ersten empfing, zusammenarbeiten wollte, hatten die Ideologen vom Institut für Gesellschaftswissenschaften beim ZK der SED schon in den siebziger Jahren deutlich gemacht. Es hieß damals: »Der Kampf um die Politik des sozialen Fortschritts in der BRD, der gegen den staatsmonopolistischen Kapitalismus, erfordert, möglichst große Teile der sozialdemokratischen Bewegung in den antiimperialistischen Kampf einzubeziehen.«[12] Es komme darauf an, dauerhafte freundschaftliche Beziehungen zu diesen Sozialdemokraten herzustellen, eine Veränderung ihrer Politik und ein dauerhaftes Bündnis mit ihnen abzuschließen.

Jenem schon in den siebziger Jahren verkündeten Ziel, das zu einem der wesentlichsten Faktoren bei der Errichtung des »Europäischen Hauses« geworden war, wähnte sich die SED näher denn je. Die Zusammenarbeit mit den kommunistischen Parteien in beiden Teilen Deutschlands mit der inzwischen als Bündnispartner akzeptierten nicht »antikommunistischen« SPD[13] war nach ihrer Auffassung weit gediehen. Neben der Abmachung über eine chemiewaffenfreie Zone in Europa hatte insbesondere die von der SPD-Grundwertekommission und den SED-Gesellschaftswissenschaftlern erarbeitete gemeinsame Grundsatzerklärung den Ost-Berliner Kommunisten Anlaß zur Genugtuung gegeben. Ungeachtet des vom früheren SPD-Vorsitzenden Willy Brandt noch vor wenigen Jahren beschworenen »Unvereinbarkeitsbeschlusses«[14] der Zusammenarbeit von Sozialdemokraten und Kommunisten war damit erstmals seit Bestehen der KPD im Jahre 1919 ein offizielles Papier beider Parteien vorgelegt worden.

Neben der SPD und Teilen der Grünen wurde für die angestrebte gesellschaftliche Umgestaltung der Bundesrepublik auch der außerparlamentarischen Opposition ein gesteigerter Stellenwert beigemessen. In der Ausgabe vom September 1987 der Berichte des SED-Instituts für Internationale Politik und Wirtschaft (IPW) hieß es dazu, für die Formierung eines Reformblocks, der kurz oder mittelfristig zum Träger einer neuen Politik in Westdeutschland werden könne, seien die außerparlamentarischen Bewegungen besonders wichtig. In ihnen manifestierten sich »traditionelle Widersprüche und neue Konfliktfelder«, die durch die »Klassenpolitik des konservativen Machtblocks« reproduziert würden.

Solche Auseinandersetzungen – hieß es weiter – könnten in soziale Bewegungen münden und politischen Tendenzen Raum geben, »die die Forderung nach Demokratisierung, Mitbestimmung und Einschränkung der Monopole beinhalten«. Wie noch nie zuvor, hieß es in dem IPW-Beitrag weiter, seien die »konservativen Kreise der BRD heute zur politischen Anpassung, zum politischen Lavieren gezwungen«. Tatsächlich manifestierte sich gerade dies im Besuch Honeckers in der Bundesrepublik. Zunehmend unter den Druck der veröffentlichten und öffentlichen Meinung sowie den der parlamentarischen und außerparlamentarischen Opposition geraten, war für den Bundeskanzler der Honecker-Besuch ein »Muß« geworden. Wenngleich er auch im Verlauf seiner Tischrede beim Gala-Dinner in der Godesberger Redoute kein Blatt vor den Mund genommen hatte, war mit dem Besuch als solchem auch von der CDU, die als Bremser in der Ostpolitik galt, letztendlich der »deutschlandpolitische Rubikon« überschritten worden.

Was das kritisierte Grenzregime zwischen beiden deutschen Staaten anlangte, glaubte Honecker, dieses im Zuge seiner hartnäckigen und unnachgiebigen Strategie eines Tages lockern zu können, nämlich dann, wenn es die gesellschaftspolitische Entwicklung in der Bundesrepublik erlaubte. Exakt dies setzte Honecker voraus, wenn er während seines Besuches in der Bundesrepublik sagte: »Daß unter den gegenwärtigen Bedingungen die Grenzen nicht so sind, wie sie sein sollten, ist nur allzu verständlich. Aber ich glaube, wenn wir gemeinsam hinwirken (...), dann wird auch der Tag kommen, an dem die Grenzen uns nicht trennen, sondern Grenzen uns vereinen, so wie uns die Grenze zwischen der Deutschen Demokratischen Republik und der Volksrepublik Polen vereint.«[15]

Das Kernproblem für Honeckers Strategie, die sich nahtlos in die Konzeption vom »Europäischen Haus« einfügte, war nach wie vor die Perestroika. Während Gorbatschow angesichts des real existierenden wirtschaftlichen Desasters rasch auf die Umgestaltung und damit auch auf die Demokratisierung in den Warschauer-Pakt-Staaten glaubte setzen zu müssen, meinte Honecker eben durch die konsequente Fortsetzung seiner längerfristig angelegten, aus seiner Sicht erfolgreichen Politik dem Ziel näher zu kommen. Je schneller Gorbatschow demnach auf dem Glasnost- und Perestroika-Kurs voranschritt, desto mehr mußte Honeckers stalinistische SED an Attraktivität als Partner einbüßen und seine ansonsten so günstige Ausgangsposition in der ideologischen Auseinandersetzung mit der Bundesrepublik sich verschlechtern.

Honecker verdrängte wohl auch deshalb die katastrophale wirtschaftliche Situation der DDR. Statt dessen schwelgte er in Illusionen. Zwar erklärte er vor Ersten Sekretären von SED-Kreisleitungen im Februar 1988, daß es verschiedentlich »Reibungen« gegeben habe, die »oft mit erheblichem Aufwand überwunden werden mußten«[16], und daher der Plan nicht habe eingehalten werden können. Die Ursache dafür sah er freilich in dem »strengen Winter«, in »Havarien« und in unzureichender Disziplin sowie mangelhafter Kaderauswahl. Als Schlüssel zur Erfüllung des Volkswirtschaftsplanes 1988 bezeichnete Honecker die Notwendigkeit, neue wissenschaftliche Erkenntnisse zu erarbeiten und ökonomisch besser zu nutzen. Der springende Punkt sei aber die Verbesserung der Qualität. Auf den Außenmärkten gelte dafür ein unbestechlicher Maßstab: »Die realen Valutaerlöse in Mark.« Es müsse doch möglich sein, »daß im Welthandel eine Mark der DDR auch eine D-Mark ist«.[17]

Angesichts solch hehrer Zielsetzungen mußte das Papier, das er gar nicht viel später von Schürer vorgelegt bekam, wie Sabotage anmuten. Der Planungschef, dessen »psychologischer Rückhalt« nur darin bestanden haben soll, »daß er mit den sowjetischen Wirtschaftslenkern allzeit engste Tuchfühlung hielt und von dort aus allemal mit Unterstützung rechnen konnte«,[18] hatte sich ein Herz gefaßt und wenigstens »die halbe Wahrheit« über die wirtschaftliche Situation der DDR gesagt. Am 26. April hatte Schürer nur Honecker die teilweise ungeschönte Vorlage für den Volkswirtschafts- und Staatshaushaltsplan 1989 vorgelegt samt seinen eigenen »Überlegungen zur weiteren Arbeit am Volkswirtschaftsplan 1989 und darüber hinaus«.[19]

Schürers Unterlagen zufolge fehlten noch immer acht Milliarden Mark zum Ausgleich von produziertem und verbrauchtem Nationaleinkommen. Er bemängelte vor allem die Überkonzentration von Mitteln auf den Bereich der von Honecker persönlich geförderten und als Prestigeobjekt verstandenen Mikroelektronik. Die hierfür aufgebrauchten Ressourcen fehlten für den exportorientierten Maschinenbau, schrieb Schürer. Er wandte sich auch gegen eine Aufstockung der Ausgaben für Armee, Staatssicherheit, Polizei und Zoll. Vorbei sein sollte es mit dem Ausbau von Sozialleistungen: »Die Zuwendung für die Bevölkerung aus dem Staatshaushalt für das Wohnungswesen, Preisstützungen, Tarife, Bildungswesen, Gesundheitswesen, Kultur, Sport und Erholung haben zur Zeit ein Entwicklungstempo von 5,4 Prozent jährlich und liegen deutlich über dem Entwicklungstempo des Nationaleinkommens, des Warenfonds und des Lohnfonds.« Den einzigen Ausweg, den drohenden Staatsbankrott abzuwenden, sah Schürer in einer Senkung des Lebensstandards in der DDR. Für »unterbelegten Wohnraum« sollten die Mieten erhöht, die Energiepreise für größere Verbraucher nicht mehr subventioniert werden ebenso wie die Preise für Artikel, »die nicht mit der Gewährleistung der Grundbedürfnisse der Bevölkerung verbunden sind«.

Der gegenüber Honecker »in Sorge um die Lösung der Fragen des Planentwurfs« geäußerten Bitte Schürers um Rücksprache kam dieser nicht nach. Er überstellte statt dessen das umfangreiche Papier des Planungschefs seinem Mitstreiter Mittag, der daraufhin ein noch umfangreicheres Gegengutachten verfassen ließ. Der an den ZK-Abteilungsleiter für Planung und Finanzen, Günter Ehrensperger, ergangene Auftrag lautete, Schürer im Kern zu widerlegen. So geschah es dann auch, zum Gefallen Honeckers. Resümierend hieß es nämlich: »Diesen Überlegungen des Genossen Schürer zu folgen, würde bedeuten, in einem umfassenden Maße Beschlüsse des VIII. Parteitages der SED in Frage zu stellen und somit die Einheit von Wirtschafts- und Sozialpolitik.«[20]

So konnte dann auch Honecker während des Treffens der Generalsekretäre und Ersten Sekretäre der Zentralkomitees der Kommunistischen Parteien am 16. Juli 1988 in Warschau unbefangen über die großen Erfolge der sozialistischen Wirtschaft in der DDR schwadronieren, die ihr produziertes Nationaleinkommen um 4,1 Prozent gesteigert habe. Die gewaltigen Probleme bagatellisierte er, indem er darauf hinwies, daß man solche in der DDR nicht zum ersten Mal gelöst habe: »Er möchte keine Vergleiche anstellen, aber doch darauf hinweisen, daß wir 1970 ebenfalls vor einer schwierigen Situation standen. Es hätten sich bestimmte Disproportionen in der Volkswirtschaft entwickelt, Fragen der Versorgung, insbesondere mit Lebensmitteln, Konsumgütern und Wohnungen, hätten gelöst werden müssen. Die notwendigen Veränderungen seien vom VIII. Parteitag beschlossen worden (...) Das alles habe sich unter der nach wie vor aktuellen Losung ›Alles mit dem Volk, alles für das Volk, alles durch das Volk‹ vollzogen.«[21]

Mit solchen Deklamationen fand Honecker zwar die stille Zustimmung Ceauşescus, bestenfalls noch die Husáks oder Schiwkows. Bei Gorbatschow und den übrigen Reformern unter den Warschauer-Pakt-Vertretern dürfte sich hingegen allmählich die Erkenntnis gefestigt haben, daß mit dem Deutschen keine Perestroika zu machen sein würde. Dieser Eindruck hatte sich um so mehr vertiefen müssen, da inzwischen nicht nur auf dem Gebiet der Wirtschaftspolitik die Beziehungen zwischen Moskau und Ost-Berlin ungewöhnlichen Belastungen ausgesetzt waren.

Auch was Glasnost, die innere Demokratisierung des Systems, anging, die untrennbar zur Perestroika gehören mußte, hatten sich Moskau und Ost-Berlin auseinanderbewegt. Während in der Sowjetunion offen mit dem Stalinismus gebrochen und eine kontrollierte Öffnung des Systems in Gang gebracht wurde, baute die SED-Führung nicht nur den Pressionsapparat angesichts einer aufkeimenden Protestbewegung, die sich nun auf Gorbatschow berief, immer mehr aus. Lange Zeit hatte die SED-Führung versucht, die Spannungen zu verbergen, die Gegensätze herunterzuspielen und die DDR auch auf diesem Gebiet als »Musterland« zu präsentieren.

Zum Beispiel im Januar 1987 hatte dies Hager auf der gemeinsamen Beratung der ZK-Sekretäre in Warschau getan, wenn er ausführte: »Noch nie in der Geschichte und nirgendwo außerhalb des Sozialismus ist es gelungen, so wie in unserer sozialistischen Gesellschaft, das Recht auf Frieden und Arbeit, auf soziale Sicherheit, auf Bildung und allseitige Persönlichkeitsentwicklung, auf Gleichberechtigung der Bürger, unabhängig von rassischer und nationaler Zugehörigkeit, von Weltanschauung, religiösem Bekenntnis und sozialer Stellung, auf gleiches Recht für die Geschlechter und Rechtssicherheit zu Realitäten des Alltags des ganzen Volkes zu machen.«[22]

Hager glaubte seiner eigenen Propaganda, war er doch der Prototyp des deutschen Kommunisten stalinistischer Prägung. Bereits 1930 wurde er Mitglied der KPD, später von den Nationalsozialisten inhaftiert. Er emigrierte, nahm zeitweise am Spanischen Bürgerkrieg als Journalist teil, kehrte 1945 nach Ost-Berlin zurück. Dort machte der Antifaschist und glühende Verehrer Stalins eine steile Karriere in der SED. Leiter der ZK-Abteilung Propaganda, Sekretär für Wissenschaft und Kultur der SED, Vollmitglied des ZK und des Politbüros sind Wegmarken seines Aufstieges. Vor allem gegen die Kritiker unter der sogenannten Intelligenz zog er zu Felde und trieb sie aus dem Lande. Kurzum: Sein Name stand für die orthodoxe Linie der Partei und deren strikte Ablehnung jeglicher Reformen.

In Warschau mußte sich Hager nun trotz aller Verherrlichung der DDR, wie andere Parteisekretäre auch, von dem tief von der Perestroika-Konzeption überzeugten Gorbatschow-Gefolgsmann Jakowlew die Leviten lesen lassen. Jakowlew sagte: »Im letzten Jahr sind uns Informationen eingegangen, daß manche Genossen aus Bruderländern ihr Befremden über falsche Äußerungen dieser oder jener Sowjetbürger in Interviews oder Beiträgen zum Ausdruck bringen (...) Ich möchte nur noch eins hinzufügen: Wenn jemand mit einer solchen Äußerung nicht einverstanden ist, dann sollte man öffentlich dazu Stellung nehmen, beispielsweise in der Presse. Wir werden dafür nur dankbar sein.«[23]

Hager reagierte darauf mutig, wenngleich er zunächst der Autorität des Sowjetmenschen Rechnung trug. Als einziger meldete er sich zu Wort und erläuterte, warum von seiten der DDR offene Kritik nicht zu erwarten sei: »Ich möchte um Verständnis dafür bitten, wie kompliziert das für uns ist. Unsere Partei und unser Volk sind in einem langwierigen Prozeß erzogen worden zur Freundschaft mit der KPdSU und der Sowjetunion. Wir haben im Geiste Ernst Thälmanns diese Freundschaft immer hochgehalten, und wir werden dies auch in Zukunft immer tun. Wir werden nichts tun, was diese Freundschaft in irgendeiner Weise beschädigen könnte. Das ist unser Grundprinzip, an dem wir eisern festhalten.« Sodann kündigte Hager an, daß sie »bestimmte Werke, die gegenwärtig in der Sowjetunion veröffentlicht werden, Filme, die neu in die Kinos kommen, Bücher, die neu erscheinen, Theaterstücke, die neu aufgeführt werden, keineswegs alle übernehmen. Wir werden hier sorgfältig auswählen, was der Entwicklung des Bewußtseins, der Stärkung des Sozialismus in unserem Land nützt.«[24] Jakowlew antwortete nur knapp: »Wir haben 20 Filme, die zurückgehalten wurden, jetzt der Bevölkerung gezeigt. Dabei ist weder die Welt untergegangen noch der Sozialismus.«[25]

Zunächst gelang es der DDR-Führung noch, den Konflikt um Glasnost abseits der Öffentlichkeit auf »kleiner Flamme« zu halten. Dies war im wesentlichen auch noch im Jahr 1988 so. Gleichwohl machte Honecker kein Hehl aus seiner Haltung, wenn er etwa der dänischen Tageszeitung »Jyllands Postens« mit Blick auf die Sowjetunion sagte, es sei wichtig, voneinander zu lernen, »aber nicht zu kopieren«.[26] Immer wieder nahm er in diesem Zusammenhang Gorbatschow beim Wort, der die Unabhängigkeit der Kommunistischen Parteien garantiert habe.

Das Verhältnis zwischen Ost-Berlin und Moskau verschlechterte sich jedoch zunehmend, als sowjetische Medien von bis dahin unantastbar geltenden Dogmen abrückten. Am 21. Juli druckte die Moskauer Zeitschrift »Literaturnaja Gaseta« einen Artikel des russischen Publizisten Leonid Potschiwalow unter der Überschrift »Die Deutschen und wir« ab. Der kam darin zu dem Ergebnis, daß es keine Nationalität der »DDRler«, der »BRDler« oder der »West-Berliner« gäbe, sondern nur eine der Deutschen.[27] Potschiwalow zielte dabei weniger auf die Drei-Staaten-Theorie als auf das Grenzregime Ost-Berlins, wenn er in seinem Beitrag ferner die Schlüsselfunktion der Bundesrepublik für die europäische Zukunft hervorhob und damit ganz auf der Linie von Gorbatschows Konzeption vom gemeinsamen »Europäischen Haus« lag. Die Glasnost-Nadelstiche sollten den Genossen in Ost-Berlin ganz offensichtlich verdeutlichen, das gemeinsame »Europäische Haus« könne verschiedene Wohnungen haben (übrigens ein ausdrücklicher Wunsch des Bundeskanzlers an Gorbatschow), vielleicht auch noch verschiedene Tapeten, aber auf keinen Fall vermauerte und mit Stacheldraht gesicherte Fenster, denn welcher Westeuropäer möchte schon in ein solches Haus einziehen.

In die gleiche Richtung hatten die Äußerungen des Gorbatschow-Beraters und Leiters der wissenschaftlichen Kommission beim sowjetischen Außenministerium, Wjatscheslaw Daschitschew, gezielt, der gegenüber Journalisten Mauer und Stacheldraht als »Überreste und Überlieferungen des Kalten Krieges« bezeichnet hatte, »die mit der Zeit verschwinden werden müssen«.[28] Anfang Juni 1988 hatte sich Axen bei Wjatscheslaw Kotschemassow, Moskaus Ost-Berliner Botschafter, über die Äußerungen Daschitschews beschwert.

Im Monat darauf wurde ein anderer Spitzenfunktionär der SED bei Kotschemassow vorstellig. Es handelte sich um den einstigen Sekretär des Zentralrates der Freien Deutschen Jugend (FDJ), Egon Krenz. Gefördert von Honecker, war der gelernte Gesellschaftswissenschaftler im Alter von nur 36 Jahren ins ZK, mit 46 ins Politbüro eingetreten. Der ZK-Sekretär für Sicherheit und Kaderfragen beschwerte sich nun bei Kotschemassow über den Zweiten Sekretär der Bonner Sowjetbotschaft, Akbilkanow, der sich abfällig über das Mauerregime geäußert habe, das so von Moskau nicht befohlen worden sei. Krenz gab sich gekränkt: »Es kann ja wohl nicht richtig sein, daß in Fernsehbrükken, Professorengesprächen und auch durch Mitarbeiter einer sowjetischen Botschaft Äußerungen gemacht werden, die den Lebensnerv der Beziehungen in unserem Bündnis treffen.«[29] Der Botschafter nahm das zur Kenntnis und berichtete dann ohne Umschweife vom XXVII. Parteitag der KPdSU, der gekennzeichnet gewesen sei von »völliger Demokratie, es gab keine vorher festgelegte Rednerliste, jeder konnte sich zu Wort melden und sagen, was ihn bewegte«.

Da die Intervention von Krenz allem Anschein nach wenig bewirkte, erläuterte Honecker bei seinem Treffen mit dem in der KPdSU für ideologische Fragen verantwortlichen Sekretär, Vadim A. Medwedjew, unmißverständlich, daß die DDR-Führung in die Situation gekommen sei, sich im Inneren der Losung Glasnost und Perestroika erwehren zu müssen.[30] Heftig kritisierte er in diesem Zusammenhang Artikel in sowjetischen Zeitschriften und bat darum, Einfluß zu nehmen, daß solche Auffassungen nicht in Publikationen verbreitet würden, die in der DDR erschienen.

Auch Honecker kam jedoch nicht weiter. Im September führte ein Beitrag in der Zeitung des Ministerrats der UdSSR, »Iswestija«, zu heller Empörung in der SED-Führung. Das Blatt hatte ein Interview ausgerechnet mit Wolfgang Leonhard veröffentlicht und angemerkt, dieser sei einer der »führenden Vertreter der ernsthaften Sowjetologie«.[31] Axen sah dies anders. Er sah in Leonhard einen Klassenfeind, der sich »maßgeblich und ununterbrochen an der antikommunistischen, antisowjetischen Hetze der reaktionärsten Kreise der internationalen Monopolbourgeoisie, insbesondere der der BRD und der USA«, beteilige.

Aus der Sicht der SED war die Verärgerung verständlich. Leonhard hatte der »Gruppe Ulbricht« angehört und war nach 1945 in der Sowjetzone für »Agitation und Propaganda« zuständig gewesen. Im Jahre 1949 war er über Jugoslawien in den Westen geflohen. Seitdem tat er sich als einer der härtesten Kritiker des »real existierenden Sozialismus« hervor. Eine Woche nach der Intervention Axens oblag es wieder einmal Botschafter Kotschemassow, die Antwort aus Moskau mitzuteilen: Man habe die Beschwerde mit »größtem Ernst« aufgenommen, aber man rechne »mit dem Verständnis unserer deutschen Freunde dafür, daß unsere Presseorgane unter den gegenwärtigen Bedingungen breite Selbständigkeit bei der Wahl von Themen und Materialien für die Veröffentlichung genießen«.[32]

Angesichts dieser Entwicklung ließ Honeckers bevorstehender Moskau-Besuch nichts Gutes erwarten. Als er am 28. September dann mit Gorbatschow zusammentraf, ging es zunächst wieder um die Fragen der Wirtschaftspolitik. Gorbatschow attackierte seinen Gast mit den Feststellungen, daß die DDR zwar immer gerne die Ergebnisse der sowjetischen Grundlagenforschung nutze, der Rücklauf an Technologie in die Sowjetunion aber sehr zu wünschen übriglasse.[33] In der Wirtschaft, so unterstellte er Honecker, pflege die DDR offensichtlich lieber Beziehungen zu den kapitalistischen Ländern als zur Sowjetunion. »Wenn es Mißtrauen gegenüber den sowjetischen Erzeugnissen oder Vorbehalte wegen nicht ausreichendem technischen Niveau gebe, sollte man darüber sprechen.« Honeckers Anfrage nach einer Erhöhung der jährlichen sowjetischen Rohstofflieferungen für die darauf angewiesene DDR lehnte Gorbatschow kurzerhand ab.

Der begnügte sich jedoch nicht damit, Honecker wieder einmal die dringende Notwendigkeit von Wirtschaftsreformen nahezulegen, wenn er dem Protokoll zufolge fortfuhr: »Die sozialistische Gesellschaft werde gerade durch die Entfaltung der Demokratie geschaffen. Er wolle nicht über die DDR urteilen, weil er die Details nicht kenne. Aber in der Sowjetunion war das Volk in einer bestimmten Etappe von Entscheidungen entfremdet (...) Aber unter dem System der Befehle und Weisungen ging die Rolle der gewählten Organe immer mehr zurück. Selbst in der Partei gab es keinen demokratischen Prozeß mehr.«

Einigkeit erzielten beide Parteiführer wiederum nur in den großen Linien der gemeinsamen Außenpolitik. Honecker konnte, was die internationale Anerkennung und das Image der DDR anlangte, auf weitere Erfolge zurückblicken. Im Juni war er mit dem Vorsitzenden des Zentralrates der Juden in Deutschland, Heinz Galinski, zusammengetroffen, worauf sich das Verhältnis zu diesem weiter verbesserte. Gegenüber dem DDR-Staatssekretär für Kirchenfragen, Kurt Löffler, versicherte Galinski kurze Zeit später sogar, er werde die Berichterstattung der Springer-Presse über Antisemitismus in der DDR zu verhindern suchen.[34]

Nachdem Axen bereits im Mai in Washington und New York das politische Terrain sondiert hatte, stand nun der Besuch des Präsidenten des Jüdischen Weltkongresses (JWC), Edgar M. Bronfman, in Ost-Berlin bevor. Zum JWC suchte Honecker gute Kontakte. Um diese zu befördern, sollten die Absatzmöglichkeiten für Bronfmans Konzerne erörtert werden, wie es dieser vorschlug.[35] Um dem JWC-Präsidenten zu schmeicheln, beabsichtigte man außerdem, ihn mit dem »Stern der Völkerfreundschaft« auszuzeichnen.[36] Dies alles sollte dem Ziel Honeckers dienen, dem von ihm so ersehnten Staatsbesuch in den Vereinigten Staaten näherzukommen. Nach den Besuchen in Bonn im September 1987 und Paris im Januar 1988 wäre dies für ihn der letzte Schritt auf dem langen Weg der DDR vom einst gemiedenen Regime zum international anerkannten zweiten deutschen Staat gewesen.

Was die Beziehungen der DDR zur Bundesrepublik anging, so war man vor allem bei der SPD weitergekommen, ohne dabei auch nur einen Millimeter eigenes Terrain aufgegeben zu haben. In diesem Zusammenhang stimmten Gorbatschow und Honecker – dieser etwas zögerlicher – im wesentlichen darin überein, daß beim Bau des gemeinsamen »Europäischen Hauses«, der Fortschritte mache, der Bundesrepublik eine zentrale Bedeutung zukomme; beide zeigten sich zufrieden darüber, daß sich das Meinungsbild dort »positiv verändert« habe. »Man gehe davon aus, daß es in der Gesellschaft der BRD zu Veränderungen gekommen sei (...), die jetzt einen neuen Schritt ermöglichen. Man müsse die neue Stimmung in der öffentlichen Meinung in der BRD nutzen (...). Möglicherweise könne man durch diese Politik die BRD auch etwas davon abhalten, die militärpolitischen Beziehungen zu Frankreich und anderen westeuropäischen Staaten weiter auszubauen«, hieß es im Gesprächsprotokoll.[37]

Als Honecker Ende Oktober in Ost-Berlin mit einer von Mies geführten Delegation der DKP zusammentraf, ließ er, um nicht angesichts der milden Töne aus Moskau allzu sehr ins Hintertreffen zu geraten, öffentlich verlauten, daß die DDR weiterhin mit der Bundesrepublik eine »Politik der Friedenssicherung, des Dialogs und der Zusammenarbeit« betreiben wolle.[38] Jeder könne sich davon überzeugen, daß es seit seinem Bonn-Besuch, jener damit angebrochenen neuen Etappe in den Beziehungen beider deutscher Staaten, beachtliche Fortschritte auf dem Gebiet der Politik, der Wirtschaft und der Wissenschaft, aber auch auf dem Gebiet des Umweltschutzes, des Kulturaustausches und des Reise- und Besucherverkehrs gegeben habe.

Honecker betonte bei dieser Gelegenheit auch, daß die DDR für Gegenwart und Zukunft über ein »realistisches Gesellschaftskonzept« verfüge. In dem Bemühen, auch in dem in der

DKP offen ausgebrochenen Konflikt um Glasnost und Perestroika eindämmend zu wirken, fügte er jedoch hinzu, daß es sich immer wieder erweise, daß die Gestaltung der entwickelten sozialistischen Gesellschaft ein Prozeß tiefgreifender politischer, ökologischer, sozialer und geistig-kultureller Wandlungen sei. Diesen Prozeß zu beherrschen, verlange von der SED Fähigkeit, Entschlußkraft und Kühnheit, sagte Honecker.

Bei solchen vordergründigen Deklamationen war es freilich nicht geblieben. Tatsächlich wurde hinter den Kulissen die Führung der westdeutschen Kommunisten aufgefordert, diese fehlerhafte Entwicklung unverzüglich zu korrigieren. Dabei würde die SED mit ihren Erfahrungen helfen. Das Beispiel der KPdSU wurde ausdrücklich entwertet, eine solche Entwicklung hätte in der DDR innen- wie außenpolitisch nichts zu suchen. Die DDR selbst wäre das Vorbild für eine richtige, zukunftsweisende realsozialistische Gesellschaft. Daraus leiteten sich auch die potentiellen Bündnispartner Rumänien, die Tschechoslowakei und Nordkorea ab.[39]

Im November sollte der bislang weitgehend hinter verschlossenen Türen ausgetragene Konflikt zwischen Ost-Berlin und Moskau in aller Öffentlichkeit eskalieren. Am 19. des Monats verbot die DDR-Führung nämlich den Vertrieb der sowjetischen Zeitschrift »Sputnik«. Die monatlich erscheinende Sammlung von übersetzten sowjetischen Zeitungsartikeln hatte sich angesichts der politischen Umgestaltung in der Sowjetunion auch in der DDR zum begehrten Lesestoff entwickelt, nicht zuletzt deshalb, weil hier in vielen Artikeln scharf mit der stalinistischen Vergangenheit abgerechnet und vierzig Jahre geltende Tabus gebrochen wurden.

Schon am 28. September 1988 hatte sich Honecker bei Gorbatschow persönlich über den »Sputnik« beschwert.[40] Gorbatschow hatte der DDR-Spitze daraufhin zu mehr Souveränität geraten. Diese sowjetischen Publikationen »würden sicher keinen Umsturz in der DDR auslösen, die doch jahrzehntelang viel schlimmeren Angriffen standgehalten habe. Das werde nach seiner Meinung sicher zu schaffen sein.« Wenn Honecker das Blatt nun verbieten ließ, dann deshalb, weil jetzt in einem Beitrag am elementaren Selbstverständnis, an der antifaschistischen Legitimation des Sozialismus auf deutschem Boden schlechthin, gerührt worden war.[41]

So war im »Sputnik« zu lesen, daß die deutschen Kommunisten auf Befehl Stalins in den zwanziger Jahren gegen die Sozialdemokraten vorgegangen seien, anstatt mit diesen zusammen eine Einheitsfront gegen den Nationalsozialismus zu bilden. Damit habe es keinen ausreichenden Widerstand mehr gegen die Machtergreifung Hitlers gegeben. So hieß es: »Überall rauften sich Sozialdemokraten und Kommunisten wie toll geworden miteinander – zum Ergötzen der Faschisten (...). Hitler kam an die Macht und konnte seine Macht behaupten, weil die deutsche Arbeiterklasse gespalten war.«

Diese Eingeständnisse, die mit Blick auf das angestrebte Bündnis mit der westdeutschen Sozialdemokratie beim Bau des »Europäischen Hauses« ihrer Folgerichtigkeit nicht entbehrten, trafen bei den alten Männern im Politbüro bis ins Mark. Hatten doch viele von ihnen als Rotfront-Kämpfer oder KP-Jungfunktionäre im entbehrungsreichen Kampf gegen den »Faschismus« an der Seite der Sowjetunion ihr Leben riskiert und mußten sich von derselben Sowjetunion nun sagen lassen, daß dieser Kampf nicht nur vergeblich gewesen war, sondern letztendlich Hitlers Machtergreifung befördert hatte.

Tief verletzt bezeichnete Honecker, der mehr als zehn Jahre in den Zuchthäusern der Nationalsozialisten gesessen hatte, die »Sputnik«-Thesen als »Gequake wildgewordener Spießer« und ließ dies auch über das SED-Zentralorgan »Neues Deutschland« verbreiten.[42] Damit nicht genug. Sechs Tage nach dem Vertriebsverbot veröffentlichte das gleiche Blatt einen Beitrag unter dem Titel: »Gegen die Entstellung der historischen Wahrheit«.[43] »So etwas kannte man«, so hieß es, »mit Verlaub gesagt, bislang nur von gewissenlosen Reinwäschern des Faschismus im Westen. Verzerrungen, die für alle, die diese Zeit miterlebten oder die, wie bei uns, im Geist des Antifaschismus erzogen sind und die historische Wahrheit über den Faschismus erfuhren, unbegreiflich sind.«

In der Sowjetunion wurde der Vorfall »mit Bedauern« zur

Kenntnis genommen, wie Radio Moskau in seinem deutschsprachigen Programm meldete. Der Sprecher sagte, daß es sich nur um ein Mißverständnis gehandelt haben könne. Im gleichen Atemzug erläuterte er allerdings, was man jetzt in Moskau unter Pressefreiheit verstünde: »Die Veröffentlichungen der Zeitschrift ›Sputnik‹ (...) widerspiegeln nur den Pluralismus der Meinungen in der sowjetischen Presse. In keiner Weise erheben sie den Anspruch, die Wahrheit in letzter Instanz zu sein, und wir hoffen, daß dieser bedauernswerte Zwischenfall mit der Zeit geregelt wird.«[44]

Schon zeitgleich mit der Auseinandersetzung um den »Sputnik« wurden sowjetische Filme, die zwanzig Jahre unter Verschluß gehalten worden waren und jetzt gleichzeitig in bundesdeutschen und DDR-Kinos anliefen, nach nur wenigen Tagen wieder aus den Lichtspielhäusern verbannt. Es waren wohl die vom DDR-Publikum geradezu aufgesogenen, konsequent antistalinistischen Inhalte, die das Politbüro hatten handeln lassen. Zu den Filmen, die auf dem »Index« standen, gehörte zum Beispiel auch Tengris Abuladses Film »Die Reue«, nach Meinung von westlichen Filmkritikern ein Schlüsselfilm der sowjetischen Glasnost-Bewegung.[45] Viele DDR-Bürger konnten »Die Reue« dennoch sehen – im Zweiten Deutschen Fernsehen.

Zu den Auseinandersetzungen um Glasnost und Perestroika kam aus der Sicht des Ost-Berliner Regimes seit Herbst 1988 eine weitere Bedrohung: Der »Eiserne Vorhang«, der nur als Ganzes von der Ostsee bis zum Plattensee seinen Sinn hatte, begann im Südosten brüchig zu werden. Brachen die Gegensätze beim Besuch von Grósz in Ost-Berlin Anfang September noch nicht offen aus, so änderte sich dies, als der Budapester Regierungschef Pozsgay wenig später davon sprach, daß das ungarische Grenzsystem zu Österreich »historisch, politisch und technisch überholt« sei.[46] Das mußte zwangsläufig zum Konflikt zwischen der DDR und Ungarn führen – ein Konflikt, der auch deshalb rasch an Brisanz gewann, weil die SED-Führung eng mit dem rumänischen »Conducator« zusammenarbeitete, dessen Beziehungen zu Budapest wiederum durch die Verfolgung der ungarischen Minderheit in Rumänien schwer belastet waren.

Mitte November 1988 war Ceauşescu herzlich von Honecker und dem SED-Politbüro in Ost-Berlin zu einem Arbeitsbesuch empfangen worden. Man hielt sich gegenseitig Elogen. Der rumänische Parteichef, der von Honecker mit dem Karl-Marx-Orden ausgezeichnet wurde, wollte den Besuch als »neuen und beredten Ausdruck der traditionellen, fest auf den edlen Prinzipien des Sozialismus und Kommunismus dauerhaft beruhenden Beziehungen der engen Freudschaft und Zusammenarbeit zwischen beiden Parteien und Völkern« bewertet wissen.[47] Wohl auch ein wenig der Blick nach Ost-Berlin und Bukarest mochte Ministerpräsident Németh bewogen haben, sich vehement dafür einzusetzen, die Grenze zu schleifen – eine Grenze, deren Regime für die Ungarn ohnehin obsolet geworden war, hatten sie doch die uneingeschränkte Reisefreiheit zurückerhalten. Im März 1989 fiel schließlich die Entscheidung, den »Eisernen Vorhang« zu öffnen.[48]

Németh war im selben Monat zu seinem Antrittsbesuch nach Moskau gereist. Bei seinen Konsultationen mit Gorbatschow war neben der Einführung eines Mehrparteiensystems auch die Öffnung der Grenze zu Österreich erörtert worden.[49] Die Perestroika mit all ihren konfrontativen Auswirkungen auf die orthodox-kommunistischen Nachbarn sollte nach dem Willen des Kreml in Ungarn forciert werden. Gorbatschow mußte zu diesem Zeitpunkt klargewesen sein, welche Folgen der Abbau der Grenzanlagen in Ungarn für das gesamte real existierende sozialistische Imperium haben müßte.

Im SED-Politbüro verfolgte man besorgt diese Entwicklung. Die DDR-Botschaft in Budapest lieferte ebenso wie der Staatssicherheitsdienst Informationen über die dortige Entwicklung, die von der ZK-Abteilung für Internationale Beziehungen ausgewertet wurden. So heißt es in einem Bericht vom 8. März 1989, daß es an der Geschlossenheit innerhalb der Ungarischen Sozialistischen Arbeiterpartei fehle, daß deren führende Rolle in Staat und Gesellschaft zusehends untergraben werde und daß durch die Einführung des Mehrparteiensystems größerer Spielraum für »antisozialistische Aktivitäten« geschaffen worden sei. Der Verfasser folgerte daraus: In Ungarn »vollzieht sich gegenwärtig ein sich beschleunigender Prozeß der Erosion der sozialistischen Machtverhältnisse, der ernste Gefahren für die sozialistischen Gesellschaftsgrundlagen und die Bündniszugehörigkeit der UVR heraufbeschwört«.[50]

Bestätigt wurde diese Einschätzung durch den Generalsekretär der Kommunistischen Partei Ungarns, Grósz, der am 24. April 1989 überraschend die DDR-Botschaft in der bulgarischen Hauptstadt Sofia aufsuchte. Über diesen Umweg wollte er Honecker diskret über die angespannte Lage im Land und in der Partei informieren. Grósz berichtete, daß es in der Partei, sogar in der Parteiführung, Kräfte gebe, die einen »sozialdemokratischen Weg« bzw. ein »republikanisches Modell nach französischem Muster anstreben«.[51] Die Führung der USAP sei zerstritten, die Radikalreformer machten erheblichen Druck. Sogar »Spaltung der Partei« und »Bürgerkrieg« wollte Grósz nicht mehr ausschließen. Er setzte in dieser Lage auf den Westen und berichtete, daß dieser keinesfalls an einer Destabilisierung der Situation in Ungarn interessiert sei. Der amerikanische Botschafter rufe immer wieder die Oppositionsgruppen zur Besonnenheit auf. Er habe bei den alternativen Gruppen die Rolle eines Beraters inne und plädiere dafür, nichts zu überstürzen und im Interesse Europas schrittweise und überlegt zu handeln.

Am 2. Mai begannen die Ungarn mit dem Abbau der Grenzsperranlagen. In den Grenzabschnitten Köszeg, Szentgothárd, Hegyeshalom und Sopron wurden Wachtürme, Stacheldrahtzäune und elektrische Grenzsperren demontiert. Ungarns Außenminister Gyula Horn und sein österreichischer Amtskollege Alois Mock zerschnitten am 28. Juni gemeinsam vor den Augen der Weltöffentlichkeit den Stacheldraht. Die Grenzverhaue würden, so wurde Minister Horn zitiert, »für immer beseitigt«.

Für diejenigen in der DDR, denen die Ausreise in den Westen verweigert worden war oder die sich scheuten, einen entsprechenden Antrag zu stellen, war der 28. Juni das Signal zum Aufbruch, insbesondere weil man fürchtete, daß die Gorbatschow-Ära nicht lange währen würde. Ihre Zahl war 1988/89 dramatisch angestiegen. In einer für die SED-Parteiführung bestimmten geheimen Analyse des MfS[52] für den Zeitraum zwischen Januar und Juni ist die Rede von insgesamt 125429 Antragstellern auf ständige Ausreise in die Bundesrepublik. Beim »ungesetzlichen Verlassen« der DDR registrierte das MfS im Verhältnis zum gleichen Zeitraum des Vorjahres einen Anstieg um 159 Prozent.

In den Analysen des Staatssicherheitsdienstes wurden die Beweggründe für das Verlassen des Landes nüchtern erfaßt. So heißt es im Deutsch des Apparates, »die überwiegende Anzahl dieser Personen wertet Probleme und Mängel in der gesellschaftlichen Entwicklung vor allem im persönlichen Umfeld, in den persönlichen Lebensbedingungen und bezogen auf die sogenannten täglichen Unzulänglichkeiten im wesentlichen negativ und kommt davon ausgehend, insbesondere durch Vergleiche mit den Verhältnissen in der BRD und in West-Berlin, zu einer negativen Bewertung der Entwicklung in der DDR«.[53] Im einzelnen nannte das MfS die schlechte Versorgungslage, die Mängel in der medizinischen Betreuung und vor allem die eingeschränkten Reisemöglichkeiten ins westliche Ausland.

Auch aus völkerrechtlichen Gründen wurde die Situation jetzt für die SED-Führung brisant, denn der Beitritt Ungarns zur Flüchtlingskonvention der Vereinten Nationen stand unmittelbar bevor. Ungarn hatte sich als einziger Ostblockstaat zu diesem Schritt entschlossen, vor allem um mit dem starken Flüchtlingsstrom aus Rumänien fertig zu werden. Zehntausende wollten sich vor dem Ceauşescu-Terror retten. Die meisten von ihnen hatten nicht vor, in Ungarn zu bleiben, sondern wollten in den Westen, vor allem nach Österreich.

In Budapest prallten die unterschiedlichen Meinungen zur Flüchtlingsproblematik aufeinander. Ministerpräsident Németh setzte sich schließlich durch. Es wurde nun beschlossen, die Flüchtlinge nicht zurückzuschicken – ein klarer Verstoß gegen die bisher üblichen Praktiken unter den sozialistischen Bruderstaaten. Unklar blieb allerdings ihr juristischer Status. Mit der Unterzeichnung der Konvention sollte schließlich Abhilfe geschaffen werden. Budapest mußte sich dabei verpflichten, auch Bürgern aus anderen Staaten Aufnahme zu gewähren und diesen die Chance geben, einen Asylantrag zu stellen. Dies mußte freilich auch für die Deutschen aus der DDR gelten, was im Falle einer Anerkennung die Möglichkeit einer legalen Ausreise in die Bundesrepublik bedeutete.

Als Ende Juni in der DDR das Gerücht umging, der Individualverkehr nach Ungarn solle entweder zum 1. August oder zum 1. Januar 1990 untersagt werden, nahm die Zahl derer, die gen Süden aufbrachen, sprunghaft zu. Sie kamen als Touristen nach Ungarn, suchten sich einen Campingplatz in Grenznähe und warteten auf den besten Moment für ihre Flucht in die Freiheit. Nach Ungarn zu gelangen, war für die DDR-Bürger relativ einfach, denn Ungarn war traditionell ein beliebtes Urlaubsland für die Ostdeutschen. Mehr als 1,3 Millionen hatten allein 1988 am Plattensee ihren Urlaub verbracht.

In der ersten Zeit nach dem Beginn des Grenzanlagen-Abbaus meldeten sich nach gelungener Flucht zwischen 20 und 30 DDR-Bürger pro Woche bei den österreichischen Behörden. Noch bis in den August wurden an der Grenze aufgegriffene Deutsche mit einem Abschiebestempel im Paß in die DDR zurückgeschickt. Repressalien waren dort die Folge. Doch zusehends geriet die Budapester Regierung mit dieser Verfahrensweise in die Zwickmühle, bekannte man sich doch so offen zu den Menschenrechten.

Am 28. Juni 1989, an dem Tag, an dem die Außenminister Ungarns und Österreichs den Grenzzaun durchschnitten, saßen sich Honecker und Gorbatschow im Kreml gegenüber. Die Stimmung war gereizt, war doch Gorbatschow – aus der Sicht der SED – während seines Bonn-Besuchs Ost-Berlin in den Rücken gefallen. Analog zum Aufeinanderzugehen der Supermächte hatten sich auch die Beziehungen zwischen der Sowjetunion und der Bundesrepublik im Lauf der zurückliegenden Monate verbessert. Gorbatschow hatte in Bonn – gemäß seiner Konzeption zur Gewinnung der Bundesrepublik als tragende Säule des zu errichtenden »Europäischen Hauses« – den im September des Vorjahres angekündigten »nächsten Schritt« getan und einige verbale Zugeständnisse gemacht. In der Gemeinsamen Erklärung, die er mit Kohl unterzeichnet hatte, erkannte Gorbatschow nun zum Beispiel die Bonner Position in der Deutschlandpolitik als rechtlich vertretbar an. Fragen nach einer möglichen Wiedervereinigung tat er allerdings mit dem Hinweis auf bestehende andersartige Realitäten ab.[54]

Als man Honecker darüber während seines Aufenthalts beim Bukarester Treffen der Warschauer Vertragsstaaten informiert hatte, soll er für einen Augenblick lang sogar die Fassung verloren haben.[55] Kurz darauf ereilte ihn eine Gallenkolik, weshalb er vorzeitig nach Ost-Berlin zurückgeflogen werden mußte. Grund zum Ärger über den Kreml hatte es außerdem gegeben, weil der sowjetische Vertreter den Genossen aus der DDR auf der KSZE-Menschenrechtskonferenz wieder einmal nicht zur Seite gestanden hatte. So war die Veranstaltung zu einem Tribunal geworden, in dessen Verlauf die orthodoxen sozialistischen Regime angeklagt wurden. Angesichts der Wirklichkeit in seinem Lande hatte Außenminister Oskar Fischer dann alle Mühe, den Versammelten plausibel zu machen, daß die Menschenrechte in der DDR »keine abstrakten Normen« seien.[56]

Zum wiederholten Mal ging es auch an jenem 28. Juni um die wirtschaftlichen Probleme und die notwendige Reformpolitik.[57] Zum x-ten Mal drosch Honecker die alten Phrasen, versuchte der Gastgeber ihn vergeblich für die Perestroika zu erwärmen. Gorbatschow berichtete in dem Vier-Augen-Gespräch auch über seinen Besuch in der Bundesrepublik Anfang des Monats, in dessen Verlauf er von den Westdeutschen stürmisch gefeiert worden war. Er brachte zum Ausdruck, »daß eine immer größere Zahl von Bürgern in der Bundesrepublik zu aufrichtigen Anhängern des Friedens, der Freundschaft und der Beziehungen guter Nachbarschaft mit der Sowjetunion, der DDR und den anderen sozialistischen Staaten auf der Grundlage der Anerkennung der Realitäten und des Verständnisses für die Notwendigkeit gemeinsamer Lösungen der allgemein menschlichen Aufgaben wird«.[58]

Durch die scheinbare Annäherung zwischen Bonn und Moskau geriet Honecker zunehmend unter Druck, diskreditierte doch diese Entwicklung die alten Männer in Ost-Berlin und ihr Regime in immer stärkerem Maße. Das hatte soeben Außenminister Fischer auf der KSZE-Tagung erfahren müssen. Doch auch das Verhältnis zur SPD wurde davon erfaßt – ein Verhältnis, bei dem man noch zu Beginn des Jahres weiter vorangekommen war. Der saarländische Ministerpräsident Lafontaine hatte versucht, eine Art Neben-Verteidigungspolitik auf den Weg zu bringen.

Gunter Rettner, der Leiter der Abteilung Internationale Politik und Wirtschaft beim ZK der SED, hatte seinerzeit Honecker darüber Bericht erstattet. »Angesichts der Tatsache, daß BRD-Verteidigungsminister Scholz ein Zusammentreffen mit Genossen Heinz Keßler (er war Minister für Nationale Verteidigung, der Verf.) ablehnt, möchte O. Lafontaine ein Zeichen setzen. Ihm schwebt vor, im April beziehungsweise Mai 1989 ein Seminar zu militärpolitischen Fragen im Saarland durchzuführen, wozu er eine DDR-Delegation von Politikern und Militärs der DDR herzlich einladen möchte.«[59]

Lafontaine hatte damit auf die »Verweigerungshaltung« Kohls reagieren wollen, der während seines Besuchs in Moskau Ende Oktober 1988 auf den Maximen der westlichen Verteidigungs-Konzeption beharrt hatte. Vor allem auch der ihn begleitende Bundesverteidigungsminister Rupert Scholz hatte sich zum Verdruß der Gastgeber entschieden gegen die Beseitigung aller Kernwaffen in Europa ausgesprochen. Unmißverständlich hatte er gesagt: »Weder die BRD noch die Nato seien gegenwärtig bereit, von der Strategie der nuklearen Abschreckung abzugehen.«[60]

Auch in anderen Fragen war Honecker weitergekommen. Bei seinen Gesprächen mit den Ministerpräsidenten Björn Engholm und Ernst Albrecht im April war es ihm gelungen, die langangestrebte Anerkennung der Elbgrenze in der Strom-Mitte in greifbare Nähe zu rücken. Offenbar sollte eine solche Regelung im Paket mit der Gewährung des kleinen Grenzverkehrs für Kiel, Hamburg und Hannover (wie bereits beim Bonn-Besuch Honeckers angesprochen) in Kraft treten.[61] Mit einer kommunalpolitischen Angebotsliste an den vom Regierenden Bürgermeister Walter Momper geführten rot-grünen Senat, die laut Honecker »Diepgen nie erhalten hätte«,[62] hatte er nicht nur die

Kritik an der zustimmenden Reaktion Ost-Berlins auf die brutale Niederschlagung der Studentenrevolte in China unterdrücken, sondern auch das Verhältnis zu den Berliner Sozialdemokraten weiter verbessern können.

Am Tag nach dem Treffen mit Gorbatschow im Kreml, in Magnitogorsk, wo er an den Feiern zum 60. Jahrestag der Stadtgründung teilnahm, machte Honecker seinem Ärger Luft. In gewohnter Manier polterte er, daß sich die DDR als »vordere Bastion des Sozialismus an der Trennlinie zum imperialistischen System in Europa« in »nächster Nähe des kapitalistischen deutschen Staates« befinde. Und weiter: »Nach wie vor sind wir ständigen Angriffen und vielfältigen Störversuchen jener direkt ausgesetzt, die ihr Ziel, den Sozialismus auf deutschem Boden zu beseitigen, nicht aufgegeben haben. Davon zeugt die Tatsache, daß sie sich gegenwärtig besonders anstrengen, uns die ›Werte‹ des Kapitalismus nahezubringen, obwohl von ihnen überhaupt keine Rede sein kann, da sie Millionen in die neue Armut stoßen. Ihr Ziel, den Bürgern der DDR den Sozialismus madig zu machen, werden sie jedoch nie erreichen. Auch künftig werden wir stets für die Stärkung der Macht der Arbeiter und Bauern, für ihren zuverlässigen Schutz Sorge tragen.«[63]

Aller Realität zum Trotze wurde dann am 13. August im »Neuen Deutschland« die »Mauer« als Garant der Stabilität gefeiert und jeglicher Reform abermals eine strikte Abfuhr erteilt, indem einmal mehr die Einheit von Wirtschafts- und Sozialpolitik beschworen wurde. In kaum zu überbietender Verkennung der Wirklichkeit war in dem Parteiorgan zu lesen, daß »zunehmende Wirtschaftskraft« sich »als solides Fundament für wachsenden Lebensstandard, soziale Sicherheit, Vollbeschäftigung, hohes Bildungsniveau und kostenlose Gesundheitsfürsorge« erweise.

Honecker selbst pries aus Anlaß der propagandistisch aufgebauschten Übergabe der ersten in der DDR hergestellten 32-Bit-Mikroprozessoren die Vorzüge des DDR-Sozialismus, mit denen unter Beweis gestellt werde, »daß das Triumphgeschrei westlicher Medien über das ›Scheitern der sozialistischen Gesellschaftskonzeption‹ nicht das Geld wert ist, das dafür ausgegeben wird«. Er fügte hinzu: »Den Sozialismus in seinem Lauf hält weder Ochs noch Esel auf.« Diese alte Erkenntnis der deutschen Arbeiterbewegung finde durch die große Initiative der Werktätigen der DDR ihre aktuelle Bestätigung.[64]

Alles andere war freilich der Fall, was die Ereignisse in Ungarn nachhaltig bestätigten. Dort suchten nun immer mehr von den ungarischen Grenzern gestellte Deutsche, die wegen ihres Vermerks im Paß die Heimkehr scheuten, in der Bonner Botschaft (Ausreise-)Hilfe. Da es sich nach Auffassung der Bundesrepublik bei diesen um deutsche Staatsbürger handelte, mußte man ihnen dort Zuflucht gewähren. Das wiederum zog den Protest Ost-Berlins nach sich. Der Staatssekretär im Bundesinnenministerium, Walter Priesnitz, appellierte daraufhin am 23. Juli über den Berliner Rundfunksender Rias an die Bevölkerung der DDR, in ihrer Heimat zu bleiben, »damit die Wiedervereinigung der Deutschen nicht in der Bundesrepublik« stattfinde.[65] Hinter dieser Äußerung stand aber auch die Befürchtung, Ungarn werde mit den Problemen, die die Flüchtlingswelle verursachte, nicht mehr fertig.

Aber schon zwei Wochen später änderte sich die Bonner Sprachregelung, denn es war offenkundig geworden, daß die Flüchtlingsströme nicht mehr aufzuhalten waren und praktische Lösungen gefunden werden mußten. Genscher meldete sich nun aus dem Genesungsurlaub und forderte von den ungarischen Behörden, sie sollten fortan von ihrer Praxis, den an der Westgrenze Aufgegriffenen Sichtvermerke in den Paß zu stempeln, absehen.[66] Kanzleramtsminister Rudolf Seiters sprach es noch deutlicher aus, wenn er darauf hinwies, daß diese Vorgehensweise nicht mit der Flüchtlingskonvention der Vereinten Nationen in Einklang stünde.[67] Gleichzeitig bot er humanitäre Hilfe an und wies bei dieser Gelegenheit abermals auf die Notwendigkeit von Reformen in der DDR hin. Wenn sich die DDR entschlösse, sich nicht weiter zu isolieren, könne sie den Ausreisedruck mildern.

Für die Budapester Reformkommunisten stellte sich nunmehr die Frage, entweder der KSZE und UN-Flüchlingskonvention zu entsprechen oder dem bilateralen Abkommen mit der orthodoxen DDR-Führung gerecht zu werden. Mittlerweile hatten sich auch die ungarischen Oppositiongruppen »Union der Freien Demokraten« und das »Asylkomitee« in der Sache zu Wort gemeldet. In einem Offenen Brief an die Zeitung »Magyar Nemzet« protestierten sie gegen die Behandlung der DDR-Flüchtlinge und forderten die sofortige Prüfung jedes einzelnen Asylgesuchs.[68] Dem folgten aus Budapester Regierungskreisen erste, unverhohlen kritische Stimmen gegen das Ost-Berliner Regime.[69] Inoffiziell wurde die Auffassung vertreten, Ungarn wolle nicht ständig »den Polizisten« für Länder spielen, die in der Entwicklung zurückgeblieben waren und die gemeinsam unterzeichneten Helsinki-Beschlüsse nicht einhielten.[70]

Anfang August eskalierten die Dinge weiter. DDR-Flüchtlinge meldeten sich in Bonns Prager Botschaft und in der Ständigen Vertretung in Ost-Berlin. Zunehmend unter Druck geratend, weigerte sich die DDR-Führung fortan, den Botschaftsflüchtlingen im Falle ihrer Heimkehr eine zügige und wohlwollende Behandlung ihrer Ausreiseanträge in Aussicht zu stellen. Gleichzeitig wandte sie sich in der bisher in den Medien peinlich verschwiegenen Angelegenheit erstmals an die Öffentlichkeit. Am 5. und 6. August 1989 wurde folgende ADN-Meldung im Fernsehen und Rundfunk der DDR verlesen: »Wie Massenmedien in der BRD verbreiten, besuchen einige DDR-Bürger Botschaften der BRD im Ausland beziehungsweise die Ständige Vertretung der BRD in der DDR, um dort persönliche Angelegenheiten vorzubringen. Nach dem Völkerrecht haben Vertretungen der BRD keinerlei Rechte und Obhutspflichten gegenüber Bürgern der DDR. Für ihre Angelegenheiten ist einzig und allein die DDR zuständig, vor deren Gesetzen alle Bürger gleich sind. Außergesetzliche Behandlung einzelner durch den Besuch in Botschaften anderer Länder ist nicht erreichbar.«[71]

Dennoch wurde die große Absetzbewegung aus Honeckers DDR zunehmend Gegenstand internationaler Erörterung, geriet die SED-Führung von Tag zu Tag mehr unter Druck und damit in die Defensive. Radio Budapest gab die Stimmung der Perestroikisten im Osten wieder, wenn es in einem Kommentar hieß: »An unserer westlichen Grenze haben wir den Eisernen Vorhang nicht deshalb liquidiert, um jenes Tor zu öffnen, das die

Berliner Mauer zugesperrt hat.«[72] Jetzt sollten die Bundesrepublik und die DDR das Problem unter sich lösen.

Mitte August hatte die Bundesregierung die vorläufige Schließung der Ständigen Vertretung in Ost-Berlin und der Botschaft in Budapest veranlaßt. Gelöst war damit jedoch so gut wie nichts, denn allein in Ungarn hielten sich zu diesem Zeitpunkt mehr als zweihunderttausend Deutsche aus der DDR auf, und die Zahl derer, von denen angenommen werden mußte, sie wollten sich in den Westen absetzen, wurde als nicht klein eingeschätzt. Der Bundeskanzler wandte sich daher in einem Schreiben an Honecker.[73] An einem Treffen hatte Kohl zu diesem Zeitpunkt kein Interesse, wie er am 18. August im Deutschen Fernsehen erklärte, denn dies hätte das SED-Regime nur aufgewertet. In seinem Brief machte Kohl deutlich, daß die Bundesrepublik nicht von ihrer Praxis abrücken werde, sich für alle Deutschen verantwortlich zu fühlen und damit auch für diejenigen, die Zuflucht in den diplomatischen Vertretungen der Bundesrepublik gesucht hätten.

Kohl schrieb: »Unser Wunsch ist freilich, daß die Menschen in ihrer angestammten Heimat ein für sie lebenswertes Leben führen können. Nach meinem Eindruck sehen derzeit nicht nur einzelne, sondern eine größere Zahl, insbesondere auch viel jüngere Menschen, dafür unter den gegebenen Umständen keine Perspektive. Dies zu ändern liegt ausschließlich in der Verantwortung der Führung der Deutschen Demokratischen Republik (...). Auf die Dauer sind Belastungen unserer Beziehungen mit negativen Auswirkungen in allen Bereichen nicht auszuschließen.« Honecker antwortete einmal mehr mit den alten Argumenten, die Bundesrepublik hätte keinerlei Zuständigkeiten für die Bürger der DDR, und drohte seinerseits, daß »bei einer Beibehaltung dieser Praxis (...) Belastungen unserer Beziehungen nicht auszuschließen« seien.[74]

Um wenigstens in der Frage der Botschaftsflüchtlinge weiterzukommen, fand am 18. August im Ministerium für Auswärtige Angelegenheiten in Ost-Berlin ein frostiges Gespräch zwischen Staatssekretär Herbert Krolikowski und Kanzleramtsminister Seiters statt.[75] Letzterer forderte, daß die DDR zur früheren Praxis zurückkehren solle, die Ausreiseanträge der sich jetzt in den diplomatischen Vertretungen der Bundesrepublik aufhaltenden Menschen nochmals zu prüfen. Krolikowski erwiderte, eine solche Forderung sei unverständlich, da sie hinter den rechtlichen Möglichkeiten jedes Bürgers der DDR noch zurückbleibe. Die Rechtspraxis der DDR sei hinreichend bekannt und daraus ergebe sich, »daß jeder Bürger umfassende Möglichkeiten habe, Verwaltungsentscheidungen prüfen zu lassen«. Eine Bevorteilung derer, die sich widerrechtlich in den westdeutschen Botschaften aufhielten, sei nicht möglich.

So gut man die Bonner Intervention abzublocken in der Lage war, so hilflos stand man der weiteren Entwicklung in Ungarn gegenüber. Am 19. August hatte die Paneuropa-Union – eine internationale Organisation mit Sitz in Basel – zusammen mit dem ungarischen Bund Freier Demokraten am Grenzübergang Sopron zu einem »Paneuropäischen Picknick« eingeladen. In dessen Verlauf sollte die Grenze für kurze Zeit geöffnet werden, um gemeinsam feiern zu können. Diese Meldung verbreitete sich wie ein Lauffeuer unter den DDR-Deutschen in Ungarn. Hunderte nutzten dann auch die Chance und gelangten durch ein geöffnetes Grenztor auf österreichisches Territorium.

Bis heute wollte sich offiziell niemand dazu bekennen, daß dies von der ungarischen Führung so gewollt war. Zwei Tatsachen sprechen allerdings dafür: Zum einen hatte nicht nur der Vorsitzende der Paneuropa-Union, Otto von Habsburg, die Schirmherrschaft für dieses Picknick übernommen, sondern auch Ungarns Staatsminister Pozsgay; zum anderen verhielten sich die ungarischen Grenztruppen nicht nur passiv, sondern sie stempelten sogar Ausreisevermerke in die Reisepässe, welche von Bonns Budapester Botschaft an die Flüchtlinge verteilt worden waren – und dies, obwohl die dazugehörenden Einreisevermerke fehlten.

Die Massenflucht von Sopron hatte Signalwirkung nicht nur für die Ausreisewilligen in Ungarn, sondern auch für die noch Unentschlossenen in der DDR. Obwohl die Sommerferien fast vorüber waren, machten sich noch einmal Zehntausende auf den Weg nach Ungarn. In Budapest und in den grenznahen Städten stauten sich die Trabants und Wartburgs. Der ungarische Malteser-Caritas-Dienst und das Rote Kreuz richteten mit tatkräftiger Unterstützung der Behörden Zeltlager ein. In der Bundesrepublik wurden Spendenkonten für die ungarischen Hilfsdienste eingerichtet.

Am Morgen des 23. August wurde der Botschafter der DDR in das ungarische Außenministerium einbestellt. Ihm wurde mitgeteilt, daß in der Nacht zuvor 101 DDR-Bürger, die sich in der Botschaft der Bundesrepublik aufgehalten hätten, mit Hilfe des Internationalen Komitees vom Roten Kreuz ausgeflogen worden waren.[76] Man habe als Vorbedingung mit der Bundesrepublik ausgehandelt, daß die Bundesregierung gewährleisten müsse, daß künftig keine DDR-Bürger mehr in offiziellen Gebäuden des Landes aufgenommen werden würden. Auch habe die Bundesregierung zustimmen müssen, daß dies ein einmaliger, nicht wiederholbarer Vorgang gewesen sei. Weiter heißt es in dem Bericht, den der DDR-Botschafter nach Ost-Berlin schickte: »Eine dritte Forderung sei auch unter Berücksichtigung der DDR-Haltung gewesen, daß Ungarn von der BRD verlangte, die Ausgabe von BRD-Pässen in Ungarn einzustellen. Hier sei keine Vereinbarung zustande gekommen. Die BRD habe unter Berufung auf ihr Grundgesetz kategorisch abgelehnt. Ungarn habe trotzdem nachdrücklich gebeten, daß die BRD in dieser Frage Zurückhaltung üben solle.«

Der Botschafter der DDR legte offiziell Protest gegen die Vorgehensweise der ungarischen Regierung ein und begründete dies damit, daß Ungarn Entscheidungen über DDR-Bürger getroffen und damit souveräne Rechte der DDR mißachtet, Bestimmungen bilateraler Verträge mit der DDR umgangen und Ost-Berlin vor vollendete Tatsachen gestellt habe.[77] Außerdem sei die in mehreren Abkommen zwischen beiden Staaten vereinbarte Konsultationspflicht verletzt worden.

Aus der Sicht der orthodoxen Kommunisten in Ost-Berlin sollte jedoch vollends die Welt zusammenbrechen, als das Mitglied der sozialistischen Staatengemeinschaft Ungarn es wagte, mit der kapitalistischen Bundesrepublik ohne Rücksprache über das Schicksal von Bürgern der DDR zu verhandeln. Bereits am

13. August war der Staatssekretär im Auswärtigen Amt, Jürgen Sudhoff, erstmals nach Budapest zum ungarischen Außenminister Horn gereist.[78] Daran angeschlossen hatte sich eine Reihe vertraulicher Verhandlungen. Die Sowjetunion hatte dies gebilligt, verlangte sie doch lediglich, die Staatsbürgerschaft der DDR zu achten.

Die DDR-Führung vermied es, Ungarn öffentlich zu verurteilen. Statt dessen wurde der Ton gegenüber der Bundesrepublik von Tag zu Tag schärfer. Die dumpfe Agitation erinnerte an die Zeiten des »Kalten Krieges«. So war im »Neuen Deutschland« jetzt von mit Narkotika in die Tat umgesetzten »Entführungen« von DDR-Bürgern durch westliche Geheimdienste zu lesen.[79] Man schreckte nicht einmal davor zurück, Grenzübergriffe auf die DDR zu erfinden. So sei das friedfertige, an der innerdeutschen Grenze gelegene Dorf Wahlhausen von westlicher Seite eineinhalb Stunden lang beschossen worden, hieß es in den DDR-Medien.[80]

Die Bundesregierung ließ sich davon jedoch nicht beeindrukken und setzte die Gespräche mit der ungarischen Führung fort. Am 25. August reisten Németh und Horn nach Bonn. Wie Németh später berichtete, habe er Kohl darüber in Kenntnis gesetzt, daß die ungarische Regierung beabsichtige, alle Deutschen frei ausreisen zu lassen.[81] Als Termin habe man den Zeitraum zwischen dem 10. und 15. September genannt, damit die Bundesrepublik genügend Zeit für die erforderlichen Vorbereitungen erhalte. Németh versäumte nicht, darauf hinzuweisen, daß sich Budapest nicht wegen finanzieller Unterstützung von seiten der Bundesrepublik zu diesem Schritt entschlossen hätte. Dennoch gewährte die Bundesregierung dem Lande einen Fünfhundert-Millionen-Mark-Kredit, die Aufhebung des Visa-Zwangs und sicherte obendrein Budapest die Unterstützung beim angestrebten Beitritt zur Europäischen Gemeinschaft zu.[82]

Am 28. August bestellte Außenminister Horn den DDR-Botschafter Gerd Vehres ein und wies diesen unmißverständlich darauf hin, daß Ungarn sich nicht in ein großes Lager verwandeln könne.[83] Es wolle eine weitere Zuspitzung der Situation nicht hinnehmen. Horn konstatierte, daß die DDR an ihrer bisherigen Position starr festhalte. Sodann informierte er den Botschafter, daß die ungarische Regierung den Artikel 8 des bilateralen Abkommens über den visafreien Reiseverkehr von 1969 sowie das nicht veröffentlichte Protokoll dieses Abkommens aufkündige. Bei diesem handelte es sich um die Übereinkunft, daß weder die DDR noch Ungarn Bürger des jeweils anderen Staates ohne entsprechende Dokumente der Herkunftsländer in Drittstaaten ausreisen läßt.

Horns Worte gerieten, dem Erinnerungsprotokoll des DDR-Botschafters zufolge, zum Ultimatum, wenn er erklärte, »daß die Regierung der UVR es sehr bedauern würde, wenn sie zu einem solchen Schritt wegen fehlender Anzeichen für eine beginnende Lösung des Problems gezwungen wäre. Die ungarische Regierung würde auf jede konstruktive Geste der DDR sofort eingehen (...). Die DDR möge verstehen, daß eine rasche Lösung des Problems vonnöten sei. Die UVR könne nicht länger warten. Es wurde angedeutet, daß der genannte Schritt innerhalb der nächsten zwei Tage getan werden müsse.«[84]

Die DDR-Führung reagierte prompt und lud Horn nach Ost-Berlin ein. Drei Tage darauf saßen Außenminister Fischer und Stasi-Generalmajor Gerhard Niebling Horn gegenüber.[85] Unmißverständlich machte Horn im Verlauf der mit persönlichen Beschimpfungen angereicherten Konsultation klar, daß Ungarn nicht beabsichtige, auch nur einen einzigen Deutschen gewaltsam in die DDR zurückzuführen, und sprach in diesem Zusammenhang auch die Aktivitäten des DDR-Staatssicherheitsdienstes auf dem Territorium seines Landes an. Auf die Frage des Gastes, ob die DDR bereit sei, Ausreiseanträge positiv zu behandeln, »stellte Fischer eindeutig klar, daß eine solche Zusicherung nicht gegeben werden könne«. Horn wiederholte daraufhin, was er bereits dem DDR-Botschafter gesagt hatte. Fischer blieb nichts anderes übrig, als darauf hinzuweisen, »daß durch Ultimaten das Problem nicht gelöst und den Beziehungen kein guter Dienst erwiesen wird«.

Nachdem beide Männer auseinandergegangen waren, ohne auch nur in einem Punkt Übereinstimmung erzielt zu haben, traf Horn vor seiner Rückreise noch mit Mittag zusammen.[86] Dieser beschwor zunächst die »guten alten Zeiten im Warschauer Pakt«, lobte die wirtschaftlichen Beziehungen zwischen beiden Staaten und meinte dann, »daß die jetzt bestehenden Probleme mit einigen DDR-Bürgern keinesfalls für den Charakter der Beziehungen zwischen der DDR und der UVR bestimmend seien«. Horn faßte sich kurz und hob abermals hervor, daß es die ungarische Regierung mit dem Ultimatum ernst meine.

Unterdessen informierte Fischer den schwererkrankt in einer Klinik liegenden Honecker. Er schrieb: »Das Gespräch mit Genossen Horn zeigte, daß die UVR mehrere Schritte zur Ermöglichung der Ausreise der DDR-Bürger vorbereitet, die sich alle gegen die Interessen der DDR richten. Diese Maßnahmen sind offfenbar bereits mit der BRD und über die BRD mit Österreich abgestimmt.«[87] In der MfS-Zentrale in der Ost-Berliner Normannenstraße brach das Chaos aus. Der Minister für Staatssicherheit, Erich Mielke, durch Niebling über die Entschlossenheit Ungarns in Kenntnis gesetzt, hatte dort eine Notkonferenz einberufen.[88]

So etwas hatte Mielke seit Jahrzehnten nicht mehr hinzunehmen brauchen, wenngleich er auf eine stürmische Vergangenheit zurückblicken konnte, damals in den »Zwanzigern«, als er als Reporter der »Roten Fahne« und Mitglied des »Parteiselbstschutzes«, einer Terrortruppe der KPD, gegen die Bourgeoisie gekämpft hatte.[89] Am Tag des preußischen Volksentscheids am 9. August 1931 soll er auf dem Ost-Berliner Bülowplatz zwei Polizisten erschossen haben. Nach der Tat hatte er sich aus Deutschland in die Sowjetunion abgesetzt, als Offizier auf der Seite der Internationalen Brigaden im Spanischen Bürgerkrieg gekämpft und während des Zweiten Weltkrieges in der französischen Résistance. Im Mai 1945 kehrte er nach Berlin zurück und wurde dort Leiter einer Polizei-Inspektion im Sowjetischen Sektor. Von Juli 1946 bis Oktober 1949 bekleidete er den Posten des Vizepräsidenten der deutschen Verwaltung des Inneren und zeichnete in dieser Eigenschaft verantwortlich für die letzte Phase der Entnazifizierung. Bei den Parteisäuberungen nach 1950 war er maßgeblich beteiligt. Drei Jahre darauf avancierte das ZK-Mitglied Mielke zum Staatssekretär des MfS und 1957 zum Nachfolger Ernst Wollwebers als Minister für Staatssicherheit. Honecker machte ihn 1971 zum Kandidaten des Politbüros, in dem er fünf Jahre später zum Vollmitglied aufrückte.

Es waren sichere Zeiten an der Seite Honeckers, nachdem der sozialistische Staat auf deutschem Boden nicht mehr um seine internationale Anerkennung hatte ringen müssen. Um so mehr mußte ihn die Nachricht vom Ausscheren der zunehmend sozialdemokratisierten ungarischen Bruderpartei erschüttern. Der wütende Greis soll im Verlauf der Krisensitzung deren Führung als »Banditen« und »Halunken« beschimpft haben, die »an die Wand gestellt« gehörten.[90] Immer mehr in Rage geraten, soll er in hektischem Aktivismus – um die Öffnung des »Eisernen Vorhangs« zu unterbinden – sogar den Einmarsch der NVA in Ungarn samt dem Einsatz der Luftstreitkräfte in der Generalsrunde zu bedenken gegeben haben. Wenngleich nicht für einen militärischen Schlag, aber wenigstens für Sanktionsdrohungen fand die Führung in Ost-Berlin schließlich Unterstützung bei den Gesinnungsgenossen in Prag und Bukarest.[91]

Dem Staatssicherheits-Technokraten Mielke blieb nach Rücksprache mit Honecker nun nichts anderes, als einen weiteren der in den vergangenen Wochen so zahlreich angefertigten »Maßnahmepläne« erstellen zu lassen, diesmal »zum rechtzeitigen Erkennen und zur vorbeugenden Verhinderung des Mißbrauchs von Reisen nach der bzw. durch die Ungarische Volksrepublik«.[92] Darin wurde festgelegt, daß die Antragsteller solcher Reisen noch genauer als bisher überprüft werden sollten. Hierfür war beabsichtigt, auf Flughäfen und den Grenzübergangsstellen »zielgerichtet die Filtrierungstätigkeit im Zusammenwirken mit den Grenzzollämtern zum Erkennen von Verdachtsmomenten auf ungesetzliches Verlassen der DDR« zu verstärken.

In den Tagen vor der endgültigen Öffnung der Grenze mehrten sich unter den Flüchtlingen die Gerüchte von einer baldigen Ausreisemöglichkeit. Die Folge davon war, daß der Strom der Menschen aus der DDR in Richtung Ungarn nicht mehr abriß. Für Abertausende kam dann am frühen Abend des 10. September die befreiende Nachricht. Im ungarischen Fernsehen wurde eine Erklärung der Regierung verlesen. Man habe – so war zu hören – aus humanitären Gründen die Bestimmungen eines bilateralen Abkommens zwischen der DDR und Ungarn suspendiert. DDR-Bürgern, die sich in Ungarn aufhielten und es ablehnten, nach Hause zurückzukehren, sei es von Mitternacht an möglich, in ein Land ihrer Wahl auszureisen.[93] In den Zeltlagern der Deutschen brach unbeschreiblicher Jubel aus. Die Menschen lagen sich weinend in den Armen. Allein in den ersten Stunden machten sich mehr als sechstausend in Richtung Bundesrepublik auf den Weg. Mehr als fünftzigtausend sollten folgen.

Wenn Ost-Berlin letztendlich nur mit einer hilflosen Protestnote an das Außenministerium reagierte, die Rücknahme der Grenzöffnung vergeblich gefordert hatte und es dennoch bei den Sanktionsdrohungen geblieben war, dann hatte dies seine Ursache in der Haltung der sowjetischen Vormacht. Lediglich informiert habe man diese am 8. September, daß man am 10. oder 11. September die Grenzen öffnen werde, nicht aber Gorbatschows Einverständnis eingeholt, berichtete der Reformpolitiker Horn später.[94] Dieses hätten er und die ungarischen Perestroikisten stillschweigend vorausgesetzt.

Horn sollte sich nicht täuschen. Zwar äußerten sich Gegner der Perestroika wie Jegor Ligatschow skeptisch, doch die eigentlichen Machthaber begrüßten die Entscheidung Ungarns. Die »Neue Zürcher Zeitung« berichtete dazu ergänzend: »Gut unterrichtete Kreise in Moskau bestätigen, daß die Ost-Berliner Führung in den vergangenen Wochen mehrfach versucht hat, den Kreml im Rahmen der Parteien- und Bündnis-Solidarität zur Einflußnahme auf Budapest zu bewegen. Die Bemühungen des SED-Regimes seien jedoch ohne Erfolg geblieben.«[95]

Gorbatschow hatte angesichts der verheerenden Rückwirkungen der Grenzöffnung auf die Akzeptanz der Honecker-Führung demnach deren Demontage freigegeben. Doch es mußte ihm um weit mehr gehen. Es ging ihm um die Glaubwürdigkeit der Perestroika-Konzeption und deren Umsetzungschancen. Der sowjetische Außenminister Schewardnadse schrieb in seinen Erinnerungen dazu, daß die Grenzöffnung ein notwendiger Schritt Realpolitik gewesen sei. Weiter heißt es in dem propagandistischen Bemühen, sich von den alten Vorgehensweisen abzugrenzen: »Der Massenexodus der Deutschen aus der DDR in den Westen hätte nur so gestoppt werden können, wie kühne Einzelgänger, die die Mauer im Sturm nehmen wollten, gestoppt wurden: mit Schüssen. Wäre aber das in der Atmosphäre des Herbstes 1989 und des Winters von 1990 geschehen, so wäre mit Hunderten von Menschen auch die Politik selbst umgekommen.«[96] Vor allem wäre die Politik des gemeinsamen »Europäischen Hauses«, die Rettung des Sozialismus, umgekommen.

Das Flüchtlingsdrama war mit der Grenzöffnung jedoch noch nicht beendet. Weiterhin hielten sich noch Hunderte Deutsche in Bonns Prager Botschaft und nun auch in der Vertretung in Warschau auf. Täglich wurden es mehr. Am 12. September hatten zwar nach Zusagen von DDR-Anwalt Wolfgang Vogel etwa dreihundert von ihnen die Vertretung in Prag verlassen und sich auf den Heimweg gemacht. Aber das Problem war damit nicht gelöst. Das Gegenteil war vielmehr der Fall. Bis Ende September stieg die Zahl der Botschaftsflüchtlinge in Prag auf mehr als dreitausend und in Warschau auf mehr als sechshundert an. Die hygienischen Zustände in und vor den Gebäuden waren katastrophal. Abhilfe war nicht zu erwarten, denn die Gespräche auf den diplomatischen Kanälen traten auf der Stelle. Schließlich kamen die Dinge doch noch in Bewegung. Die DDR erklärte sich bereit, einer Ausreise ihrer Bürger zuzustimmen, vorausgesetzt, diese erfolge über ihr Staatsgebiet. Am frühen Abend des 30. September war für die Prager Botschaftsflüchtlinge das bange Warten endlich vorüber, als ihnen Genscher vom Balkon des Palais Lobkowitz eröffnete, daß sie sofort in die Bundesrepublik ausreisen könnten.

Zunächst war nur aus dem Umfeld des Außenministers bekannt geworden, daß sich Schewardnadse bereit erklärt hätte, in multilateralen Gesprächen eine Lösung zu finden. Am zweiten Oktober eröffnete Kohl in einem Fernseh-Interview, daß er seit Beginn des Flüchtlingsdramas ständigen Kontakt zu Gorbatschow gehalten habe[97] – eine Tatsache, die die SED-Führung in ihrer Verbohrtheit bestärkt haben dürfte, daß nicht nur die Budapester Führung, sondern sogar der Kreml-Chef mit dem Klassenfeind im Bunde gegen Ost-Berlin stand. Um so mehr wollte sie – aller Realität zum Trotze – bei den bevorstehenden Feiern zum 40. Jahrestag der DDR, zu denen auch Gorbatschow erwartet wurde, die Vorzüge und Erfolge des auf deutschem Boden real existierenden, unverfälschten Sozialismus demonstrieren.

2. Die Perestroikisten demontieren Honecker

Ost-Berlin hatte sich an den ersten Oktober-Tagen des Jahres 1989 für den 40. Jahrestag der DDR gerüstet. Die Tribünen an der Karl-Marx-Allee und »Unter den Linden«, wo die Masseninszenierungen traditionell stattfanden, waren aufgebaut. Hunderttausende Statisten standen bereit. In den staatlich gelenkten Medien, die auf die Feiertage einzustimmen versuchten, war noch mehr die Rede von den sozialistischen Errungenschaften, von Frieden, Fortschritt und Völkerfreundschaft als sonst, nicht aber von dem, was sich zwischen Rostock und Suhl, zwischen Magdeburg und Frankfurt an der Oder, aber auch in Ungarn, in der Tschechoslowakei, in Polen und der Bundesrepublik ereignete.

Was den Staatsratsvorsitzenden und SED-Generalsekretär Honecker anlangte, wurde über dessen schwere Gallenblasen-Operation spekuliert. Als er, sich selbstbewußt gebend, am Vormittag des 6. Oktober Gorbatschow auf dem Flughafen Schönefeld erwartete, bezog man seine Äußerungen »Totgesagte leben länger« oder »er fühle sich hervorragend«[1] mehr auf seinen Gesundheitszustand als auf den Konflikt zwischen der orthodoxen kommunistischen Führung in Ost-Berlin und den Perestroikisten in Moskau. Auch der sozialistische Bruderkuß beider Parteiführer wurde dann eher als solcher gedeutet.

Honecker verkannte offenbar den Ernst seiner Lage und setzte ganz auf den gewaltigen Sicherheitsapparat, obwohl damit gerechnet werden mußte, daß Gorbatschows Besuch den sich mit der Geschwindigkeit eines Schwelbrandes im Lande ausbreitenden Protest weiter entfachte. Ende September hatte Honecker entsprechende Befehle erlassen. Die daraufhin erarbeitete »Sicherungsaktion Jubiläum 40«,[2] eine konzertierte Operation von Staatssicherheitsdienst, Volkspolizei und Nationaler Volksarmee, sollte »eine stabile Lage in der Hauptstadt der DDR, Berlin, sowie in allen Bezirken der DDR (...) garantieren und damit zum vollen politischen Erfolg der Veranstaltungen aus Anlaß des 40. Jahrestages der Gründung der DDR beitragen«. Im Zuge der Maßnahmen war für Berlin vorgesehen, die innerstädtischen Übergänge für Bürger aus dem freien Teil der Stadt zu sperren, um damit die Einreise von »Provokateuren« zu unterbinden. Neben der vorbeugenden Überwachung potentieller »feindlich negativer Kräfte« im eigenen Lande sollte auch deren Zustrom in die Hauptstadt schon im Vorfeld der Feiern systematisch eingedämmt werden. Mielke persönlich hatte sich am 5. Oktober an die Leiter aller Diensteinheiten des MfS gewandt und diese noch einmal nachdrücklich aufgefordert, »die Anreise aller Personen, von denen Gefahren ausgehen können, die bereits im Zusammenhang mit provokatorisch-demonstrativen Handlungen bzw. Forderungen aufgefallen sind, nach (...) Berlin, während des Aktionszeitraumes unter Nutzung aller Möglichkeiten und mit allen Mitteln konsequent zu verhindern«.[3]

Neben Nationaler Volksarmee und Betriebskampfgruppen wurden auch die Grenztruppen in »erhöhte Führungsbereitschaft« beziehungsweise »erhöhte Gefechtsbereitschaft« gesetzt, fürchtete man doch insbesondere in Berlin Übergriffe auf die »Staatsgrenze«.[4] Solche Übergriffe wollte auch Berlins Regierender Bürgermeister Momper vermeiden helfen. Im September hatte er Gorbatschows deutschlandpolitischem Experten Valentin Falin bei einem Gespräch im West-Berliner Senatsgästehaus mitgeteilt, ihm wäre zu Ohren gekommen, »daß im Zusammenhang mit dem 40. Jahrestag der DDR von republikfeindlichen Kräften aus dem Bezirk Leipzig ein massenhafter Grenzdurchbruch geplant sei«.[5] Falin hielt die Sache immerhin für so wichtig, daß er kurz vor seinem Abflug noch einmal mit dem sowjetischen Botschafter in Ost-Berlin, Kotschemassow, zusammentraf, diesen informierte und ihn darum bat, »mit den deutschen Genossen zu reden«.

Ergänzt wurden die präventiven Maßnahmen durch eine selektive Berichterstattung der DDR-Medien. So übertrug das Fernsehen weder die Ankunft Gorbatschows noch dessen Fahrt zum Schloß Niederschönhausen, wo er während seines Ost-Berliner Aufenthalts residierte.[6] Obwohl entgegen früheren Gepflogenheiten die Fahrtroute des Sowjetführers durch die Stadt nicht in den Zeitungen bekannt gemacht worden war, wäre eine Direktübertragung doch mit allerhand Unwägbarkeiten verbunden gewesen; denn spontane Beifallsbekundungen der Berliner Bevölkerung, die dann einer Kritik an den Nicht-Reformern gleichgekommen wären, konnten nicht ausgeschlossen werden.

Bei der Jubelveranstaltung in der Volkskammer am Abend des 6. Oktober war hingegen das staatliche DDR-Fernsehen live dabei. In seiner Rede ging Honecker dann erst gar nicht auf Opposition und Ausreise-Desaster ein, statt dessen zeichnete er ein überaus positives Bild von der Zukunft der DDR, die schon heute zu den zehn leistungsfähigsten Industrienationen der Welt zähle.[7] Er redete einmal mehr der »Vervollkommnung des Sozialismus« das Wort und hob immer wieder zu scharfen Attacken gegen den Klassenfeind an: »Wer nach Sinnerfüllung im Leben strebt, der wird den faulen Zauber, der da drüben glänzt, schnell als das erkennen, was er ist.« Honecker sprach abermals von einer »zügellosen Verleumdungskapagne«, die von der Bundesrepublik ausgehend gegen die DDR geführt werde und die darauf abziele, »Menschen zu verwirren und Zweifel in die Kraft des Sozialismus zu säen«.

Konnte Honecker schon nicht Gorbatschow attackieren, so schleuderte er nun seinen Zorn umso heftiger jenen entgegen, die dessen Vorstellungen von Glasnost und Perestroika, von Demokratisierung und anderem verbreiteten und damit zu einer großen Gefahr geworden waren. Wenn die Bürger nun ihren Unmut über die Verhältnisse offen artikulierten, dann lag dies in der Tat auch an der Berichterstattung der Rundfunk- und Fernsehsender der Bundesrepublik. Diese belebten, seitdem sich in Ungarn der »Eiserne Vorhang« gehoben hatte und Abertausende aus der DDR in den Westen strömten, nicht nur ein verloren geglaubtes Zusammengehörigkeitsgefühl aller Deutschen, sondern gaben auch den Daheimgebliebenen Mut.

Gorbatschow, der sich gelangweilt von der nimmer enden wollenden Jubiläums-Rede Honeckers währenddessen mit dem tschechoslowakischen Parteichef Jakeš unterhielt, gab sich in seiner Ansprache moderat. Er erwähnte nicht die inneren Probleme der DDR, äußerte statt dessen seine Überzeugung, daß die deutsche Bruderpartei auf gesellschaftliche Veränderungen reagieren würde, und fügte trotz ihrer längst eingeleiteten Demontage die Äußerung hinzu, »daß die Fragen, die die DDR betreffen, nicht in Moskau, sondern in Berlin beantwortet werden«.[8]

Das wollte Honecker offenbar glauben, denn am Abend, als »Unter den Linden« Hunderttausende Blauhemden der FDJ in einem gewaltigen Fackelzug an der Tribüne der Warschauer-Pakt-Führer – an Gorbatschow, an dem Tschechoslowaken Jakeš, dem Ungarn Straub, dem Bulgaren Schiwkow und dem rumänischen Conducator Ceauşescu – vorbeidefilierten, zeigte er sich entspannt, ja mitunter sogar ausgelassen. Honecker mit zum proletarischen Gruß erhobener Faust stimmte immer wieder in die alten Kampflieder ein, genoß das nächtliche Massenspektakel als Zelebration seiner vermeintlichen Machtfülle. Am darauffolgenden Tag, am eigentlichen Jubiläumstag, bei der Ehrenparade der Nationalen Volksarmee, war dies nicht anders, wenngleich der Staatsratsvorsitzende und SED-Generalsekretär deutliche Ermüdungserscheinungen zeigte.

Trotz aller Anstrengungen der SED-Führung und ihrer Organe scheiterte jedoch das Vorhaben, den real-sozialistischen Schein zu wahren. Einem Fanal gleich wirkte auf die Bevölkerung der Besuch Gorbatschows, der am Rande einer Kranzniederlegung in der Neuen Wache, dem »Mahnmal für die Opfer des Faschismus und Militarismus«, gegenüber Reportern den unmißverständlich für die alte Führung um Honecker bestimmten und daher so bedeutungsschweren Satz ausgespochen hatte: »Wer zu spät kommt, den straft das Leben.«[9] Noch am Abend des 7. Oktober sollte Ost-Berlin die größte Demonstration seit dem Arbeiteraufstand des Jahres 1953 erleben. Doch nicht nur in der »Hauptstadt« gingen die Menschen zu Tausenden auf die Straße, sondern überall im Lande. Es waren nicht mehr nur die Angehörigen und Sympathisanten der Bürgerrechtsbewegung, sondern es war das Volk, das sich offen artikulierte. Gleichwohl wäre die sich nun Bahn brechende Entwicklung ohne diese Bürgerrechtsbewegung so nicht denkbar gewesen.

Ihre Anfänge reichen in die siebziger Jahre zurück, als in Helsinki die KSZE getagt hatte. Wie Initialzündungen wirkten 1976 die Ausbürgerung des Liedermachers Wolf Biermann,[10] die Selbstverbrennung des Greizer Pfarrers Oskar Brüsewitz[11] und im Jahr darauf das Erscheinen von Rudolf Bahros Buch »Die Alternative«.[12] Weiteren Auftrieb erhielten die ostdeutschen Regimekritiker nicht zuletzt durch die Entwicklung in den Nachbarländern: Während in der damaligen Tschechoslowakei die Menschen- und Bürgerrechtsbewegung »Charta 77« an den »Prager Frühling« anknüpfte, konnte in Polen die unabhängige Gewerkschaft Solidarność schon Erfolge aufweisen.

Die ersten nennenswerten Zusammenschlüsse regimekritischer Gruppierungen in der DDR[13] stellten die von Pfarrer Rainer Eppelmann von der Ost-Berliner Samariterkirche im Zusammenwirken mit anderen kirchlichen Gemeindevertretern ins Leben gerufenen »Friedenskreise« dar. Unter dem Eindruck der Nachrüstungsdebatte bildeten sie den Auftakt einer unabhängigen DDR-Friedensbewegung. In die gleiche Zeit fielen Organisation und Gründung von kirchlichen Basisgruppen. Später formierten sich darüber hinaus unabhängige Frauengruppen, wie Bärbel Bohleys, Ulrike Poppes und Katja Havemanns »Initiative Frauen für den Frieden«, aber auch Ökologie- und Umweltgruppen wie die »Umweltbibliothek« unter dem Dach der Ost-Berliner Zionskirche. Sie wurde geleitet von Wolfgang Rüddenklau und Carlo Jordan. Menschenrechtsgruppen kamen bald hinzu. Zu den bekanntesten gehörte die »Initiative Frieden und Menschenrechte«, für die die Namen Ralf Hirsch, Wolfgang und Lotte Templin sowie Gert und Ulrike Poppe standen, aber auch Reinhard Schults, Uwe Kulischs und die »Kirche von Unten« des thüringischen Pfarrers Walter Schilling.

Insgesamt handelte es sich bei den Angehörigen dieser Gruppen nach einer Einschätzung des Staatssicherheitsdienstes Ende der achtziger Jahre landesweit um etwa 20500 Personen, von denen etwa sechshundert den Führungsgremien zugeordnet wurden.[14] Sechzig Personen zählte das MfS zum »harten Kern« »fanatischer, vom sogenannten Sendungsbewußtsein« beherrschter, »unbelehrbarer Provokateure und Feinde des Sozialismus«. Daß die verhältnismäßig geringe Zahl der so Klassifizierten in Wirklichkeit einem basisdemokratischen Sozialismus-Ideal nachhing, machte sie aus der Sicht des MfS und der hinter diesem stehenden Partei, die den alleinigen Wahrheitsanspruch für sich reklamierte, um so verhaßter. Bürgerrechtler wurden daher allzugerne mit dem imperialistischen Klassenfeind auf eine Stufe gestellt und sogar als dessen Komplizen verunglimpft.

Obwohl die regimekritischen Gruppen sich erst unter den schützenden Dächern der Evangelischen Kirche hatten organisieren können, war es dieselbe Kirche gewesen, die bei deren Eindämmung behilflich war. Weit weniger die Pfarrer an der Basis, als die kirchlichen Funktionäre und Würdenträger in den Leitungen der Landeskirchen und im Kirchenbund, die sehr häufig als Inoffizielle Mitarbeiter (IM) des MfS registriert waren, besorgten dies in verstärktem Maße seit ihrem Arrangement mit dem SED-Staat im März 1978.[15] Das Vorgehen dieser »Kirche im Sozialismus« lautete fortan – was ihren Umgang mit der Opposition anging – »Eindämmung durch Einbindung«.

Konnte sich die SED angesichts der Anfänge der Bürgerrechtsbewegung in der Lage wähnen, »in bestimmtem Umfang gesellschaftliche Konflikte im Zusammenhang mit der Evangelischen Kirche bereits im Entstehungsstadium unwirksam« machen zu können,[16] so erforderte das Anwachsen des Widerstands aus ihrer Sicht immer besser eingespielte Mechanismen, die durch die zunehmende Unterwanderung der Kirchenleitungen mit Einflußagenten des MfS schließlich Orwellsche Dimensionen erreichten. So gelang es dem Regime, die Gruppierungen weiterhin in Schach zu halten. Gleichzeitig diente ihre Existenz als Vorwand für die weitere staatssicherheitliche Durchdringung aller Bereiche des gesellschaftlichen Lebens, das sich angesichts zunehmender wirtschaftlicher Probleme immer schwieriger gestaltete.

Mit Gorbatschows Machtübernahme im Kreml änderten sich die Bedingungen für die SED. Der Protest nicht nur der Opposition gegen das Regime wuchs nun im Zuge der Nachrichten aus der Sowjetunion von Glasnost und Perestroika. Ein erstes für jedermann wahrnehmbares Symptom dafür war das Aufbegehren mehrerer tausend zumeist jugendlicher Ost-Berliner, die sich am 7. Juni 1987 in der Nähe des Brandenburger Tores versammelt hatten. Unweit davon, auf dem West-Berliner Platz der Republik, fand ein Rockfestival »Concert for Berlin« statt. Die »Leute hinter der Mauer«, die David Bowie grüßte, konnten alles mithören. Auch dort entwickelte sich schließlich so etwas wie eine Festival-Stimmung. Volkspolizei und Staatssicherheit schritten ein und lösten die Menschenansammlung auf.

Aber auch in den beiden darauffolgenden Nächten strömten Ost-Berliner an derselben Stelle zusammen, wieder griffen die Sicherheitskräfte ein. So entwickelte sich aus dem anfänglich harmlosen, unpolitischen Geschehen eine handfeste politische Demonstration. Absperrungen wurden durchbrochen, Steine und Büchsen auf Volkspolizisten geworfen. Immer lauter wurden die Rufe »Die Mauer muß weg«, »Wir wollen Freiheit« und immer wieder »Wir wollen Gorbatschow«. Der Sowjetführer war nicht nur für die Demonstranten zum Hoffnungsträger geworden – eine Tatsache, die die SED-Führung ebenso verdrängte wie die Pfingstereignisse am Brandenburger Tor selbst. Die amtliche Nachrichtenagentur der DDR, ADN, sprach von »Hirngespinsten einiger westdeutscher Korrespondenten«.[17]

Für das Erstarken der Protestbewegung war es fortan bedeutsam, daß nun auch namhafte, aus Sicht von Partei und MfS bislang verläßliche Partner in den Kirchenleitungen ihre Haltung gegenüber der SED zu verändern begannen. Hatten sie in der Vergangenheit, des Privilegien verheißenden Arrangements mit der staatlichen Macht wegen, die Gruppen durch Vereinnahmung einzudämmen versucht, so reagierten sie nun ambivalenter. Damit stand auch die Parteiführung vor einer ernsten Herausforderung, denn die alten Mechanismen taugten nur noch eingeschränkt. Waren damals »repressive Mittel und Methoden« nur in Ausnahmefällen und dann meist ohne Teilhabe der Öffentlichkeit nötig, so änderte sich dies nun grundlegend. Im November 1987 durchsuchten Angehörige des MfS unter den Augen westlicher Journalisten die Räume der »Umweltbibliothek« im Keller der Ost-Berliner Zionskirche und beschlagnahmten Wachsmatrizenmaschinen und andere drucktechnische

Geräte, die zur Herstellung der »Umweltblätter« und des »Grenzfalls« benutzt worden waren.

Im Zuge der MfS-Operation kam es zu einer Reihe von Festnahmen, die am 25. November zu einer ersten Solidaritätsdemonstration auf dem Zionskirchplatz führte. Diese wiederum bildete den Auftakt für »Mahnwachen«, mit denen die Freilassung der »Zugeführten«, die Wiederherstellung der vollen Arbeitsfähigkeit der Umweltbibliothek sowie die Einstellung der Repressionen gegen kritische Bürger gefordert wurde. Vor allem auch die breite Berichterstattung der westlichen Medien sowie die internationalen Solidaritätsadressen für die Oppositionellen manifestierten das peinliche Scheitern der Maulkorb-Aktion des SED-Regimes.

Im Zusammenhang mit dem rücksichtslosen Vorgehen gegen die »Umweltbibliothek« kam es auch zu einem der ersten Konflikte zwischen dem Apparat und dem für das Staat-Kirche-Verhältnis maßgeblichen, bislang »konstruktiven« Spitzenvertreter der Evangelischen Kirche. Der Berlin-brandenburgische Konsistorialpräsident, Manfred Stolpe,[18] der noch im August des vorangegangenen Jahres seine »große Hochachtung gegenüber dem Vorsitzenden des Staatsrates der DDR zum Ausdruck« gebracht hatte,[19] trat nun auf den Plan und kündigte an, daß er im Falle neuer Verhaftungen Seite an Seite mit den Friedensbewegten »Mahnwache« stehen würde. Außerdem gab er bekannt, daß die Kirchenleitung für die Wiederherstellung der Arbeitsfähigkeit der »Umweltbibliothek«, bis zur Rückgabe ihrer eigenen Geräte, sorgen wolle.[20]

Stolpe war ein Kind des SED-Staates. Dieser hatte dem aus Stettin Stammenden – sein Vater war nach dem Krieg zunächst bei der Roten Armee tätig gewesen[21], ehe er als Kraftfahrer bei der Greifswalder Kirche gearbeitet hatte – ein Jenaer Jurastudium ermöglicht. Nach dessen Abschluß war auch er in den Dienst der Evangelischen Kirche getreten und dort – offenbar durch Vermittlung des KGB-entpflichteten Bischofs Friedrich W. Krummacher, den sein Vater chauffiert hatte – rasch in eine Schlüsselposition gelangt: Stolpe wurde zu Beginn des Jahres 1962 Leiter eines kleinen Verbindungsbüros, in dem die Fäden der ostdeutschen Landeskirchen zusammenliefen. Diese formierten sich soeben unter dem Dach der gesamtdeutschen EKD, um nach dem Mauerbau wenigstens deren Einheit zu bewahren.[22] Als im Jahr 1969 eine separate DDR-Kirchenorganisation, also genau das Gegenstück zur ursprünglich gesamtdeutschen Konzeption, gegründet wurde, war dies nicht nur das Werk von Bischof Moritz Mitzenheim und Oberkirchenrat Karl Lotz (IM »Karl«),[23] sondern auch das des inzwischen zum Oberkonsistorialrat und Leiter des Sekretariats des DDR-Kirchenbundes avancierten Stolpe.[24]

Die Abteilung Kirchenfragen im ZK und auch die Stasi rühmten sich danach des Erfolges »ihrer Operation«.[25] Ominös bis zum heutigen Tag bleibt dabei freilich, daß ausgerechnet einer der Hauptakteure – Stolpe – erst nach Abschluß dieser »Operation« im Jahr 1969/70 unter dem Decknamen »Sekretär« als IM der Hauptabteilung XX/4 der Berliner MfS-Zentrale registriert wurde.[26] Angeleitet durch seine Führungsoffiziere machte er sich auf mannigfache Weise um den SED-Staat verdient. So war er entscheidend am Zustandekommen der unter dem Schlagwort »Kirche im Sozialismus« subsumierten Übereinkunft von Kirchenleitung und SED beteiligt,[27] betätigte sich den MfS-Dokumenten zufolge im Verbund mit KGB-Agenten beim Weltkirchenrat in Genf,[28] erwies sich auf dem sensiblen deutsch-deutschen Terrain als unentbehrlich[29] oder stand einfach nur beratend zur Seite. Früh erkannte er die von der Bürgerrechtsbewegung ausgehende Herausforderung. In einem »Treffbericht« vom Juli 1979 brachte Stolpe gegenüber seinem damaligen Führungsoffizier Major Klaus Roßberg zum Ausdruck, »daß er die Gefahr klar sehe, nämlich die Vereinigung einer kulturpolitisch-gefärbten Opposition mit kirchenpolitisch-negativ eingestellten Christen«.[30]

Angesichts dieser Verstrickung in die geheimen und nicht geheimen Mechanismen des Apparates mußte auch Stolpes Haltung gegenüber der SED-Führung wenigstens vordergründig loyal bleiben, wenngleich er auf die Politik der Sowjetunion setzte. Bereits 1985 lagen Stolpe Informationen vor, denen zufolge nicht ausgeschlossen werden konnte, »daß Honecker vom

›Gorbatschow-Flügel‹ abgesetzt oder entmachtet wird«.[31] Als die Staatsmacht wiederum gegen Mitglieder unabhängiger Friedens-, Umwelt- und Menschenrechtsgruppen hart vorging, die bei der alljährlichen »Kampfdemonstration« zu Ehren Rosa Luxemburgs und Karl Liebknechts im Januar 1988 diese beim Wort genommen und die Freiheit des Andersdenkenden eingefordert hatten, war Stolpes Haltung zunächst zwiespältig. Im Verlauf eines Gesprächs mit Hermann Kalb am 18. Januar 1988 über die Vorkommnisse antworteten Stolpe und der ihn begleitetende Oberkirchenrat Martin Ziegler zwar auf die Auslassungen des stellvertretenden Staatssekretärs »erstmals (...) mit einer politischen Argumentation, in der sie letztlich den Staat und die gesellschaftliche Wirklichkeit in der DDR für derartige Erscheinungen verantwortlich machten«.[32] Stolpe gab aber auch zu bedenken, daß staatliche Maßnahmen im strafrechtlichen Sinne gegen die Oppositionellen »zweifellos Solidarisierung erzeuge und die Einflußmöglichkeiten der Kirchenleitung verringere«.

Acht Tage nach der Liebknecht-Luxemburg-Demonstration wurden führende Oppositionelle, Bärbel Bohley, Freya Klier, Stefan Krawczyk, Ralf Hirsch, das Ehepaar Templin und andere, kurzerhand wegen des Verdachts »landesverräterischer Agententätigkeit« verhaftet. Das dahinterliegende Konzept der SED-Führung bestand darin, den »Sumpf des Untergrunds« trockenzulegen, indem man seine Protagonisten so weit einschüchterte, daß sie freiwillig das Land verließen.[33] Zur Realisierung dieses Vorhabens fanden Konsultationen mit Stolpe statt, der zuvor vom Hauptabteilungsleiter im Kirchenstaatssekretariat und Stasi-Offizier im besonderen Einsatz, Peter Heinrich, ermahnt worden war, daß er sich künftig »mit Äußerungen gegenüber westlichen Medien zurückhalten solle und gleichzeitig im Inneren der Kirche mithelfen müsse, daß die notwendige Ordnung hergestellt wird«.[34]

In seiner Eigenschaft als Krisenmanager wurde Stolpe jetzt auf der politischen Bühne aktiv, spendete den Bedrängten Trost, schien weiterzuhelfen. Die Anwälte und Synodalen Lothar de Maizière und Wolfgang Schnur traten als Rechtsbeistand auf, beteten mit den Gefangenen. Das Trio trug am Ende wesentlich zum »Erfolg« der Aktion bei. Die Inhaftierten kamen frei, den Aktivisten, die eigentlich im Lande hatten bleiben wollen, wurden Ausreiseanträge abgerungen. Doch erst nachdem man sie im Westen abgeliefert hatte, begriffen Bärbel Bohley, Stefan Krawczyk, Freya Klier und andere, daß sie gegen die Daheimgebliebenen ausgespielt worden waren.

Die SED-Führung bekam die Dinge jedoch nicht mehr in den Griff. Das Jahr 1988 geriet zu einer Abfolge nicht mehr enden wollender Konflikte zwischen den regimekritischen Gruppen und der Staatsmacht. Von besonderem Gewicht war es dabei, daß Ausreisewillige sich nun zunehmend unter den Kirchendächern organisierten. Am 8. März brachte der Stellvertreter des Berliner Oberbürgermeisters für Inneres, Günter Hoffmann, gegenüber Stolpe die »große Sorge« der Staatsführung zum Ausdruck: Diese Bürger betrachteten die Kirche als »Vehikel«, um ihren Ausreiseantrag zu beschleunigen.[35] Es sei aber nicht Aufgabe der Kirche, sich dieser Problematik anzunehmen. Hoffmann kündigte eine unnachgiebige Haltung des Staates an und warnte vor den Folgen einer weiteren Belastung des Staat-Kirche-Verhältnisses. Stolpe, der den genannten Personenkreis als »am Rande des Terrorismus stehend« bezeichnete, hielt ein »hartes staatliches Reagieren« für richtig, regte aber an, für die langjährig Wartenden Entscheidungen zu treffen.

Zu Beginn des Jahres 1989 sprach Stolpe gegenüber West-Medien von der erwarteten Verbesserung der Situation in der DDR, begrüßte im gleichen Atemzug die Ende November erlassene Reiseverordnung als hoffnungsvoll, schränkte dann aber wieder ein, sie sei zwar noch nicht der Idealfall, »aber immerhin das heute Mögliche«.[36] Die zurückhaltend artikulierte Kritik an den Verhältnissen im Lande brachte bei der SED-Führung das Faß zum Überlaufen. Über ADN ließ man Stolpe maßregeln.[37] Er möge doch seine Aufmerksamkeit »religiösen Belangen« widmen. »Herrn Stolpe sollte schon alleine aus der Zeit seiner FDJ-Erfahrung bis zum heutigen Tage nicht entgangen sein, daß in der DDR volle Religionsfreiheit herrscht«, hieß es in Anspielung auf seine Verstrickung in das System.

In einer im Februar 1989 im Kirchenstaatssekretariat erstellten »Information zum Stand der innerkirchlichen Diskussion zur Standortbestimmung der ›Kirche im Sozialismus‹«[38] stellten die Männer der Honecker-Fronde zu Stolpes Wirken innerhalb der Evangelischen Kirche fest, daß dieser »im Unterschied zu den vergangenen Jahren zwischen den Fronten laviert«. Stolpe mache spätestens seit 1989 aus einer »politisch konstruktiven Grundorientierung eine einseitig auf Gesellschaftskritik angelegte Forderung nach einer Verbesserung des Sozialismus«.

Weiterhin wurde in dem Papier konstatiert, daß auch bei anderen »progressiven kirchlichen Kräften«, also bei denjenigen, die einmal dem Honecker-Regime wohlgesonnen waren, eine Intensivierung ihrer Auseinandersetzung mit der Formel »Kirche im Sozialismus« zu beobachten sei: Kirchliche Eigenständigkeit werde – so die Autoren der »Standortbestimmung« – weniger weltanschaulich als politisch-ideologisch verstanden. Zugleich versuche man, die legitime gesellschaftliche Mitverantwortung der Kirchen in ein besonderes »politisches Mandat« umzuinterpretieren, »welches wiederum verstärkt im Sinne eines vorrangig gesellschaftskritischen Beitrages zur ›Verbesserung‹ und ›Vermenschlichung‹ des Sozialismus gedeutet wird«, hieß es.

Die in dieser Lageeinschätzung gesehene Entwicklung sollte sich im Frühjahr 1989 rasch fortsetzen. Nach den DDR-Kommunalwahlen vom 7. Mai stellten sich führende Repräsentanten der Evangelischen Kirche offen an die Seite der Regimekritiker, die gegen Wahlmanipulation und Fälschung demonstriert hatten. So wandte sich der Magdeburger Bischof Christoph Demke am 11. Mai kritisch an den Vorsitzenden der Wahlkommission der DDR.[39] Analog dazu sandte der Berlin-brandenburgische Bischof Gottfried Forck ein Schreiben an den Staatssekretär für Kirchenfragen Kurt Löffler, worin er Aufklärung über »auffällige Divergenzen zwischen Beobachtungen von Gemeindegliedern und Pfarrern und dem offiziellen Wahlergebnis« einforderte.[40] Als Drohung wurde gar ein Schreiben des thüringischen Landesbischofs Werner Leich (IM-Vorlauf »Manfred«) an Löffler empfunden.[41] Darin hatte der Kirchenmann, der schon im Vorjahr gegenüber Honecker angeregt hatte, »alle Reformen durch(zu)führen, die in der Sowjetunion realisiert werden«,[42] dem Staat angekündigt, daß die Konferenz der Evangelischen Kirchenleitungen, der er vorstand, sich mit den Fragen, die die Kommunalwahlen aufgeworfen hätten, beschäftigen müsse.

Das früher so einvernehmliche Verhältnis zwischen Staat und Kirche wurde durch die Verweigerungshaltung der Kirchenoberen immer mehr getrübt. Vergeblich erinnerte Hoffmann seinen Gesprächspartner Stolpe am 1. Juni 1989 daran, daß Herr Stolpe von einer »Befriedigungsstrategie« gegenüber den »Gruppen« gesprochen habe. Durch »Einbindung in kirchliche Strukturen« sollten diese »beruhigt und diszipliniert« werden. Dies wäre, so habe Herr Stolpe erklärt, der Weg zurück zu einem »vernünftigen« Staat-Kirche-Verhältnis. Leider sei aber festzustellen, erklärte Hoffmann, daß von der angekündigten »Deeskalierung« bisher wenig zu spüren sei. Statt dessen nähmen die Probleme zu.[43]

Im Vormonat hatte die ökumenische Versammlung der Kirchen der DDR eine Umgestaltung des Sozialismus verlangt und damit abermals die Kritik der Staatsmacht herausgefordert.[44] Aus der Führung der Evangelischen Kirchen wurde jetzt offen und immer häufiger die Alternative zum Gegenwärtigen, der »demokratische Sozialismus« in Gestalt einer neuen Dimension der Verantwortungsgemeinschaft von Kirche und DDR-Staat, beschworen, zu dem sich die meisten führenden Kirchenvertreter vorbehaltlos bekannten. Der mit der Machtübernahme Gorbatschows eingeleitete Prozeß einer Umorientierung der Kirche hatte einen Höhepunkt erreicht; das Honecker-Regime konnte fortan nur noch bedingt auf die Evangelische Kirchenführung zählen, wenngleich der Staatsratsvorsitzende etwa durch seine Teilnahme bei der Wiedereinweihung des Greifswalder Doms an der Seite von Bischof Horst Gienke (IM »Orion«) dem zu begegnen versuchte.

Parallel zu dem, was unter den Kirchendächern geschah, begann sich seit Gorbatschows Machtübernahme zunächst abseits jeder Öffentlichkeit eine ganz andere Opposition herauszubilden. Sie wurde getragen von den prosowjetischen, atheistischen Eliten des Apparates. Einer ihrer frühen Protagonisten im

Lande war Manfred von Ardenne, der Leiter des kernphysikalischen Instituts in Dresden. Der zu Zeiten des Dritten Reiches bereits zum wissenschaftlichen Establishment Gehörende hatte nach dem Krieg viele Jahre in der Sowjetunion gelebt, hatte dort die Atombombe konstruiert und war zum Dank dafür mit dem Stalin-Preis und mannigfaltigen Privilegien ausgezeichnet worden.

Wie Ardenne später selbst offenlegte, war er am 18. Juni 1987 in seinem Dresdener Haus mit dem stellvertretenden KGB-Chef und Andropow-Zögling General Wladimir A. Krjutschkow – einem der »nächsten Mitstreiter«[45] Gorbatschows – zusammengetroffen.[46] Thema des Gesprächs war die dringend erforderliche Umgestaltung in der DDR. Der Hochbetagte hatte seinem einflußreichen sowjetischen Gast unter anderem über einen Schriftwechsel mit Krenz vom Herbst 1985 berichtet. Fast drei Jahre, bevor Schürer im Politbüro mit seinem Vorstoß für eine grundlegende Änderung der Wirtschaftspolitik gescheitert war, hatte der Dresdener dem potentiellen Honecker-Nachfolger Krenz radikale Reformen vorgeschlagen, die sich auf die Effizienzerhöhung der DDR-Volkswirtschaft bezogen. Im Mittelpunkt der Reformen sollte die Abkehr vom »hochbürokratischen Zentralismus« und der Übergang zu einer »sozialistischen Marktwirtschaft« stehen. Ardenne später: »Die Zeit zum Handeln war bei der damaligen Machtstruktur im Politbüro noch nicht gekommen.«

Ob der Dresdener SED-Bezirksparteichef Hans Modrow damals anwesend war, erwähnte Ardenne nicht. Jedoch ist es unwahrscheinlich, daß Krjutschkow, der 1988 als erster Chef der Auslandsaufklärung zum Vorsitzenden des KGB avancieren sollte,[47] sich in Dresden aufhielt, ohne mit dem Bezirksvorsitzenden zusammengetroffen zu sein. Die Partei-Etikette hätte solches verlangt. Im selben Jahr, in dem Krjutschkow in Dresden weilte, besagten Gerüchte, Modrow sei der von den Sowjets favorisierte Nachfolgekandidat Honeckers.[48] Bekräftigt wurden diese Gerüchte durch den Modrow nachgesagten »guten Draht« zu Gorbatschow. Überhaupt hatte der SED-Funktionär ein besonderes Verhältnis zur Sowjetmacht. Ihr verdankte er, daß er, der eine Dorfschule im Pommerschen besucht hatte, von der Kriegsgefangenschaft aus eine Antifa-Schule besuchen durfte. Zu Beginn der fünfziger Jahre studierte er als Delegierter der FDJ an der Moskauer Komsomol-Hochschule.

Honecker erschien es später opportun, den als Außenseiter und Günstling der Vormacht geltenden Modrow als Ersten Bezirkssekretär in die sächsische Provinz zu schicken. Dort kochte er, der sich so von den Gerontologen im Politbüro abhob – der Zutritt zum höchsten Parteigremium wurde ihm verwehrt – manches eigene Süppchen. So rückte er zum Beispiel 1988 in den Mittelpunkt von Spekulationen, als er in der SED-Gazette »Sächsische Zeitung« einen wohlwollenden Bericht über das Reformexperiment in den von ihm besuchten chinesischen Sonderwirtschaftszonen mit ihren marktwirtschaftlichen Strukturen lieferte, die den Mechanismen der zentralistischen Planwirtschaft widersprachen.[49]

Den von Ost-Berlin mißtrauisch beäugten, von den Sowjets protegierten und in der Bundesrepublik als Hoffnungsträger aufgebauten Modrow zu stürzen, lag außerhalb der Grenzen von Honeckers Macht. Übrig blieb nur die Schikane. So entsandte die Berliner Führung zum Beispiel im Januar 1989 eine von Mittag eingesetzte Arbeitsgruppe nach Dresden, um ihm die Leviten lesen zu lassen: zu niedriges Tempo in Industrie und Bauwesen, schlechte Noten für die Ökonomie, ein Tadel für die politische Massenarbeit, für Selbstzufriedenheit und Verletzung der Klassenwachsamkeit.[50] In einer für alle Bezirkssekretäre bestimmten Information wurden die Zustände im Bezirk Dresden sogar als abschreckendes Beispiel vorgeführt.[51]

Fast zur gleichen Zeit trat ein »guter Freund« Modrows[52] als lautstärkster Verfechter von Glasnost und Perestroika, aber auch für ein »Europäisches Haus« an die Öffentlichkeit: Markus Wolf, der einstige Chef der Hauptverwaltung Aufklärung, der Spionageabteilung in Mielkes Staatssicherheitsministerium. In einem vielbeachteten Moskauer »Spiegel«-Interview vom 2. Januar 1989 bekannte er sich vorbehaltlos zu den Reformen. »Ich beurteile sie – wie viele Menschen in der Welt und, ich bin sicher, auch die meisten Menschen in unserem Lande, in der Deutschen

Demokratischen Republik – sehr positiv, und ich wünsche mir und wünsche vor allem den Menschen hier in der Sowjet-Union, daß diese Veränderungen zum Guten und Erfolgreichen führen. Glasnost und Perestroika sind keine Losungen. Das sind sehr wohl auch wissenschaftlich begründete Orientierungen der Kommunistischen Partei in der Sowjet-Union, die anknüpfen an die Idee der Oktoberrevolution, getragen von den Ideen des Begründers dieses Staates, von Lenin (...).«

In dem Interview wurde auf ein Buch Wolfs abgehoben, das im März 1989 sowohl im Ost-Berliner Aufbau-Verlag als auch bei Econ in Düsseldorf erschien, ohne daß es der SED-Führung gelungen wäre, dies zu verhindern. Sein Titel: »Die Troika«. Es ist die Geschichte dreier Jungen, die sich in den dreißiger Jahren in Moskau kennenlernen. Der Stalinismus treibt sie in alle Windrichtungen auseinander. Sie sehen sich nach dem Krieg als Verbündete in der Anti-Hitler-Koalition wieder, entfremden sich jedoch im Zuge des Ost-West-Konflikts endgültig voneinander. Wichtiger als die menschlich bewegende Geschichte waren jedoch die überaus kritischen Äußerungen, die man in anderen DDR-Publikationen des Landes bislang vergeblich gesucht hatte.

So wurden in der »Troika« insbesondere der Stalinismus und seine verbrecherischen Folgen dargestellt. In den in einem Dokumententeil mitgeteilten authentischen Äußerungen abtrünniger Kommunisten schildert Wolf, weshalb der Kommunismus weder in der Sowjetunion noch in Nachkriegs-Deutschland die Herzen der Menschen erobern oder sich ihr Engagement erhalten konnte. So ist auch zu lesen von den Greueln beim Einmarsch der Roten Armee, von dem Zwang bei der Vereinigung von SPD und KPD oder der mangelnden Geistesfreiheit, die vor allem bei der Ausbürgerung Biermanns zu verheerenden Folgen für das Kulturleben der DDR geführt hatte.

In einem Zeitungsbeitrag des »Deutschen Allgemeinen Sonntagsblattes« stellte Detlef Kühn, der damalige Leiter des Gesamtdeutschen Instituts, fest, daß Wolf kein Linksintellektueller sei, der unter der fehlenden Freiheit im kommunistischen Lager leide.[53] Nein, Wolf, der einen frappierenden Sinneswandel an den Tag gelegt hatte, war seit jeher ein Mann Moskaus, und daraus machte er auch kein Hehl, wenn er etwa bei der Vorstellung seines Buches sagte: »In meinem Leben hat es keinen Bruch im Verhältnis zur Sowjetunion gegeben, allenfalls Einschnitte wie der XX. Parteitag der KPdSU«,[54] auf dem Chruschtschow bekanntlich erstmals die Verbrechen Stalins anprangerte.

Wolfs Verhältnis zur Sowjetunion war tief geprägt. Im Herbst 1934 war er als Elfjähriger mit Bruder, Halbschwester und Mutter dem im Vorjahr in die Sowjetunion emigrierten Vater gefolgt,[55] der seit 1928 der Kommunistischen Partei Deutschlands angehörte und sich als Autor sozialkritischer Bühnendramen einen Namen gemacht hatte. In Moskau besuchte der junge Wolf die Mittelschule, an der er die Hochschulreife erlangte. Ein Studium am Moskauer Institut für Flugzeugbau brach der Sowjetbürger Wolf 1942 ab. Im selben Jahr war er – nachdem er einige Schulungskurse absolviert hatte – in die Kommunistische Partei eingetreten, die ihn an die Ausbildungsstätte der Komintern nach Kuschnarenkowo schickte. Dort wurde er zusammen mit anderen internationalen Lehrgangsteilnehmern, die ebenso wie er als Führungskader der Kommunistischen Parteien ihrer Heimatländer vorgesehen waren, ideologisch und militärisch geschult.

Nach Auflösung der Komintern im Mai 1943 und der Schließung der Parteischule in Kuschnarenkowo kehrte Wolf nach Moskau zurück, wo er bis Kriegsende beim »Deutschen Volkssender«, einem Emigranten-Sender der KPD, tätig war. Mit den »Genossen« der »Gruppe Ulbricht« kam er schließlich im Mai 1945 nach Deutschland zurück, um in Berlin einen kommunistischen Rundfunk aufzubauen. Nachdem im Oktober 1949 die DDR proklamiert worden war, trat Wolf, der als Berichterstatter den Nürnberger Kriegsverbrecherprozeß begleitet hatte, in den Diplomatischen Dienst des Außenministeriums der DDR, das den inzwischen in die SED Eingetretenen als Ersten Botschaftsrat nach Moskau entsandte.

Im Sommer 1951 wurde Wolf von dort abberufen, um bei dem neu zu schaffenden Auslandsaufklärungsdienst mitzuwirken. Dieser war außerhalb des im Jahr zuvor gegründeten DDR-

Ministeriums für Staatssicherheit im Geschäftsbereich des Außenministeriums angesiedelt und rangierte unter der Tarnbezeichnung »Institut für Wirtschaftswissenschaftliche Forschung« (IWF). Wolf wurde als einem der Stellvertreter des Leiters der Bereich der Spionageabwehr, die Hauptabteilung III, zur verantwortlichen Anleitung übertragen. Im Januar 1953 legte Ulbricht die Führung des IWF in Wolfs Hände, das über mehrere Zwischenetappen hinweg schließlich eine selbständige, aufs engste mit dem sowjetischen Geheimdienst KGB kooperierende Hauptverwaltung Aufklärung im MfS wurde.

Als Chef der HVA avancierte der im Verlauf seiner Dienstzeit mit höchsten deutschen und sowjetischen Orden ausgezeichnete und in die geheimsten KGB-Strategien von »Europäischem Haus« und Perestroika eingeweihte Wolf zum Stellvertreter des Ministers für Staatssicherheit, ehe im Februar 1987, fast drei Monate nach seiner nicht bekannt gewordenen förmlichen Verabschiedung am 12. November, die ADN-Meldung aufhorchen ließ, daß der erfolgreiche Spionagechef, der zuletzt den Rang eines Generaloberst innehatte, »auf eigenen Wunsch« aus dem aktiven Dienst ausgeschieden sei.[56] Zum Dank für seine großen Verdienste – sein größter war wohl die Installierung des Kanzleramts-Spions Günter Guilleaume[57] – sei ihm in Anwesenheit der Mitglieder des Politbüros, Krenz', des Minister für Staatssicherheit Mielke sowie des Leiters der Abteilung für Sicherheitsfragen des ZK, Wolfgang Herger, der Karl-Marx-Orden, die höchste staatliche Auszeichnung der DDR, verliehen worden.

Ungeklärt blieb derweil, ob Wolf, alias Michael Sturm, alias Kurt Werner, wirklich »auf eigenen Wunsch« abgetreten war, wie er dies selbst später immer wieder behauptete, oder ob dies – wie der damalige leitende Personalsachbearbeiter des MfS gegenüber dem Generalbundesanwalt bekundete[58] – auf Initiative Mielkes geschah. Indizien deuten eher auf die zweite Variante hin, mußte doch der Mann Moskaus mit seinen engen Kontakten zum KGB, wo man begonnen hatte, das dort entwikkelte Perestroika-Konzept umzusetzen, für die Männer um Honecker und Mielke, die sich eben einer solchen Entwicklung von Anfang an entgegenstellten, zunehmend zur Gefahr werden. Daß man Wolf nicht mehr traute, verdeutlicht nicht zuletzt die Tatsache, daß Mielke ihn nach seinem Ausscheiden »operativ bearbeiten« ließ.[59] Mit anderen Worten: Wolf, der sich nach eigenem Bekunden mit dem Gedanken an »eine zweite Emigration« getragen haben will,[60] wurde vom eigenen Geheimdienst observiert. Mehr noch: Der Bereich »Disziplinar« von Generalleutnant Günter Möllers Hauptabteilung »Kader und Schulung« unterzog Wolf sogar scharfen Verhören, als seine geschiedene Ehefrau Christa Kontakte in die Bundesrepublik aufnahm.[61]

Daß der Minister, der seit jeher ein gespanntes Verhältnis zu seinem »Vize« gehabt hatte, allen Grund hatte, Wolf zu mißtrauen, verdeutlicht eine andere Erkenntnis. So wird in der Anklageschrift des Generalbundesanwaltes gegen Wolf als eines der wesentlichsten Ergebnisse der Ermittlungen hervorgehoben, daß der Generaloberst auch nach Übergabe der Amtsleitung an seinen früheren, von ihm wenig geschätzten Stellvertreter Werner Großmann und nach offiziellem Ausscheiden aus dem Dienst der HVA weiterhin nachrichtendienstlich tätig gewesen ist.[62] Ob dies für die HVA geschah, wie in der Anklageschrift des Generalbundesanwaltes spekuliert wird, dürfte freilich mehr als fraglich sein.

Vor einem solchen Hintergrund erhält Wolfs Motto – »Und ewig Kampf, die Ruh ist nur ein Traum«[63] – einen konkreteren Sinngehalt, den Kühn im Mai 1989, nach Erscheinen der »Troika«, folgendermaßen interpretierte: »Wolfs Beziehungen zu Moskau geben der SED-Führung Anlaß, vor ihm und seinem Buch auf der Hut zu sein. Wolf (...) hält sich offenkundig bereit für den Tag, an dem der Kreml nach personellen Alternativen zu den wenig flexiblen Gegnern der Perestroika im SED-Politbüro suchen sollte. Ob die sowjetische Führung diese Möglichkeit nutzt, werden wir, wenn nicht alles täuscht, schon in den nächsten Jahren erfahren.«[64]

Im Frühsommer 1989, als Wolfs vielbeachtetes Buch in beiden Teilen Deutschlands für Aufsehen sorgte, als ein scheinbar geläuterter Wolf[65] mit antifaschistisch-jüdischer Familientradition sich anschickte, zum Medien-Star zu avancieren, blieb der SED-Führung bemerkenswert wenig Spielraum, das Wirken des unliebsam Gewordenen einzudämmen. War es schon nicht gelungen, das Erscheinen des Buches zu verhindern, so mußte man auch noch hinnehmen, daß Wolf im Verlauf eines Interviews am Rande seiner Buchpremiere gegen das »Sputnik«-Verbot wetterte und sich »warm« für Gorbatschow einsetzte,[66] der ihm – so schrieb Wolf – zu verstehen gegeben haben soll, »daß sich auch in der DDR der Widerstand der alten Männer nicht mehr lange halten würde«.[67]

Während einer Kreisleitungssitzung im MfS wurde Wolfs Verhalten verurteilt; auch im Politbüro herrschte »große Aufregung«. Man untersagte ihm schließlich, weitere Interviews zu geben. In einer Buchbesprechung im SED-Zentralorgan »Neues Deutschland« erinnerte man Wolf unmißverständlich an die Statuten des Bundes der Kommunisten von 1847, die die »Unterwerfung unter die Beschlüsse des Bundes« als die »vollziehende Gewalt des ganzen Bundes« kennzeichnen. Dabei wurde die Pflicht »zur Verschwiegenheit über das Bestehen aller Angelegenheiten des Bundes« ganz besonders hervorgehoben. »Das gilt heute nicht anders als vor 142 Jahren.«[68]

Auch solche versteckten Drohungen vermochten nichts daran zu ändern, daß Moskaus Mann in der DDR nicht abließ, für die Perestroika-Konzeption Gorbatschows – Wolfs »Helden in der Wirklichkeit«[69] – zu werben, sei es in Gestalt von Lesungen, die er sich jeweils von Mielke genehmigen lassen mußte,[70] oder aus Anlaß der zweiten Auflage seines rasch vergriffenen Buches. So rief er bei der Gelegenheit auch zu Toleranz mit Andersdenkenden in der DDR auf und setzte sich für Offenheit bei der Auseinandersetzung mit der stalinistischen Vergangenheit ein. Durch sein Buch – so Wolf – sei er zum Ansprechpartner vor allem für junge Menschen geworden. Die Fragesteller erwarteten nun von einem Menschen Antworten, »der sich diese kommunistische Überzeugung bewahrt hat, trotz aller Schicksalsschläge, trotz der schwierigen und widersprüchlichen Situation, die wir durchgemacht haben«.[71]

Von Wolf gingen die Kontakte zu anderen Angehörigen prosowjetischer Eliten wie etwa zu dem Ost-Berliner Gesellschaftswissenschaftler Michael Brie, der wie die Juristin Rosemarie

Will oder der Gesellschaftswissenschaftler Dieter Segert der interdisziplinären Projektgruppe »Sozialismus« an der Humboldt-Universität angehörte, die in der zweiten Hälfte der achtziger Jahre Glasnost und Perestroika, übertragen auf die Verhältnisse in der DDR, nachvollzog. Der 1955 geborene Michael Brie, der seit 1977 als Inoffizieller Mitarbeiter von Wolfs HVA arbeitete, war von den orthodoxen Kommunisten schon früh mißtrauisch beäugt worden. Nach einem Moskau-Aufenthalt im Jahr 1983/1984 holte das MfS bei den Sowjets Erkundungen über den IM und dessen »antisozialistisches Auftreten« ein.[72]

Nach eigenem Bekunden will Michael Brie über Jahre hinweg versucht haben, gegenüber der Stasi zu verdeutlichen, daß ohne Reformen die Sicherheit der DDR »zunehmend und immer direkter bedroht ist«.[73] Sicherheit sei für ihn nicht »Dienste nach Innen« und Ausspähen seines »eigenen Umkreises« gewesen, sondern die kontinuierliche Information des MfS über gute Argumente für Reformen. Leitmotiv sei es gewesen, aus diesem Lande etwas zu machen, sagte Brie, der unter dem Rektorat des Theologen und Stasi-Mitarbeiters Heinrich Fink (IM »Heiner«)[74] kurz vor dem Oktober 1990 zum Professor am neugegründeten, von der Abwicklung ausgesparten Humboldt-Universitäts-Institut für interdisziplinäre Zivilisationsforschung avancieren sollte.[75]

Ein früher intellektueller Mitkämpfer für die Durchsetzung der Ideen von Glasnost und Perestroika war auch Michael Bries Bruder, der Diplomstaatswissenschaftler André Brie. Auch er arbeitete an einem Konzept eines »alternativen Sozialismus«, auch er hatte dem Staatssicherheitsdienst gedient.[76] 1969 war er unter dem Decknamen »Peter Scholz« geworben worden. Im Jahr darauf übergab man ihn an die Abteilung III der HVA, da er am Institut für internationale Beziehungen ein Studium mit der Fachrichtung Außenpolitik begonnen hatte. Nach Promotion und Übernahme einer Stelle als Oberassistent am Institut wurde der IM der Potsdamer Bezirksverwaltung überstellt, wo er »qualitativ wertvolle« Arbeitsergebnisse aufweisen konnte.[77] In einer anderen Bestandsaufnahme zum IM »Peter Scholz« aus dem Jahre 1984 hieß es: Er »vertritt einen marxistisch-leninistischen

Klassenstandpunkt, der von einer gesunden Kritik an bestehenden Unzulänglichkeiten in der DDR, mit dem Ziel einer Veränderung mit bestmöglichen Ergebnissen für die sozialistische Gesellschaftsordnung geprägt ist«.[78] Hatte ihn Mielke noch am 8. Februar 1987 mit der Verdienstmedaille der Nationalen Volksarmee in Bronze ausgezeichnet, so erregte er doch alsbald seiner gesellschaftskritischen Aktivitäten wegen Mißfallen. Stellungnahmen zum Verbot des »Sputniks« – er galt als »Hauptakteur«, der die Parteiführung im Zusammenhang mit der Sperrung der sowjetischen Zeitschrift belehren wollte – und später eine Veröffentlichung von Aphorismen mit »parteischädigendem Inhalt« ließen den IM »Peter Scholz« im Januar 1989 bei Mielke in Ungnade fallen.[79]

Auch André Brie, der später Stellvertretender Vorsitzender der SED-Nachfolgeorganisation PDS werden sollte, arbeitete zeitweise als Dozent an der Humboldt-Universität. Dort wirkte ebenfalls der Politökonom Dieter Klein. Der Professor war Mitglied der Berliner Bezirksleitung der SED, Prorektor für Gesellschaftwissenschaften und einer der wissenschaftlichen Wortführer der DDR-Perestroikisten. Als solcher gehörte auch er der Projektgruppe »Sozialismus« der Ost-Berliner Kaderschmiede an und sollte später mit anderen das Reformprogramm der SED/PDS erarbeiten. Im Institut für interdisziplinäre Zivilisationsforschung sollte Klein später sein wissenschaftliches Betätigungsfeld finden. Er wurde dessen Direktor.

Von Klein, von den Bries, deren Vater Horst als DDR-Botschafter in Peking zur Entschärfung des Ussuri-Konflikts zwischen der Sowjetunion und der Volksrepublik China beigetragen hatte, reichte dann auch eine freundschaftliche und ideelle Verbindung zu Gregor Gysi. Nach dessen Selbstzeugnis sei ihm im Januar 1988 bewußt geworden, daß es so nicht weitergehe.[80] »Ab Mai 1989 wurde mir auch klar, daß ein normaler Wechsel in der Führung nicht mehr zustande kommt und daß die gesellschaftliche Entwicklung sich katastrophal zuspitzt.«[81]

Gysi war seit vielen Jahren als Rechtsanwalt tätig – ein Beruf, den nur derjenige im SED-Staat hatte ausüben dürfen, dem die Parteiführung ein besonderes Vertrauen entgegenbrachte. Gysi gehörte dazu, entstammte doch auch er dem Parteiadel. Sein Vater Klaus hatte bis zu seiner Versetzung in den Ruhestand die schwierige Aufgabe des Staatssekretärs für Kirchenfragen übernommen, dessen Behörde die Steuerung der Kirchen und Religionsgemeinschaften oblag, so wie es von der Abteilung Kirchenfragen des ZK vorgegeben wurde.

Zu Gregor Gysis Mandanten zählten viele, die als selbständig denkende Bürger oder als Mitglieder kirchlicher Basisgruppen Opfer des Regimes geworden waren, desselben Regimes, dem der SED-Mann Gysi diente. Gleichwohl verstand er es, mit ihnen umzugehen, symbolisierte er doch den neuen Typus des für Reformen nach sowjetischem Vorbild offenen demokratischen Sozialisten unter den DDR-Juristen. Als solcher war der als IM-Vorlauf »Gregor« geführte[82] und auch zeitweise von Wolfs HVA »positiv erfaßte« Gysi,[83] dem aus der Bürgerbewegung später Mandantenverrat vorgeworfen werden sollte,[84] im Jahr 1988 zum Vorsitzenden des Kollegiums der Rechtsanwälte in Ost-Berlin aufgestiegen.

Gregor Gysi und seine Rechtsanwalts-Kollegen beschäftigten sich 1989 in zunehmendem Maße damit, die Folgen der SED-Politik juristisch zu bewältigen, vertraten sie doch DDR-Überdrüssige, denen der Staat nur noch mit strafrechtlichen Mitteln zu begegnen imstande war. Ausreiseangelegenheiten aller Art kamen hinzu. Anwälte wie Gysi hatten damit die Realität der DDR tagtäglich vor Augen. Sie sahen, daß es hohe Zeit war, daß sich im Lande etwas änderte.

Das Politbüro, das einzige Gremium, welches Veränderungen hätte auf den Weg bringen können, blieb jedoch starr auf Anti-Reform-Kurs. Vom Bett aus dirigierte der in diesem Sommer schwer erkrankte Honecker mit Hilfe seiner Gefolgsleute unnachgiebig die Geschicke der DDR. Gleichwohl saßen im Politbüro Männer, die den Vorgaben aus Moskau aufgeschlossen gegenüberstanden, wie etwa Werner Jarowinsky, der unter anderem für die Kirchen zuständige ZK-Sekretär. Zum Kreml-getreuen Urgestein gehörte Werner Krolikowski, der beim Sturz Ulbrichts eine nicht unbedeutende Rolle gespielt haben soll. Honecker machte ihn 1973 zum ZK-Sekretär für Wirtschaft, ließ ihn jedoch drei Jahre darauf durch Mittag ersetzen. Als erbitterter Gegner Honeckers sympathisierte er mit dem prahlerischen Berliner SED-Bezirksvorsitzenden Konrad Naumann, der sich schon als neuer Generalsekretär ausgab, im Jahr 1985 aber aus dem Politbüro entfernt wurde. Krolikowski stemmte sich auch gegen den bundesdeutschen Milliardenkredit.[85] Dem Ost-Berliner Botschafter Moskaus, Kotschemassow, riet der als Informant der Vormacht Geltende kurzerhand, die SED-Führung »auszuwechseln«.[86]

Im Februar war Planungschef Schürer an Krenz herangetreten. In einem mehrstündigen Gespräch, das sie auf Schürers Wochenendgrundstück in Dierhagen führten, soll dieser Krenz gedrängt haben, Honecker, Mittag und Joachim Herrmann, den ZK-Sekretär für Agitation und Propaganda, aus der Parteiführung zu entfernen.[87] Der Planungschef forderte Krenz auf, an Honeckers Stelle zu treten und, als Voraussetzung für den Sturz, die Tolerierung Mielkes und des Ministers für Nationale Verteidigung, Armeegeneral Heinz Keßler, zu gewinnen. Krenz soll Schürers Sorge geteilt haben und auch dessen Urteil zu Mittag und Herrmann. »Sein Respekt und seine Dankbarkeit gegenüber Honecker aber waren stärker als das Gebot der Stunde.«[88]

Auch Markus Wolf soll versucht haben, Krenz in diesem Sinne zu beeinflussen. Der einstige Erste Sekretär der SED-Bezirksleitung Berlin und Mitglied des Politbüros Günter Schabowski berichtete später darüber, der frühere HVA-Chef habe den Honecker-Zögling mehrmals aufgesucht »und ihn in der Auffassung bestärkt, daß die SED-Politik geändert werden müsse. Krenz, der an seine Berufung als Honecker-Nachfolger glaubte, war ein geeignetes Medium, um in das Politbüro hineinzuwirken, das Wolf so nicht zugänglich war.«[89] Doch auch Wolf kam zunächst nicht weiter bei Krenz.

So gab es vorerst wenig Hoffnung, sich Honeckers entledigen zu können. Der NVA-General und Perestroikist Werner Hübner beschrieb die verfahrene Situation: »Niemand ergriff die Initiative, um eine politische Entscheidung über die Führung der Partei herbeizuführen; statt dessen warteten alle makabererweise hoffnungsvoll auf eine ›biologische Lösung‹. Daneben bestand die berechtigte, entsetzliche Befürchtung, daß der Generalsekretär auch zum XII. Parteitag im Mai 1990 noch einmal zur Wahl antreten würde.«[90]

Im Juli 1989 lud der Kreml, der genauestens über die Agonie des Politbüros informiert war, Wolf nach Moskau ein. So schilderte es Wolf in seinem Buch mit dem vielsagenden Titel »Im eigenen Auftrag«.[91] Näher liegen dürfte es freilich, daß der einstige HVA-Chef, der am 17. Juli in der sowjetischen Hauptstadt ankam und Quartier im Gästehaus des ZK der KPdSU in der Uliza Dimitrowa bezog, einbestellt worden war. Wie dem auch sei, Wolfs Schilderung ist dennoch aufschlußreich: Seine Gesprächspartner seien die Gorbatschow-Vertrauten und Deutschland-Experten Nikolaj Portugalow, Valentin Koptelzew und Falin gewesen. Ihnen habe er eine detaillierte Analyse zur politischen, wirtschaftlichen und kulturellen Situation der DDR gegeben. Trotz düsterer Einschätzungen habe er konstatiert: »In der DDR bestehen relativ gute Voraussetzungen für eine planmäßige Erneuerung, da die Ökonomie noch reparabel erscheint.« Noch sei es nicht zu spät, »die Erneuerung ohne Destabilisierung systematisch anzugehen«.

Notwendig seien – so beschrieb Wolf seine Ausführungen – »Sofortmaßnahmen auf allen wichtigen Gebieten. Dazu muß neues Denken gefordert und gefördert werden (...). Die SED könnte so bei einer Weiterentwicklung des Sozialismus und seiner Ausstrahlung eine positive Rolle spielen. Von dieser Führung ist aber kein Anstoß mehr zu erwarten. Woher also? (...) Genossen, die in diesen Fragen eine klarere Position beziehen, sind der Kulturminister Hans-Joachim Hoffmann, Klaus Höpcke, Manfred Wekwerth und andere. Auch Manfred Gerlach in der LDPD vertritt solche Ansichten.«

Falin habe auf die Ausführungen Wolfs mit der Bemerkung reagiert, es gebe zwei Möglichkeiten – entweder habe Gorbatschow Erfolg, oder er scheitere. Auf die zweite Variante sei er nicht mehr zu sprechen gekommen. »Wenn er Erfolg habe, werde die Abrüstung vorankommen, das würde auch die Sowjettruppen in der DDR betreffen.« Falin verknüpfte damit die Erfolgsaussichten der Perestroika mit der künftigen Entwicklung in der DDR. Zum einen bedurfte es der Abrüstung im großen Stile als Voraussetzung für eine wirtschaftliche Genesung der Sowjetunion. Zum anderen dachten die Sowjets der DDR eine wirtschaftliche Brückenkopf-Funktion zu. Beides schien ihm zu Recht mit der gegenwärtigen Ost-Berliner Führung nicht glaubwürdig realisierbar zu sein.

Erst als am 11. September für die Abertausenden Deutschen in Ungarn der Weg nach Westen frei war, wurden die Dinge in Bewegung gebracht. Nun begann der Sturm der Reformkräfte auf die alte Führung des Landes. Da diejenigen, die den Reformvorgaben des Kremls im Politbüro Rechnung trugen, nur eine kleine Minderheit stellten und der Sturz Honeckers nur durch das Politbüro in die Tat umgesetzt werden konnte, bedurfte es der äußeren Bedingungen, die den »Kronprinzen« Krenz zum Handeln nötigten. Diese wurden nun von der Protestbewegung geschaffen, aus deren Reihen sich (wie auf Kommando) landesweit Organisationen und neue Parteien formierten, aber auch durch die zeitgleich eingeleitete Wende in den alten Blockparteien.

Eröffnet wurde der Reigen schon am 10. September, als sich in Berlin das Neue Forum konstituierte, mit dem die vielfältigen Einzel- und Gruppenaktivitäten zu einem Gesamthandeln zusammengefaßt werden sollten. Hierfür rief das Neue Forum alle Bürger und Bürgerinnen der DDR auf, »die an der Umgestaltung unserer Gesellschaft mitwirken wollen«.[92] Die Zielsetzung war zunächst vage formuliert, geleitet von der Vision eines »dritten Weges« für die DDR. In dem »Aufruf 89 – Neues Forum« hieß es: »Auf der einen Seite wünschen wir uns eine Erweiterung des Warenangebots und bessere Versorgung, andererseits sehen wir deren soziale und ökologische Kosten und plädieren für die Abkehr von ungehemmtem Wachstum. Wir wollen Spielraum für wirtschaftliche Initiative, aber keine Entartung in die Ellenbogengesellschaft. Wir wollen das Bewährte erhalten und doch Platz für Neues schaffen, um sparsamer und weniger naturfeindlich zu leben.« Allen Bestrebungen, denen das Neue Forum Ausdruck und Stimme verleihen wolle, liege der Wunsch nach Gerechtigkeit, Demokratie, Frieden sowie Schutz und Bewahrung der Natur zugrunde.

Zu den Erstunterzeichnern des Gründungsdokumentes des Neuen Forum, dessen Tätigkeit auf eine gesetzliche Grundlage gestellt werden sollte – am 19. September wurde ein entsprechender Antrag bei den zuständigen Stellen eingebracht – gehörten viele bekannte Vertreter von DDR-Bürgerrechtsgruppen, wie Bärbel Bohley, Katja Havemann, Reinhard Schult, Sebastian Pflugbeil oder das Ehepaar Eva und Jens Reich, um nur einige zu nennen. Dabei waren jedoch auch Kritiker aus den Reihen der SED-Eliten, wie etwa Rolf Henrich, einer der Initiatoren und maßgeblichen Wortführer des Neuen Forum.

Der DDR-Jurist, der 1964 in die SED eingetreten und von 1973 an zehn Jahre Parteisekretär des Kollegiums der Rechtsanwälte im Bezirk Frankfurt/Oder gewesen war, wartete im April 1989 mit einem im westdeutschen Rowohlt Taschenbuch-Verlag erschienenen Traktat vom Versagen des real existierenden Sozialismus auf. In dem Buch »Der vormundschaftliche Staat«[93] klagte Henrich das längst überfällige Glasnost ein, ohne das eine grundlegende Reform des Sozialismus seiner Auffassung zufolge nicht denkbar sei. Über den Weg dorthin schreibt der Autor im Nachwort, er sei sich ganz sicher: »Die Vormundschaft der Politbürokratie kann ohne Handlungen, welche den Machthabern als Verrat erscheinen müssen, gar nicht gebrochen werden.«[94]

Die Mehrheit der Gründungsmitglieder des Neuen Forum unterhielt gute Kontakte vor allem zu den Grünen, zu FDP und SPD in West-Berlin und in der Bundesrepublik, aber auch zu den in der DDR akkreditierten Korrespondenten westlicher Medien. Über letztere wurde dann auch der Wortlaut des Gründungsaufrufes verbreitet. Eine erste Veröffentlichung – ohne die Namen der Unterzeichner – erfolgte am 13. September in der »Frankfurter Rundschau«. Korrespondierend damit führten der Rias mit Jens Reich und Rias-TV mit Bärbel Bohley Telefoninterviews, in denen beide Ziele und Vorhaben der zu bildenden Vereinigung erläuterten. In der Sendung »Kennzeichen D« des ZDF wurde sogar ein in der DDR aufgenommenes Video-Band mit Äußerungen von Bärbel Bohley und Henrich zur Notwendigkeit einer inneren Opposition in der DDR abgespielt.[95]

Eine ganz ähnliche Zielsetzung wie das Neue Forum verfolgte

die Bürgerbewegung Demokratie Jetzt, die sich Mitte September in Berlin zusammenschloß. In dem »Aufruf zur Einmischung in eigener Sache«[96] war die Rede von demokratischer Umgestaltung, von solidarischer Gesellschaft, von Rechtsstaatlichkeit und von Ökonomie, die mit der Ökologie in Einklang zu bringen sei. Organisatorisch war vorgesehen, zu Beginn des Jahres 1990 ein »Vertretertreffen« zu organisieren, ein Grundsatzprogramm zu beschließen und perspektivisch eine eigene Liste von Kandidaten für die kommende Volkskammerwahl aufzustellen. Die Unterzeichner des Aufrufs – darunter die Naturwissenschaftler Hans-Jürgen Fischbeck und Michael Bartoszek, die Theologen Martin König, Wolfgang Ullmann sowie der Filmregiseur Konrad Weiß – waren bereits durch ihre Initiative »Absage an Praxis und Prinzip der Abgrenzung« hervorgetreten, mit der sich seit 1987 auch kirchliche Leitungen zu befassen hatten.[97]

Die Gründung von Demokratie Jetzt wurde am Rande der Eisenacher Synode Mitte September bekannt, während deren sich der Kirchenbund, dessen Leitung bereits Anfang des Monats in einem Brief an Honecker »längst überfällige Veränderungen in der Gesellschaft« eingefordert hatte, abermals für »grundlegende gesellschaftspolitische Reformen« aussprach. Der Vorsitzende der Konferenz der Kirchenleitungen (KKL), des Führungsgremiums des DDR-Kirchenbunds, Bischof Leich, plädierte für eine Änderung des DDR-Wahlgesetzes, für Demonstrations- und Medienfreiheit, vor allem aber auch für eine Erweiterung der Reisemöglichkeiten für alle Bürger. Der Bischof rief nach wirtschaftlichen Reformen, sei doch die diesbezügliche Überlegenheit der Bundesrepublik gegenüber der DDR einer der Hauptgründe für die gegenwärtige Abwanderungsbewegung. Diese und andere Veränderungen müßten den Menschen im Lande Zukunft eröffnen und sie von innen heraus bewegen, »sich neu für unsere Gesellschaft und unseren Staat zu engagieren«, sagte Leich.[98]

In den Beiträgen der ganz auf Gorbatschows Reformen eingeschworenen Angehörigen der KKL wurde »Wiedervereinigungsdiskussion und Antikommunismus« im wesentlichen eine klare Absage erteilt. Der Erfurter Probst Heino Falcke war dabei nicht der einzige, der an die anwesenden EKD-Vertreter appellierte, allen Tendenzen in der Bundesrepublik zu widerstehen, »die sogenannte Fluchtbewegung aus der DDR zu einer Selbstrechtfertigung des Kapitals zu machen«.[99] Widerspruch sei auch »zum billigen Wiederaufleben des Antikommunismus« nötig, zumal dort, wo er sich in christliche Worte kleide. Als Beispiel zitierte Falcke Bundesarbeitsminister Norbert Blüm mit den Worten: »Marx ist tot, Jesus lebt.« Dieses Denken mache alle Ansätze zu einem christlich-marxistischen Dialog in der DDR zunichte.

Diesen Dialog hatte der dem SED-Staat besonders ergebene Bischof Gienke mit seiner Einladung an Honecker anläßlich der Wiedereinweihung des Greifswalder Doms noch zu einem Zeitpunkt pflegen wollen, zu dem ihn die Masse der vormals nicht minder ergebenen Kirchenoberen schon abgebrochen hatte. Nun war Gienke deshalb in Bedrängnis geraten. Es gelang ihm jedoch, sich bei den Würdenträgern herauszureden. Bedauern äußerte er dabei über die staatliche Entscheidung, den Berlin-brandenburgischen Bischof Forck von der Teilnahme an der Begegnung mit Honecker im Greifswalder Rathaus auszuschließen.[100]

Die von der Mehrheit der Kirchenmänner in Eisenach in einer Entschließung der Synode zusammengefaßten Umgestaltungsvorstellungen wurden auch in dem am Rande des Treffens bekanntgewordenen »Brief aus Weimar« thematisiert, in dessen Mittelpunkt die Reform der Blockpartei CDU stand.[101] Unterzeichnet worden war dieser am 16. September von vier CDU-Angehörigen, darunter der Vorsitzende des Landeskirchenrates der thüringischen Landeskirche, Oberkirchenrat Martin Kirchner (IM »Körner«, »Franke«, »Hesselbart«), und der Chefredakteur der thüringischen Kirchenzeitung »Glaube und Heimat«, Gottfried Müller, der noch unmittelbar vor der Synode mit der »Ehrennadel der Nationalen Front« ausgezeichnet worden war.

Der »Brief aus Weimar« leitete in der CDU-Führung einen erbitterten Machtkampf ein. Auf der einen Seite stand Gerald Götting, der langjährige Vorsitzende der Blockpartei, Stellvertretende Volkskammerpräsident und Stellvertreter des Staatsratsvorsitzenden. Der gelernte Philologe gehörte mit dem ersten Parteivorsitzenden Otto Nuschke zu jenen, die die These vertraten, echte Christen seien Friedensfreunde und müßten deshalb im »Friedenslager der Sowjetunion« stehen. Auch ansonsten verfügte er in den frühen Jahren über beste Beziehungen in den Kreml. Als ihn das MfS zum Inoffiziellen Mitarbeiter (»Göbel«) gewinnen wollte, habe man sich »grünes Licht« beim KGB holen müssen, da der Stasi bekannt geworden sei, daß Götting bereits seit 1951 für den sowjetischen Geheimdienst arbeitete.[102] Als Moskau auf Perestroika-Kurs ging, verlor Götting die Gunst der Sowjets, galt er doch zu sehr als Mann Honeckers, mit dem er schon zu FDJ-Zeiten eng zusammengearbeitet hatte.

Auf der anderen Seite, als Göttings Herausforderer, stand Wolfgang Heyl. Seit 1949 gehörte er der Block-CDU an. Ab 1971 war er ihr Stellvertretender Vorsitzender. Das einstige NSDAP-Mitglied Heyl, der in einer westlichen Publikation als geheimer Mitarbeiter des MfS mit dem Decknamen »Herold« aufgeführt wurde,[103] war nicht nur seit langen Jahren interner Widersacher Göttings, sondern auch der Wendigere von beiden. Er hatte die Zeichen der Zeit offenbar rechtzeitig erkannt und setzte auf den als Nachfolger Honeckers gehandelten Krenz.

Nur als Übergangskandidat, wie sich später herausstellen sollte, wurde Heyl von jenen Funktionären in der Zentrale der Blockpartei im Berliner Otto-Nuschke-Haus favorisiert, für die der »Brief aus Weimar« alles andere als eine Überraschung gewesen war.[104] Den Äußerungen einstiger CDU-Präsidiumsmitglieder zufolge gehörten dazu der Abteilungsleiter für Kirchenfragen, der Theologe Wulf Trende, und der Abteilungsleiter für Internationale Beziehungen, insbesondere für die zur KPdSU, Kersten Radzimanowski.[105] Trende wiederum verfügte über gute Kontakte zu Kirchner, der als Jurastudent für kurze Zeit in den CDU-Parteiapparat geholt worden war, wo er als Instrukteur gewirkt hatte.[106]

Entgegen vorangegangenen Initiativen, wie etwa dem »Brief aus Neuenhagen«, wurde der »Brief aus Weimar« nicht nur in wenigen hektografierten Exemplaren unter den »Unionsfreunden« verbreitet, sondern durch die »Parteiorgane« kurzerhand offiziell zur Kenntnis gebracht. Götting, offenbar von der alten SED-Führung dazu ermutigt, reagierte entsprechend schroff. In dem Blockpartei-Organ »Neue Zeit« schrieb der noch ganz auf Linie befindliche Kommentator, es widerspreche dem »Geist des vertrauenvollen Umgangs zwischen Unionsfreunden«, wenn sich Parteimitglieder – wie das am Wochenende in Eisenach geschehen sei – »an eine internationale Öffentlichkeit wenden, zumal wenn vier Mitglieder vom betreffenden Leitungsgremium der CDU zu einem klärenden Gespräch über ihre Überlegungen eingeladen sind und diese Einladung von ihnen dankbar angenommen wurde«.[107]

»Auf Befehl von oben« sollten die Unterzeichner des Briefes bei dieser Gelegenheit aus der Partei entfernt werden. Dies wurde jedoch nicht exekutiert, denn Präsidiumsmitglieder griffen beschwichtigend ein und hielten damit jenen den Weg frei, die sich anschickten, Götting als Parteivorsitzenden zu stürzen. Über die Folgen des durch mancherlei Intrige zunehmenden Drucks auf Götting hieß es bald darauf in einer Information des MfS, daß aus dessen Äußerungen »tiefe Resignation und auch Hilflosigkeit« hervorgehe, »wie er mit der Situation fertigwerden kann«.[108]

Anders der Vorsitzende der Blockpartei LDPD, Manfred Gerlach.[109] Als erster Funktionsträger des Apparates forderte er im »Morgen«, dem Organ der LDPD, radikale Reformen.[110] Auch er berief sich dabei auf die programmatische Rede Gorbatschows, die dieser anläßlich des 70. Jahrestages der Oktoberrevolution gehalten hatte. In dieser sei die Politik der Erneuerung des Sozialismus in der Sowjetunion »als durch und durch revolutionäre Politik, als Wiederaufnahme und Fortsetzung der Ideale der Oktoberrevolution gekennzeichnet«. Die Politik der Umgestaltung wolle günstige Bedingungen für den sozialistischen Aufbau schaffen, sie wolle Verkrustungen aufbrechen, die Deformation der Gesellschaft überwinden und nicht zuletzt der Weltpolitik neue Impulse geben.

Gerlach schrieb weiter, die DDR brauche Fragende, Ungeduldige, Neugierige; sie brauche jeden, der sich an der »Normalität« reibe und so helfe, Neues zu entdecken und durchzusetzen. An die Adresse Honeckers gewandt, fuhr der LDPD-Vorsitzende fort, Höher- und Weiterentwicklung bedeute in der Politik nicht bloß Vervollkommnung des Erreichten; Neues dürfe nicht blockiert werden, sondern müsse vielmehr aufgespürt und auf den Weg gebracht werden. »Das gilt auch für unsere Partei und ihr Streben, zur Gestaltung des Sozialismus in den Farben der Deutschen Demokratischen Republik noch entschiedener beizutragen.« Hinter solchen Worten dürfte sich freilich weniger Gerlachs Grundbedürfnis nach Demokratie verborgen haben als seine Nähe zu Moskau, die sich auch in seinem »guten Draht« zu dessen Statthaltern in Ost-Berlin und seiner Mitgliedschaft im Präsidium des Zentralvorstands der Gesellschaft für deutsch-sowjetische Freundschaft artikulierte.

Schon im Jahr 1948 soll Gerlach dem KGB-Vorläufer MWD zugearbeitet haben. Im Jahr darauf war er in Moskau erstmals mit Wolf zusammengetroffen. Auch in der Folgezeit, in der er fest zu den SED-Generalsekretären stand, pflegte er Kontakte zu dem Chef der HVA. Die LDPD erhielt von dort Unterstützung »in Form von Hintergrundinformationen«, »ohne die Zwischenstation ZK der SED« – ein bemerkenswertes Faktum.[111] Nachdem sich Gerlach längst von Honecker entfernt hatte, war dies offenbar nicht anders geworden. Im Juli suchte er Wolf auf dessen »Grundstück« auf, um die Situation im Lande zu erörtern. Dieser schrieb darüber: »Gerlach berichtete über mehrfache Vorstöße im Sinne einer Umgestaltung entsprechend unseren Bedingungen.«[112] Wessen Bedingungen Wolf damit meinte, behielt er für sich.

Im April 1991 sollte dem noch zwei Jahre später der FDP angehörenden Gerlach[113] von früheren Parteifreunden vorgeworfen werden, er habe sie 1948 an den sowjetischen Geheimdienst verraten und damit seine eigene Karriere beschleunigt.[114] In der Tat war Gerlachs politische Laufbahn steil verlaufen und seinerzeit ohne sowjetische Protektion kaum möglich gewesen: 1949 – im Alter von 21 Jahren – war er zum Volkskammerabgeordneten und zum Mitglied des Zentralrates der FDJ avanciert. 1950 hatte ihn die SED gegen die Stimmen seiner eigenen Partei und denen der CDU zum Bürgermeister gewählt; zwei Jahre darauf war er bereits zum stellvertretenden Oberbürgermeister Leipzigs aufgestiegen, 1951 zum stellvertretenden Vorsitzenden der LDP, 1954 zu deren Generalsekretär und schließlich 1967 zum Ersten Vorsitzenden.

Auf den LDPD-Vorsitzenden folgte nun die erste laute Stimme eines namhaften SED-Funktionsträgers, die Reformen einforderte. Es war der von Wolf geschätzte Stellvertretende DDR-Kulturminister Höpcke, der sich in dem Organ der FDJ, »Junge Welt«, zu Wort meldete.[115] Dem Diplom-Journalisten fiel nun der Verfall der schon so lange vor sich hin rottenden Städte des Landes auf. Er bemängelte die fehlende Offenheit insbesondere in der Medienpolitik und kritisierte die Bürokratie.

Einmal mehr Stellung bezog dieser Tage auch Wolf selbst. Bei einer Lesung in der Ost-Berliner Akademie der Künste bastelte er am 21. September wieder an seiner Legende vom geläuterten, demokratischen Sozialisten, wenn er bei dem der Lesung jeweils folgenden Frage- und Antwort-Spiel, wohl auf seine eigene Rolle blickend, meinte: »Neues Denken ist nur politisches neues Denken und politisches neues Denken ist nicht nur Sache der Politiker«; oder, die gegenwärtige Phase der Entwicklung in der DDR im Visier, feststellte: »Wir haben kluge Menschen mit einer eigenen Meinung herangebildet, die fest mit der sozialistischen Alternative verbunden sind, jetzt müssen wir etwas tun, daß mündige Individuen sich auch verwirklichen können.«[116]

Am 25. September formierten sich in Leipzig mehr als fünftausend Menschen zur einer Protestdemonstration, wie sie die DDR seit Jahrzehnten nicht mehr erlebt hatte. Die Demonstranten zogen durch die Innenstadt und veranstalteten im Hauptbahnhof ein Sit-in. Viele derer, die gekommen waren, forderten die Zulassung des Neuen Forum, von der Bärbel Bohley gesagt hatte, die DDR werde nicht drumherum kommen. In den Zeitungen wurde das Neue Forum jedoch weiterhin als »staatsfeindliche Plattform« oder als »Fünfte Kolonne« attackiert. Die mündlich erteilte Ablehnung des Innenministeriums auf den Zulassungsantrag lautete: Keine gesellschaftliche Notwendigkeit für eine solche Vereinigung![117]

Überhaupt hatte es den Anschein, als bunkere sich die SED-

Führung um Honecker immer mehr ein. Nach wie vor völlig unfähig, auf die Herausforderungen zu reagieren, warf sie den Oppositionsgruppen vor, sie wollten den Sozialismus abschaffen. DDR-Ministerpräsident Willi Stoph, Volkskammerpräsident Horst Sindermann, Joachim Herrmann und nicht zuletzt Mielke beschuldigten die Gruppierungen sogar der »Komplizenschaft mit dem Klassenfeind«. In diesem Zusammenhang führten die alten Männer heftige Attacken gegen die Bundesrepublik wegen »propagandistischer und revanchistischer Politik«[118] – gegen eine Bundesrepublik, die für das Ausreise-Desaster verantwortlich gemacht wurde.

Was dieses Thema anging, fand man außerhalb der orthodoxen Kräfte in den Parteien der Nationalen Front kaum noch Unterstützung. Um so dankbarer quittierte man die Äußerungen des Ost-Berliner Generalsuperintendenten Günter Krusche (IM Günther). In einem Rundfunkgespräch unterstrich er die offizielle Haltung der DDR-Regierung, daß es keine Lösung »an den bestehenden Gesetzen vorbei« gebe. »Es darf nicht der Eindruck erweckt werden, als könne man irgendwie an der Rechtsordnung vorbei, also etwa über die Besetzung einer Ständigen Vertretung, einen eigenen Weg gehen.«[119]

Angesichts des starr beibehaltenen Kurses der alten SED-Führung fielen die Äußerungen des Dresdener Ersten Bezirkssekretärs der SED, Modrow, um so mehr ins Gewicht. Er räumte bei einem Besuch in Stuttgart – Ministerpräsident Lothar Späth hatte ihn eingeladen – die Notwendigkeit ein, über die Massenflucht aus der DDR nachzudenken.[120] In diesem Punkt sei er sich »sehr einig mit meinem Freund Mischa Wolf«. Zu den gesellschaftlichen Veränderungen in der DDR gefragt, antwortete Modrow bei einer anderen Gelegenheit, in Kürze werde die DDR den vierzigsten Jahrestag ihrer Gründung begehen, und man werde zu beachten haben, »was sich in den nächsten Tagen in unserem Lande sehr deutlich artikulieren wird«.[121]

Modrow wartete nun auf seine Stunde, während sich weitere Gruppen gründeten und die bereits ins Leben gerufenen immer neue Aktivitäten entwickelten. Am 1. Oktober formierten sich

Regimekritiker und andere in der Samariterkirche in Berlin-Friedrichshain zum Demokratischen Aufbruch. Wie das MfS in einer Information feststellte, müsse dabei in Rechnung gestellt werden, »daß dieses Vorhaben kirchenleitenden Personen der Evangelischen Kirche in Berlin-Brandenburg bekannt ist und von diesen z. T. unterstützt wird. Nach Meinung von Bischof Forck, der sich unter Vorbehalt dieser politischen Bewegung anzuschließen gedenkt, dürfen sich oppositionelle Gruppen vom Staat nicht in die Knie zwingen lassen.«[122]

Pfarrer Eppelmann – mit dem Wittenberger Pfarrer Friedrich Schorlemmer, dem Erfurter Pfarrer Edelbert Richter und anderen einer der Initiatoren des Demokratischen Aufbruch – sprach gegenüber der »tageszeitung« von einem Aufbruch des Volkes.[123] Die einen brächen in den Westen auf, die anderen in die Zivilcourage. Jener zweiten Gruppierung sollte eine politische Orientierung geboten werden – eine oppositionelle Plattform gegen eine SED, die in der weiteren Entwicklung der DDR auch über das Jahrhundert hinaus nicht wegzudenken sei. »Wir sind uns darüber im klaren, daß das eine andere SED sein muß als die, die wir in den letzten Tagen und Wochen erleben.« Gefragt nach der Zielsetzung, nach dem »reformsozialistischen Ansatz« des Demokratischen Aufbruch, antwortete Eppelmann: Dieser sei deshalb in der Programmatik inbegriffen, »weil ein Teil unserer Gruppe, ehemalige Parteigenossen, ihr Mitwirken in unserer Gruppe davon abhängig gemacht haben, daß das Positive im Sozialismus nicht aufgegeben, sondern beerbt wird«.

Einer, den der Pfarrer hier sicherlich nicht ansprach, war der Rechtsanwalt Schnur, der dem von Gregor Gysi geführten Ost-Berliner Rechtsanwalts-Kollegium angehörte. Schnur, der anders als etwa der demokratische Sozialist Schorlemmer früh den Kontakt vor allem zur westdeutschen CDU suchte, der sich fast konservativ gerierte und sich damit alsbald das Vertrauen führender Vertreter der Bundespartei erschlich,[124] arbeitete den Stasi-Akten zufolge über Jahrzehnte hinweg der Bezirksverwaltung des MfS als IM zu, zunächst unter dem Decknamen »Torsten«, später unter dem Pseudonym »Dr. Schirmer«.[125] Als hochdekorierter und für Stasi-Verhältnisse gut entlohnter Spitzen-

IM, über den sich heute in den Archiven der Bundesbehörde für die Stasi-Unterlagen mehr als dreißig Aktenordner finden, war er 1986 auch der Zentrale des MfS in Berlin unterstellt worden. Dort wurde der Synodale Schnur vor allem von der Evangelischen Kirche Berlin-Brandenburg in Gestalt des als IM »Sekretär« geführten Stolpe beauftragt, die Interessen von Inhaftierten aus der Friedens- und Umweltbewegung zu vertreten.

Daß der als Vollwaise in Rostock aufgewachsene Schnur, über dessen Lebensweg relativ wenig bekannt wurde, mit den Perestroikisten um Wolf und Modrow im Bunde war, läßt sich nur vermuten. Darauf hindeuten könnte eine Begebenheit, die sich am 14. März 1990 ereignen sollte: Nachdem Schnur im Zuge seiner Enttarnung als IM des MfS psychisch und physisch zusammengebrochen war und im Krankenhaus lag, besuchte ihn kein Geringerer als der DDR-Ministerpräsident Modrow. Dieser teilte nach der von den Kommentatoren als »menschliche Geste« gewerteten Visite mit, er sei nicht als Ministerpräsident zu Schnur gegangen, sondern »als Hans Modrow«, zu dem er (Schnur) »Vertrauen hat«.[126] Den Inhalt des vertraulichen Gesprächs wissen nur die beiden.

Anfang Oktober 1989, als die ersten Züge mit Botschafts-Flüchtlingen aus Prag die südliche DDR durchquerten, spitzte sich für die Staatsführung die Lage weiter zu. Nachdem in den Westmedien die Routen bekanntgemacht wurden, hatten sich an verschiedenen Streckenabschnitten Menschen eingefunden, die mit den Sonderzügen in die Freiheit gelangen wollten. In Dresden versammelten sich am 4. Oktober Tausende von Menschen am Bahnhof. Immer wieder erschollen Sprechchöre »Wir wollen raus!« oder »Gorbi, Gorbi«. Im Laufe des Abends eskalierte die Situation. Pflastersteine flogen, Demonstranten zerschlugen Bahnhofstüren, versuchten, auf die durchfahrenden Züge aufzuspringen. Erst gegen Mitternacht gelang es der Volkspolizei und den eingesetzten Einheiten der Kampfgruppen und des Staatssicherheitsdienstes, die Demonstranten aus dem Bahnhofgelände abzudrängen. Es gab dabei zahlreiche Verletzte, insgesamt 224 Personen wurden »zugeführt«, wie Verhaftungen im Jargon der DDR-Sicherheitskräfte genannt wurden.[127] Mitverantwortlich für den brutalen Einsatz gegen das unkontrollierte Aufbegehren der zumeist jüngeren Leute zeichnete der Perestroikist Modrow.[128]

Bereits am 2. Oktober, nach Krenz' Rückkehr aus Peking, war dieser von Wolfgang Herger, dem ZK-Abteilungsleiter Sicherheit, gedrängt worden, eine im Vormonat von Peter Miethe und Werner Hübner erarbeitete Erklärung des Politbüros doch endlich dort einzubringen.[129] Sie hatte das Ziel, mit einer Analyse der Situation die Bürger ins Vertrauen zu ziehen. Es galt Lösungswege aufzuzeigen, wie der Sozialismus besser auf die Bedürfnisse und Wünsche der Bevölkerung eingehen, wie Freizügigkeit gewährt werden könnte, ohne den Ausverkauf der DDR zuzulassen. Einer der Verfasser schrieb dazu später: »Wir wollten (...) all das, was seit der Perestroika vorstellbar geworden war, auch in der DDR tun.« Krenz, der auf dem Heimflug gegenüber Vertrauten geäußert hatte, daß sich die Dinge im Lande alsbald änderten,[130] hatte seinerseits einige Notizen für einen ähnlichen Schritt mitgebracht und legte sie Herger nun vor. Vieles traf sich mit dem, was Herger hatte vorbereiten lassen. Die aus beiden Papieren daraufhin entstandene Erklärung blieb jedoch vorerst liegen.[131]

Doch Honecker behielt weiter die Fäden in der Hand. Er ließ den paß- und visafreien Verkehr zwischen der DDR und der Tschechoslowakei aussetzen. Die Folgen meldete Mielke kurz darauf. In seinem Bericht für die Parteiführung hieß es, daß in der Bevölkerung übereinstimmend der Standpunkt vertreten werde, »mit dieser Entscheidung kläre man nicht das Gesamtproblem des massenhaften Verlassens der DDR«.[132] Die Schließung der Grenze werde vielmehr als besorgniserregend charakterisiert, »verbunden mit immer zwingender formulierten Forderungen, die im Inneren der DDR liegenden Ursachen aufzudecken und zu beseitigen«.

Dieses Ziel setzten sich die Vertreter der Bürgerbewegung Demokratie Jetzt, des Demokratischen Aufbruch, der Gruppe Demokratischer SozialistInnen, der Initiative Frieden und Menschenrechte, des Neuen Forum und anderer Organisationen, die am 4. Oktober im Rahmen einer sogenannten »Zukunftswerkstatt« zusammengekommen waren, um Möglichkeiten eines gemeinsamen politischen Handelns zu besprechen. Herausgekommen war dabei eine Erklärung, die zwei Tage darauf in der Ost-Berliner Erlöserkirche vorgelesen wurde.[133] Kern derselben bildete die Forderung, den Menschen in der DDR diejenigen politischen Rechte zu gewähren, wie sie die Menschenrechtskonventionen der Vereinten Nationen und die KSZE-Dokumente verlangten. Dazu gehören sollten freie Wahlen unter der Kontrolle der Vereinten Nationen ebenso wie die Entlassung der politischen Gefangenen.

In den Analysen von Partei und Staatssicherheitsdienst erschienen als Drahtzieher, als Verantwortliche für solche und andere Veranstaltungen einmal mehr »subversive Elemente«, die mit dem westlichen Klassenfeind im Bunde waren. In einer auf den 5. Oktober datierten Information der Partei, an deren Basis es längst zu gären begonnen hatte, hieß es über die »Angriffsrichtungen« dieser »feindlich-negativen Kräfte«, sie konzentrierten sich »neben der Nichtrückkehr von Bürgern und Genossen von Urlaubsreisen in die VR Ungarn und Besuchsreisen in die BRD sowie der Antragstellung auf ständige Ausreise aus der DDR vor allem auf die öffentliche Verbreitung von Hetzschriften«.[134] Deren Hauptinhalte wären »Angriffe auf die führende Rolle der Partei, Verunglimpfungen der sozialistischen Demokratie und unserer sozialistischen Errungenschaften (und) Aufrufe zur Schaffung feindlicher Plattformen und zur Durchführung von Reformen in der DDR«.

Eine solche »feindliche Plattform« sahen die orthodoxen Kommunisten auch in einem Ereignis, das ausgerechnet am Jahrestag der Republik im brandenburgischen Schwante bei Oranienburg stattfand. Am 7. Oktober wurde nämlich im dortigen Pfarrhaus die SDP, wie sich die sozialdemokratische Partei der DDR nannte, gegründet. Mit Unterstützung aus dem Westen hatten die Gründer kaum rechnen können. In der Bonner Baracke, aber auch in der West-Berliner Müllerstraße, hatte man ganz auf den Wandel in der SED gesetzt. Für eine Wiederbelebung beziehungsweise Wiedergründung der SPD – so sagte es Momper im Juni 1989 – sehe er keinen Handlungsbedarf, da die SED »sozialdemokratische Elemente« aufweise und die begründete Aussicht bestehe, daß sich die Einheitspartei der DDR in Richtung auf die SPD entwickle.[135] Anders sah die Dinge der Kurt-Schumacher-Kreis um die Alt-Sozialdemokraten Hermann Kreutzer und Heinz Gerull, die jedoch mit ihren vielfältigen Bemühungen ins Leere liefen. Sie waren es auch, die die ersten Kontakte zu den Gründern der Ost-SPD suchten.[136]

Begonnen hatte alles einige Wochen zuvor, als Pfarrer Markus Meckel aus Vipperow und Niederndodeleben während eines Menschenrechtseminars in der Berliner Golgathakirche am 26. August 1989 ankündigte, was ihn und Pfarrer Martin Gutzeit schon seit längerem beschäftigt hatte.[137] Er verlas einen Aufruf zur Bildung einer »Initiativgruppe zur Bildung einer sozialdemokratischen Partei« der DDR. Von Anfang an dabei – in mannigfacher Gestalt – war freilich auch hier das MfS. Ein bislang nicht enttarnter IMB »Hagen« berichtete detailliert über die damaligen Ausführungen Meckels.[138] Der habe die von der Initiativgruppe angestrebte Politik dahingehend umrissen, daß im Inneren mit dem Stalinismus Schluß gemacht, statt dessen eine »ökologische Demokratie« errichtet werden müsse. »Außenpolitisch wird anerkannt, daß zwei unabhängige deutsche Staaten existieren, die so bestehen bleiben sollen, jedoch einen freundschaftlichen Umgang pflegen sollten.«

In einer abschließenden Bewertung der Vorgänge in der Golgathakirche meldete der IMB »Hagen« seinem Führungsoffizier von der für die Oppositionsgruppen zuständigen Abteilung XX/9, daß Meckels Ankündigung bei den 75 »laut Anmeldungsblättern« Anwesenden »wie eine Bombe eingeschlagen« habe, so daß die Kultureinlagen des Programms zugunsten einer weiteren Erörterung der Dinge abgesagt worden seien. Auch Knud Wollenberger habe seine Gedichte nicht vorgetragen. Am Ende des MfS-Berichts taucht derselbe Wollenberger noch einmal auf, wenn es als Nachtrag zum MfS-Bericht heißt: »Die Information des IMB ›Hagen‹ kann durch die (...) eingegangene Erstinformation des IMB ›Donald‹ (...) bestätigt werden.«[139]

Als Kontaktadressen für weitere Informationen hatte Meckel in der Golgathakirche neben seiner Anschrift auch die der Pfarrer Gutzeit und Arndt Noack sowie die Ibrahim Böhmes[140] (sein richtiger Vorname lautet Manfred) angegeben. Der Adoptivsohn des Bruders des früheren DDR-Hochschulministers Böhme arbeitete seit Mitte der sechziger Jahre unter dem Decknamen »Paul Bongartz« für das MfS im Bezirk Gera. 1976 soll er die SED verlassen haben, mit dem MfS in Händel geraten und vor Gericht gestellt worden sein, um nach viermonatiger Untersuchungshaft – so steht es am Ende seiner Prozeßakte – als IM in den Bezirk Neubrandenburg entlassen zu werden. Dort, in Neustrelitz, arbeitete er unter dem Decknamen »Dr. Rohloff«, ehe Mitte der achtziger Jahre die Berliner MfS-Zentrale »ein weiterführendes Interesse« an Böhme zeigte.

Böhme, nun von der Abteilung XX des MfS als IMB »Maximilian« erfaßt, verschaffte sich bald Zugang zu den sich im Umfeld der Kirchen bildenden Friedenskreisen und fand so den Kontakt zu Meckel, Gutzeit und den anderen. In der Golgathakirche im August 1989 war Böhme dem IMB »Hagen« durch seinen Diskussionsbeitrag aufgefallen: In der DDR müsse eine »stille Revolution« vollzogen werden, deren Anfänge bereits vorhanden wären. Sodann fuhr Böhme mit der überaus bemerkenswerten Feststellung fort: Revolutionen seien auch ohne die Arbeiterklasse als führender Kraft möglich und müßten nicht immer blutig verlaufen.[141]

Beim Gründungsakt im Pfarrhaus von Schwante war Böhme, neben Gutzeit, Noack, Meckel, Stephan Hilsberg, Angelika Barbe und anderen, einer der Sozialdemokraten, die die Urkunde unterschrieben.[142] Auch Geschäftsführer wurde Böhme, der zusammen mit den drei Sprechern die neue Partei führen sollte. Ernst Elitz schrieb in seinen »Deutschen Profilen« über Böhme: »Er konnte plötzlich hart sein und sich durchsetzen. Er konnte andere zusammenstauchen und bei aller Freundlichkeit auch alte Freunde austaktieren.«[143] So sollte der fließend russisch sprechende Böhme[144] schließlich Vorsitzender der DDR-SPD und aussichtsreichster Anwärter für das Amt des Ministerpräsidenten werden.

In dem ersten Statut der SDP vom 7. Oktober bekannte sich diese wie schon im »Aufruf zur Initiativgruppe« zu den »Traditionen des demokratischen Sozialismus«.[145] Der Anhang zum Statut berührte die deutsche Frage. Hierzu hieß es, die Partei anerkenne die Zweistaatlichkeit »als Folge der schuldhaften Vergangenheit«. Zumindest deklamatorisch reihten sich auch die Gründungsväter der SPD der DDR damit in die Front der prosowjetischen Reformkräfte aus dem Apparat ein.

Deren Mentor – der Gast des DDR-Staatsjubiläums Gorbatschow – traf am selben Tag, an dem man im märkischen Schwante die SDP gründete, im nahen Berlin-Niederschönhausener Schloß mit dem Politbüro zusammen, nachdem er bereits mit Honecker und Mittag unter sechs Augen Klartext gesprochen hatte. Ohne jede Emotion stellte er Honecker und dessen Getreuen die rhetorische Frage »Was weiter?«, um dann sofort hinzuzufügen, daß das, »was Genosse Erich Honecker in seiner Rede als Antwort auf diese Frage sagte, (...) natürlich nicht vollständig sein (konnte)«.[146] Zynisch fuhr er fort: »Es war ja nur eine Jubiläumsansprache, in der er sehr wichtige Gedanken auch auf lange Sicht zum Ausdruck brachte.« Doch damit nicht genug, Gorbatschow steigerte sich noch, wenn er anschließend sagte: »Kurz zum Ausdruck gebracht wurde die Notwendigkeit der weiteren gründlichen und tiefgreifenden Veränderungen in der Gesellschaft, was Basis, Überbau und Demokratie betrifft, mit dem Akzent auf die umfangreichere Einbeziehung der Menschen in die vor sich gehenden Prozesse. Ich entnehme daraus, daß die Arbeit zum nächsten Parteitag in vollem Gange ist, zu dem Parteitag, der eine Wende in der Entwicklung des Landes sein und die Perspektiven für die weitere Entwicklung der Gesellschaft bestimmen muß.«

Im folgenden strapazierte Gorbatschow Marx, Lenin und sogar die »uralten Römer«, die von »Brot und Spielen« gesprochen hätten. »Wenn wir diesen Spruch sozusagen vergegenwärtigen, müssen wir sagen: Der Mensch braucht entsprechende materielle Bedingungen, aber er braucht zugleich auch die entsprechende geistige Atmosphäre in der Gesellschaft. Ich halte es für sehr wichtig, den Zeitpunkt nicht zu verpassen und keine Chance zu vertun. Die Partei muß ihre eigene Auffassung haben, ihr eigenes Herantreten vorschlagen«, sagte Gorbatschow, um dann seine schon einmal gegenüber westlichen Pressevertretern ausgesprochene, an die Adresse des Gastgebers gerichtete Drohung zu wiederholen: »Wenn wir zurückbleiben, bestraft uns das Leben sofort.« Krenz berichtete später, Gorbatschow habe dabei aufmerksam in die Runde geblickt, »so als ob er testen wolle, wer ihn wirklich verstanden hatte«.

Honecker blieb nichts anderes übrig, als Michail Sergejewitsch »sehr herzlich für seine Darlegungen« zu danken. Dessen Autorität Rechnung tragend, versicherte er ihm, »daß wir jeden Hinweis beachten, der dazu führen wird, den Sozialismus in der Deutschen Demokratischen Republik auf festeren Positionen zu entwickeln«. Der SED-Generalsekretär erwähnte in diesem Zusammenhang den Umtausch der Parteidokumente, jene breit angelegte Mitglieder-Überprüfung, sprach von der »starken mikroelektronischen Basis auf höchstem Niveau«[147] und der Steigerung der Arbeitsproduktivität, von einer »dritten Schicht« und anderem.[148] Noch einmal dankte er seinem Widersacher Gorbatschow, der schließlich abermals das Wort ergriff, um die Bedeutung der internationalen Zusammenarbeit beider Staaten hervorzuheben.

Honecker wandte sich daraufhin an das versammelte Politbüro: »Haben die Genossen Fragen? Ich glaube, wir sind uns einig!« Gleichwohl stellte sich Hager an die Seite seines Generalsekretärs. Er teilte mit, daß in der kommenden Woche in Moskau DDR-Gesellschaftswissenschaftler mit sowjetischen Genossen zusammenträfen und über Fragen der weiteren Entwicklung des Sozialismus berieten. Gorbatschow antwortete mit einem knappen »sehr gut«. Was folgte, glich einem Rapport. Honecker rief mehrere Politbüro-Mitglieder auf, die dann kurze Erfolgsmeldungen abgaben, die von Gorbatschow jeweils mit einem »sehr gut« oder »Ich weiß Bescheid« quittiert wurden. Zu guter Letzt ging Honecker noch einmal auf das ein, was ihn wohl im Verlauf von Gorbatschows Ausführungen am stärksten beeindruckt hatte. Er sagte: »Wir müssen alle rechtzeitig handeln.«

Während sich die Parteiführer mit ihrem Gefolge zum »Palast der Republik« aufmachten, um dort am Staatsempfang, mit dem die Jubelfeier ihren Abschluß finden sollte, teilzunehmen, versammelten sich am Rande eines Volksfestes auf dem nahen Alexanderplatz auch an diesem 7. des Monats einige Bürgerrechtler, um an die Manipulation der Kommunalwahlen vom 7. Mai zu erinnern. Nachdem Rufe wie »Gorbi hilf uns« und »Freiheit« laut geworden waren, formierte sich durch den Zustrom der Volksfest-Besucher am späten Nachmittag ein Demonstrationszug in Richtung »Palast der Republik«. Kurz davor stießen die Demonstranten – es waren inzwischen mehrere tausend Menschen – auf eine Polizeikette, die das Gebäude abschirmte.

Carl-Heinz Janson, das Mitglied der Wirtschaftskommission des Politbüros, schrieb über diesen letzten, ihm unvergeßlich bleibenden Staatsempfang der Ära Honecker: »Das äußere Gepräge war wie eh und je. Die Säle waren hergerichtet, Speisen und Getränke von angemessener Qualität. Im Großen Saal saßen die hochrangigsten Teilnehmer und Gäste auf den für sie vorgesehenen Plätzen. In den Nebensälen fand man sich zusammen, wie es gerade paßte. Auf allen Etagen ausgewählte Programme mit bekannten Künstlern der ernsten und heiteren Muse, Büfetts und Spezialitäten – und dazu unüberhörbar an der Spreeseite von draußen die Rufe der Demonstranten: ›Freiheit, Freiheit!‹ Es war gespenstisch. Überall herrschte eine gedrückte Stimmung, ein Hauch von Götterdämmerung (...). Es war wie auf der ›Titanic‹. (...) Jeder spürte, daß es fünf Minuten nach zwölf war. Honeckers starrsinniges Beharren auf alten Positionen stand in keiner Beziehung zur Realität. Ausländische Gäste kritisierten den Polizeieinsatz gegen die Demonstranten.«[149]

Diese wurden zunächst in Richtung »Alex« abgedrängt. Als der Zug zum Gebäude der staatlichen Nachrichtenagentur ADN zurückgewichen war, schlugen die inzwischen massiv verstärkten Sicherheitskräfte mit brutaler Gewalt zu, worauf die Menschen in alle Richtungen auseinanderstoben. Gegen kleinere Gruppen kam es auch in den folgenden Stunden, wie etwa vor der Gethsemanekirche, zu schweren Übergriffen. Die Verhandlungen des Berlin-brandenburgischen Bischofs Forck mit den Einsatzführern bewirkten, daß es »nur« Verletzte und keine Toten gab.

Gorbatschows Besuch in Ost-Berlin – der Gast aus Moskau

fuhr nach dem Empfang im Palast der Republik am Abend des 7. Oktober zum Flughafen Schönefeld, um von dort in die sowjetische Hauptstadt zurückzufliegen – war der letzte Akt der mit der ungarischen Grenzöffnung eingeleiteten Demontage Honeckers, denn der so aufgebaute Druck mußte Krenz zum Handeln zwingen. War es am 7. Oktober nicht nur in Berlin, sondern auch in Leipzig, Dresden, Karl-Marx-Stadt, Halle, Erfurt und Potsdam zu Demonstrationen gekommen, so nahmen diese in den darauffolgenden Tagen noch nie gekannte Ausmaße an.

In Leipzig gingen am 9. Oktober nach dem allwöchentlichen Friedensgebet in der Nikolaikirche mehrere zehntausend Menschen auf die Straße. »Wir sind das Volk« oder immer wieder »Gorbi, Gorbi« skandierten die vom Besuch des Sowjet-Führers ermutigten Massen. Über Lautsprecher des Stadtfunks wandten sich der Chefdirigent des Gewandhauses, Kurt Masur, der Pfarrer Peter Zimmermann, der Kabarettist Bernd-Lutz Langer und drei Sekretäre der Bezirksleitung der SED mit der Bitte an die Demonstranten, Ruhe und Besonnenheit walten zu lassen, damit der freie Meinungsaustausch über die Weiterführung des Sozialismus in friedlichem Dialog nicht gefährdet würde.

Da die Situation besonders im Süden des Landes außer Kontrolle zu geraten drohte, rief der Mitbegründer des Demokratischen Aufbruch, Eppelmann, dazu auf, fortan von nicht genehmigten Demonstrationen auf den Straßen abzusehen. Seinem Appell schlossen sich auch Bischof Forck, Konsistorialpräsident Stolpe und andere Kirchenfunktionäre und Würdenträger an.[150] Als Motiv für ihr Handeln führten sie die Sorge vor einem gewaltsamen Eingreifen der bewaffneten Organe an, das zwangsläufig zu einem Blutbad geführt hätte. Die Unnachgiebigkeit Honeckers schien derartige Befürchtungen zu rechtfertigen, hatte dieser doch am Rande eines Treffens mit dem Stellvertretenden chinesischen Ministerpräsidenten Yao Yilin die Führungsrolle der SED bekräftigt und die Fortsetzung des gegenwärtigen Kurses angekündigt. Die DDR werde bei der »Vervollkommnung des Sozialismus unbeirrt voranschreiten«, hieß es,[151] obwohl die Informationen des MfS eine Kurskorrektur dringend erforderlich erscheinen ließen. So war in einem für

Politbüromitglied Mielke bestimmten Papier die Rede davon, daß »viele Werktätige einschließlich zahlreicher Mitglieder und Funktionäre der Partei« ganz offen darüber sprächen, daß die Partei- und Staatsführung nicht mehr in der Lage und fähig sei, die Situation real einzuschätzen und entsprechende Maßnahmen für die dringend notwendigen Veränderungen durchzusetzen.[152]

In Dresden, wo ebenfalls Tausende auf die Straßen gegangen waren, kam es am 10. Oktober zu ersten Gesprächen zwischen dem Oberbürgermeister Wolfgang Berghofer (GMS »Wolfgang«) – einem Modrow-Mann und früheren Anhänger des sowjetischen Perestroika-Kurses – und den Protestierenden. Der Dialog, der auf Anregung des sächsischen Landesbischofs Johannes Hempel und des Dresdener Superintendenten zustande gekommen war, markierte die offene Abkehr der SED-Bezirksleitung vom Kurs des Ost-Berliner Politbüros. Berghofer maß der Angelegenheit, in deren Folge fünfhundert von den Sicherheitskräften »zugeführte« Demonstranten aus der Haft entlassen wurden, »fundamentale Bedeutung« bei.[153]

Als die Parteiführung, die für das harte Durchgreifen und die Verbringung von Demonstranten in provisorisch vorbereitete Verwahrorte mitverantwortlich gezeichnet hatte, unter dem Eindruck der Ereignisse zurückwich, wandte sich der Leiter der MfS-Bezirksverwaltung, Generalmajor Horst Böhm, an Modrow.[154] Dem »lieben Hans!« schrieb er, daß die Aufzüge der vergangenen Tage seines Erachtens »eindeutig« einen Charakter trügen, »der aufwiegelte, auf noch größere Massenwirksamkeit abzielt, die ja auch tatsächlich erreicht wurde, und im Kern darauf gerichtet waren, erheblichen Druck auf Partei und Staat auszuüben«. Ehe sich Böhm mit »herzlichen Grüßen und fester Verbundenheit« empfahl, riet er Modrow, gewisse Ausschreitungen »in unserem Sinne« agitatorisch und propagandistisch zu nutzen.

Am 10. und 11. Oktober – während sich das Neue Forum mit einem Dialog-Angebot an die SED-Führung wandte – tagte in Ost-Berlin das um die Bezirkssekretäre erweiterte Politbüro, wo führende Gefolgsleute Honeckers von diesem Zugeständnisse verlangten. Bereits am 9. Oktober hatte Krenz mit dem Generalsekretär über den Entwurf der von ihm mitverantworteten und als politisch wichtig angesehenen Erklärung gesprochen. Honecker hatte jedoch kein Einsehen gezeigt, sondern Krenz gedroht, »es sei dessen politisches Ende«, wenn er die Erklärung doch im Politbüro einbrächte.[155]

Während der Sitzung am 10. Oktober wurde der Generalsekretär darauf aufmerksam gemacht, daß sich die Anzeichen für Streiks in den Betrieben mehrten. Eindringlich wurde er gemahnt, keine Zeit mehr zu verlieren. Die Partei dürfe sich nicht das Heft aus der Hand nehmen lassen, sondern müsse endlich die immer dringlicher werdenden Fragen der Menschen beantworten. Planungschef Schürer führte dem Politbüro das wirtschaftliche Fiasko der DDR ungeschminkt vor Augen: Die Verschuldung sei von zwei Milliarden Valutamark im Jahr 1970 auf vierzig Milliarden im Jahr 1989 angestiegen. In Wirklichkeit war sie freilich noch höher.[156]

Alles in allem standen die Politbüro-Mitglieder zu diesem Zeitpunkt noch hinter dem ungehalten reagierenden Honecker. Mit drei Ausnahmen soll gleiches auch für die Bezirkssekretäre gegolten haben, die mehrheitlich die Auffassung vertraten, daß es noch möglich sei, die Situation in den Bezirken zu meistern. Die Abweichler traten hingegen mit einer klar abgestimmten Konzeption auf. Ihr Wortführer war Modrow, der nach Aussage Honeckers bei der Beurteilung der Situation sehr »zugespitzt« gegen den Generalsekretär aufgetreten sei.[157]

In der Honecker abgerungenen und beschlossenen Erklärung des Politbüros,[158] die am 11. Oktober nach der Krisensitzung veröffentlicht wurde, sprach die SED nun erstmals von »notwendigen Erneuerungen«. Wörtlich hieß es: »Der Sozialismus braucht jeden. Er hat Platz und Perspektive für alle. Er ist die Zukunft der heranwachsenden Generationen. Gerade deshalb läßt es uns nicht gleichgültig, wenn sich Menschen, die hier arbeiteten und lebten, von unserer Deutschen Demokratischen Republik losgesagt haben.« In der Erklärung, in der der Bundesrepublik vorgeworfen wurde, sie mische sich völkerrechtswidrig in die inneren Angelegeneiten der DDR ein, wurden sodann für die nächste Tagung des ZK Vorschläge »im Sinne unserer strategischen Konzeption von Kontinuität und Erneuerung« angekündigt. Alle Meinungsäußerungen für einen attraktiven Sozialismus in der DDR seien dafür wichtig, hieß es.

Wurde in der Erklarung, mit der Honecker und seine Riege nun überstürzt zu retten suchten, was zu retten war, angekündigt, sich fortan der Diskussion stellen zu wollen, so war dies offenbar auch auf die Nachrichten Hagers zurückzuführen, der sich, während das Politbüro tagte, in Moskau aufhielt. Unter dem Eindruck seiner dortigen Gespräche – im Rahmen einer Konferenz deutscher und sowjetischer Gesellschaftswissenschaftler über die Zukunft des Sozialismus – zeigte sich auch der neben Honecker hartnäckigste Gegner der sowjetischen Reformpolitik nun bedingt konzessionsbereit. In einem Gespräch mit der sowjetischen Wochenzeitung »Moskowskije Nowosti«, das am 11. Oktober in einer Zusammenfassung über »Radio DDR 1« verbreitet wurde, sagte Hager, man müsse darüber reden, wie man jene Impulse umsetzen könne, die das Leben gebe.[159]

Wohin diese Reformen jedoch keineswegs führen dürften und was bei Reformen, denen eine Eigendynamik immanent sei, stets im Auge behalten werden müsse, zeigte mahnend ein anderer auf: der Direktor der Akademie für Gesellschaftswissenschaften beim ZK der SED, Reinhold. Einem Appell gleich, wiederholte der Honecker-Gefährte in einem Gespräch mit der (Ost-)»Berliner Zeitung« seine These, daß die DDR »nur als antifaschistisch-sozialistischer deutscher Staat« denkbar sei.[160] Als kapitalistischer Staat neben der kapitalistischen Bundesrepublik habe die DDR keine Existenzberechtigung. Einmal mehr hatte Reinhold damit die aus seiner Sicht – wie die Zukunft zeigen sollte – überaus begründeten Urängste der Honecker-Fronde zum Ausdruck gebracht – Urängste, denen letztendlich ein entscheidender Anteil an der Ablehnung des Perestroika-Kurses zukam.

Die Reformen und vieles, was damit zusammenhing, spielten auch bei dem Treffen Honeckers mit den Vorsitzenden der Blockparteien, mit Gerlach (LDPD), Götting (CDU), Günther Maleuda (DBD), Heinrich Homann (NDPD) und dem Präsidenten des Nationalrates der Nationalen Front, Lothar Kolditz, am 13. Oktober eine zentrale Rolle. Honecker bekräftigte noch einmal seine Absicht, auf der kommenden Tagung des ZK die Reformvorschläge der SED zu unterbreiten. Gleichzeitig appellierte er an die Solidarität seiner Gesprächspartner. »Gemeinsam gilt es Antwort zu finden, wie wir die nicht leichten Herausforderungen der neunziger Jahre bestehen, um mit einer starken sozialistischen DDR die Schwelle zum nächsten Jahrtausend zu überschreiten.«[161]

Die Vorsitzenden der Blockparteien stimmten mit der SED überein – so stand es im »Neuen Deutschland« –, die Gründe für den Exodus Abertausender Menschen aus der DDR in den Westen auch bei sich zu suchen.[162] Sie hätten aber zugleich hervorgehoben, daß viele von denen, die die Republik verlassen hätten, »Opfer einer beispiellosen gegen die DDR gerichteten Hetzkampagne geworden sind, mit der der Imperialismus der BRD den Sozialismus als wichtigsten Rückhalt für Frieden und Sicherheit in Europa aus den Angeln zu heben versucht«. Man werde sich von jenen im eigenen Lande abzugrenzen haben, die sich für Attacken gegen den Sozialismus mißbrauchen ließen. Obwohl eine grundsätzliche Dialogbereitschaft erklärt wurde, sollte jedoch auch in Zukunft das Gespräch mit den regimekritischen Gruppen ausbleiben, denn es hieß: »Wir verfügen über ein umfassendes System sozialistischer Demokratie, das es jedem möglich macht, an der Erörterung und Lösung gesellschaftlicher Fragen mitzuwirken.«

Von einem »festen Bündnis« zwischen Honeckers Politbüro und den Vorsitzenden der Blockparteien, wie es die Berichterstattung des »Neuen Deutschland« vorgaukelte, konnte freilich keine Rede sein. Gerlach hatte sich erst vor wenigen Tagen erneut mit der Forderung nach radikalen Reformen an die Öffentlichkeit gewandt. Maleuda betrieb hinter den Kulissen ebenso einen Anti-Honecker-Kurs, und der innerparteilich geschwächte Homann suchte den Moskauer Zeichen der Zeit Rechnung zu tragen. Der CDU-Vorsitzende Götting, dessen Demontage bereits im vollen Gange war, tat es nicht anders. In der »Neuen Zeit«, dem Organ seiner Partei, verlangte er den

»Dialog, die umfassende Volksaussprache« mit jedem, der »auf dem Boden unserer sozialistischen Gesellschafts- und Rechtsordnung steht«.[163] Den »Brief aus Weimar«, deren Autoren er zu bekämpfen suchte, bezeichnete Götting in seinem Zeitungsbeitrag sogar als »Anstoß« dafür, »daß unsere Partei ihr Profil als politische Partei von Christen unverwechselbar zeigt und noch deutlicher zur Geltung bringt«.

Von der Opposition innerhalb der Bürgerbewegung waren unterdessen die Ankündigungen der SED-Führung und anderer staatstragender Kräfte »leicht optimistisch« aufgenommen worden, jedoch hatte man beklagt, daß »die Strukturen und Personen gleich bleiben«.[164] Für die Evangelische Kirche in der DDR war die Erklärung des Politbüros hingegen bereits zu einem »wichtigen Schritt« nach vorne geraten.[165] Die zurückhaltende Zuversicht war nicht zuletzt durch die vom Politbüro beschlossene und am 13. Oktober bekanntgegebene Freilassung sämtlicher festgenommener Demonstranten genährt worden, aber auch durch die Erteilung einer Ausreisegenehmigung für etwa tausend Flüchtlinge aus der Warschauer Botschaft Bonns.

Honeckers und des Politbüros Kalkül, Zeit zu gewinnen, um die Lage im Lande zu entspannen, schien für einen Augenblick lang sogar aufzugehen. Die Gesprächsverweigerung mit der Opposition und eine peinliche Enthüllung ließen die Dinge dann doch weiter eskalieren. So war aus dem Parteiapparat ein internes Papier an die Öffentlichkeit gespielt worden, in dem der SDP, dem Demokratischen Aufbruch, Demokratie Jetzt, vor allem aber dem Neuen Forum vorgeworfen wurde, die Geschäfte der Feinde des Sozialismus zu betreiben.[166] Mehr noch: In dem Papier wurden die Oppositionsgruppen nach wie vor als Komplizen des Klassenfeindes bezichtigt, wenn es hieß: Die Gründung dieser Gruppierungen »geschieht nicht zufällig zur gleichen Zeit, da maßgebliche imperialistische Kräfte mit einer haßerfüllten Kampagne gegen die DDR den Sozialismus diffamieren und Zweifel an seiner Perspektive verbreiten«.

Hatte der Mitbegründer des Demokratischen Aufbruch, Eppelmann, nach der Erklärung des Politbüros gesagt, daß die nächsten Tage zeigen müßten, was die Menschen in der DDR von der Zukunft zu erwarten hätten,[167] so schien die Enthüllung nun Klarheit geschaffen zu haben. Der aus dem SED-Apparat stammende Mitinitiator des Neuen Forum, Rolf Henrich, schrieb dazu, die SED-Führung bemühe sich, »alternatives Handeln als staatsfeindliche Tätigkeit zu kriminalisieren«[168] – eine Erkenntnis, die zu Allgemeingut wurde.

Die Menschen, die nun in immer größerer Zahl auf die Straßen gingen, sahen sich durch solche und andere Enthüllungen einmal mehr darin bestätigt, daß von Honecker und seinem Politbüro keine maßgeblichen Veränderungen zu erwarten seien. Die ohnehin zunehmend an Eigendynamik gewinnende Entwicklung wurde so nur noch forciert: Am Montag, dem 16. Oktober, waren es mehr als hunderttausend, die allein in Leipzig gegen das Regime und für Reformen demonstrierten. Sie zogen unbehelligt von den Sicherheitskräften jetzt auch mit Transparenten und Plakaten durch die Innenstadt. Zum ersten Mal berichtete jetzt sogar ADN über die friedlichen Demonstrationen.[169] In einem Kommentar der Nachrichtensendung »Aktuelle Kamera« hieß es im sichtlichen Bemühen, das, was vom Politbüro als Dialogbereitschaft verkauft worden war, als vielversprechenden Anfang aufzuwerten, die Demonstrationen seien »ein Signal, die begonnene Aussprache noch tiefgründiger, noch entschlossener, noch ergebnisorientierter zu führen«.[170]

In Dresden zogen am selben Tag zehntausend vor das Rathaus, um etwas über die Ergebnisse des zweiten Gesprächs zwischen Oberbürgermeister Berghofer, Oppositionellen und Kirchenvertretern zu erfahren. Berghofer zeigte sich an einem Fenster und kündigte an, daß am darauffolgenden Tage die Bürger der Stadt in fünf Kirchen informiert würden. Obgleich sich der Chef der Dresdener Bezirksleitung des MfS, Böhm, schon im Vorfeld warnend an Modrow gewandt hatte, sicherte Berghofer laut ADN darüber hinaus zu, daß jedermann »künftig im Rahmen der Verfassung die demokratischen Möglichkeiten der Stadtverordnetenversammlung nutzen könne«,[171] was immer das heißen mochte.

Nicht zuletzt dadurch, daß sich weiterhin Tausende über Ungarn beziehungsweise über die Bonner Botschaften in Warschau und Prag in den Westen absetzten, geriet die Honecker-Führung, von der das Präsidium des Schriftstellerverbandes schon am 11. Oktober »radikale Reformen« verlangt hatte,[172] zunehmend ins Schlingern. In einer für das Politbüro bestimmten »Information« bilanzierte das MfS am 16. Oktober die Lage folgendermaßen: In Meinungsäußerungen hätten »äußerst kritische Auffassungen« an Umfang und Intensität zugenommen. Es sei zu »direkten Angriffen« auf die Partei- und Staatsführung der DDR gekommen. »Vor allem Personen aus dem Bereich Kunst und Kultur, Angehörige der Intelligenz und Studenten, anwachsend aber auch Arbeiter und andere Werktätige in Kombinaten und Betrieben, darunter langjährige Mitglieder der SED und andere progressive Kräfte sowie Mitglieder und Funktionäre von befreundeten Parteien treten in diesem Sinne auf. Die Verantwortung für die innenpolitische Lagezuspitzung in der DDR wird von o.g. Personenkreisen weitgehend der Parteiführung der SED angelastet. Sie habe durch eine uneinsichtige Haltung und starres Festhalten an einer offensichtlich nicht umsetzbaren politischen Linie nicht wirksam auf die Zuspitzung der politischen Entwicklung in der DDR, insbesondere seit August diesen Jahres, reagiert und damit schweren politischen Schaden für die SED und die DDR herbeigeführt (...).«[173]

Diese Situation nötigte Krenz schließlich, die Initiative zu ergreifen, wollte er seine Chance, zum mächtigsten Mann des SED-Staates zu avancieren, nicht ein für allemal verspielen. Vor der Routinesitzung des Politbüros am 17. Oktober hatte er daher im engen Zusammenwirken mit Mielke, Stoph und Schabowski, die ebenfalls fürchteten, an des Generalsekretärs Seite unterzugehen, in alter stalinistischer Tradition Honeckers Absetzung beschlossen. Schabowki beschrieb den Beginn der denkwürdigen Sitzung, mit der eine Ära enden sollte, später so: »Honecker sprach wie üblich einige einleitende Worte und wollte zur Tagesordnung übergehen, als Stoph ihn unterbrach. Stoph sagte, daß er eine Änderung der Tagesordnung vorschlagen möchte und daß man als ersten Punkt über die Absetzung des Generalsekretärs sprechen sollte. Honecker hat darauf mit einem steinernen Gesicht reagiert. Er ließ die Debatte zu.«[174]

Nacheinander erteilte nun Honecker – seiner späteren Schilderung zufolge – den Politbüro-Mitgliedern das Wort.[175] Peinlich berührt habe Alfred Neumann gesagt, »es wäre doch das Beste für Partei und die Republik, diesem Antrag die Zustimmung zu geben«. Hager, des Generalsekretärs treuester ideologischer Gefolgsmann, soll darauf hingewiesen haben, daß in Kreisen der Intelligenz das Vertauen in die Partei unter seiner (Honeckers) Führung rapide geschwunden sei. Siegfried Lorenz habe an alte Zeiten an Honeckers Seite erinnert, aber von der Notwendigkeit eines Führungswechsels gesprochen. So soll es eine Weile weitergegangen sein, ehe sich Krenz von seinem Stuhl erhoben und verabredungsgemäß erklärt habe, er sei bereit, die Nachfolge Honeckers anzutreten.

»Nachdem ich die Situation sah, war für mich ganz klar, daß ich zukünftig in einem solchen Kollektiv nicht mehr arbeiten konnte«, stellte Honecker später fest und unterschlug dabei das für ihn Bitterste.[176] Nicht nur sein »Ziehsohn« Krenz, sondern auch Mittag hatte sich von ihm abgewandt. Der versuchte vergeblich, wie schon beim Sturz Ulbrichts, die Seiten zu wechseln.[177] Ähnlich verhielt sich Honeckers alter Weggefährte Mielke. Auch er wollte sich angesichts der neuen Kräftekonstellationen in der Zukunft seinen Platz sichern und attackierte den sich gegen seine Entmachtung Sträubenden heftig. Und als dieser eine Regung zeigte, die Mielke signalisierte, »er solle die Klappe nicht so weit aufreißen«, schrie der Minister für Staatssicherheit, »er würde noch einmal auspacken und erzählen, da würden wir uns noch wundern«.[178]

Mielke hob damit auf den Inhalt eines roten Koffers ab, der sich jahrzehntelang in seinem Privatarchiv befunden hatte, das in einem Tresor seines Büros in der Ost-Berliner Normannenstraße untergebracht war. Bei dem später bekanntgewordenen Aktenkonvolut des roten Koffers handelte es sich um Dokumente aus Honeckers nationalsozialistischer Haftzeit im Zuchthaus Brandenburg-Görden. Aus ihnen ging hervor, daß dieser zumindest passiv mit der Geheimen Staatspolizei Hitlers zusammengearbeitet hatte,[179] um als Gefangener unter unmenschlichen Haftbedingungen zu überleben. Wenn sich solches auch einer moralischen Wertung entzog, so hätte es doch bei Bekanntwerden zumindest den in der SED-Propaganda zum antifaschistischen Helden stilisierten Generalsekretär vom Sockel gestoßen.

Offenbar trug die Drohung Mielkes dazu bei, daß Honecker schließlich selbst die Hand hob, als über seine Absetzung abgestimmt wurde. Ebenfalls ohne Gegenvoten wurde die Entlassung der Politbüro-Mitglieder Herrmann und Mittag beschlossen. Am Tag darauf, am 18. Oktober, tagte das 9.ZK-Plenum. In seiner Rede »zur aktuellen politischen Lage und den Aufgaben der Partei« ging Krenz auf die Situation im Lande ein und offerierte Korrekturabsichten, jedoch keine konkreten Vorschläge in Richtung eines Ausweges aus der Krise.[180] Bei der daraufhin einsetzenden Diskussion versuchten die Wolf-Vertrauten Modrow und Moritz Mebel über die Bemerkungen von Krenz hinauszugehen und den Ernst der Lage zu verdeutlichen. Andere, wie etwa Hager, wandten sich dagegen und erreichten mit der hinter Krenz stehenden Mehrheit des ZK den Abbruch der Debatte.

Zuvor hatte das ZK-Plenum neben den beiden anderen Abgesetzten Honecker seiner Funktionen enthoben. In der offiziellen Mitteilung hieß es, es sei sciner Bitte entsprochen worden, »ihn aus gesundheitlichen Gründen von der Funktion des Generalsekretärs des ZK der SED, vom Amt des Vorsitzenden des Staatsrates der DDR und von der Funktion des Vorsitzenden des Nationalen Verteidigungsrates der DDR zu entbinden«.[181] Zum Nachfolger Honeckers sei Krenz gewählt worden, dem zu diesem Zeitpunkt offenbar noch nicht klar war, daß er nur eine Übergangslösung sein sollte,[182] um anderen den Weg zur Macht zu ebnen.

Krenz' Gefolgsmann Schabowski schrieb darüber: »Unser Verschwörerhäuflein im Politbüro hatte zwar Honecker gestürzt, aber wir waren nach Meinung einiger Selbsterwählter die falschen Leute. Für die Berufenen hielt sich der Freundeskreis um Wolf, zu dem Modrow und sicher auch Berghofer, der Dresdener Oberbürgermeister, gehörten.« Die »Dresdener Runde« sei kein »provinzielles Politkränzchen« gewesen, sondern habe frühzeitig über

»eine mächtige Rückendeckung« verfügt.[183] Schabowski füllt damit Honeckers nebulöse Erklärung mit Inhalt. Der sagte: »Mein Sturz als Partei- und Staatschef war das Ergebnis eines großangelegten Manövers, deren Drahtzieher sich noch im Hintergrund halten. Diejenigen, die sich heute mit dieser Tat brüsten, sind dagegen kleine Fische. Hier handelt es sich um große Vorgänge, die nicht von heute auf morgen eintraten, sondern um langfristig angestrebte Veränderungen auf der europäischen Bühne, ja auf der Weltbühne.«[184]

3. Krenz versucht zu retten, was zu retten ist

Egon Krenz gab sich alle Mühe, als er sich am Abend des 18. Oktober über beide DDR-Fernseh-Kanäle an die »lieben Genossinnen und Genossen« wandte.[1] Gern wäre er als großherziger Staatsmann aufgetreten, aber seine langatmige Rede, die er schon am Nachmittag den Mitgliedern des ZK vorgetragen hatte, entsprach dann doch den ohnehin geringen Erwartungen, die man in den neuen Mann gesetzt hatte. Von »Wende«, von der »Wiedererlangung der Initiative«, gar von »politischer und ideologischer Offensive« sprach er. »Ohne Zaudern« wolle die Partei auf dem Weg fortschreiten, der mit der Erklärung des Politbüros vom 11. Oktober eingeschlagen worden sei.

Der Honecker-Nachfolger machte jedoch auch deutlich, daß der »Sozialismus auf deutschem Boden« nicht zur Disposition stehe, und daß es für den von der SED angestrebten Dialog zwei Voraussetzungen gebe. Erstens: »Alles worüber wir uns einig sind und worüber wir uns streiten, muß eindeutig in seinem Ziel sein: den Sozialismus in der DDR weiter auszubauen, die sozialistischen Ideale hochzuhalten und keine unserer gemeinsamen Errungenschaften preiszugeben.« Zweitens: »Unsere sozialistische deutsche Republik ist und bleibt ein souveränes Land. Wir lösen unsere Probleme selbst.«

Unmißverständlich brachte Krenz, wie vor ihm Honecker, zum Ausdruck, daß er nicht daran denke, mit den oppositionellen Gruppierungen einen gleichberechtigten Dialog aufzunehmen, da die DDR über genügend demokratische Foren verfüge. Er drohte jenen, die die »breite Entfaltung der sozialistischen Demokratie« als Freibrief für verantwortungsloses Handeln nähmen, und verkündete mit Reminiszenz an Gorbatschow: »Wir haben die Zeichen der Zeit zu erkennen und entsprechend zu reagieren, sonst wird uns das Leben dafür bestrafen. Diese Erfahrung der sowjetischen Kommunisten, auf die unser Kampfgefährte Michail Gorbatschow zum DDR-Jubiläum hingewiesen hat, wird uns in unserer künftigen Arbeit begleiten.«

Zum Thema »Reformen« brachte er allerlei Deklamatorisches vor, konkret stellte er lediglich eine Rücknahme der Reisebeschränkungen ins benachbarte sozialistische Ausland und eine neue Regelung für Reisen in das »nichtsozialistische Wirtschaftsgebiet« in Aussicht. Das Politbüro – so Krenz – habe der Regierung den Vorschlag unterbreitet, einen entsprechenden Gesetzentwurf vorzubereiten. Es müsse aber gesagt werden, daß die Weigerung der Bundesrepublik, die Staatsbürgerschaft der DDR uneingeschränkt zu akzeptieren, ein sehr ernstes Hindernis »für die Verwirklichung der von uns in Aussicht genommenen Schritte für den Reiseverkehr in die BRD, nach Berlin (West) und in andere kapitalistische Staaten« bleibe.

Zu den ersten Maßnahmen des Honecker-Nachfolgers gehörte die Instruktion der Vorsitzenden der Blockparteien und der Repräsentanten der Massenorganisationen. Am 18. Oktober, kurz nach der ZK-Sitzung, war er mit ihnen zusammengetroffen. Ob sich Männer wie Gerlach oder Maleuda noch instruieren beziehungsweise einbinden ließen, blieb auch für Krenz zunächst fraglich, wenngleich es in der Presseverlautbarung in alter Manier stereotyp hieß, man habe übereingestimmt, »im vertrauensvollen Meinungsaustausch neue Gedanken in die Zusammenarbeit des zentralen demokratischen Blocks und aller in der Nationalen Front vereinten gesellschaftlichen Kräfte einzubringen«.[2]

Um seine Verbundenheit mit den Werktätigen zur Schau zu stellen, gehörte auch ein Besuch beim Ost-Berliner Werkzeugmaschinen-Kombinat »7. Oktober« zu seinen ersten Amtshandlungen. Wie das »Neue Deutschland« meldete,[3] sei es bei den Gesprächen mit den Arbeitern um deren »Bereitschaft zu aktivem Mittun bei den vordringlichen politischen wie ökonomischen Problemen, über scharfe Kritik an Mängeln, über das vieldiskutierte Leistungsprinzip und die Produktion bei bestmöglicher Qualität bis zu zahlreichen persönlichen Anliegen« gegangen. Bemüht, Dialogbereitschaft zu demonstrieren, sprach Krenz auch von der Wichtigkeit, Probleme, die erkannt seien, gemeinsam und mit Besonnenheit konstruktiv zu lösen.

In der Arbeiterschaft, vor allem aber bei den Genossen an der

Parteibasis, begegnete man den Veränderungen in der SED-Führung nicht nur mit einer gewissen Erwartungshaltung, sondern auch mit Zweifeln und Skepsis. »Wie sieht es mit dem Gesundheitszustand des Genossen Krenz aus? Der Kaderwechsel ist gut und schön, aber damit ist noch keine Änderung erreicht. Damit ist noch nicht alles gelöst, sondern es ist der Anfang getan«, hieß es in einem Stimmungsbericht der SED-Bezirksleitung Dresden,[4] in dem unter anderem auf die hohe Zahl von Parteiaustritten hingewiesen wurde. So hätten in der Zeit vom 1. September bis 18. Oktober 1989 im Bezirk 3481 Genossen, darunter Kandidaten und Mitglieder von Kreisleitungen, der SED den Rücken gekehrt.

Weniger ambivalent reagierte die sogenannte »Intelligenz«, aus deren Reihen seit Gorbatschow die meisten Anhänger des radikalen reformkommunistischen Kurses kamen. So hatte das MfS am 12. Oktober über eine Veranstaltung der Sektion Kultur- und Kunstwissenschaften der Berliner Humboldt-Universität berichtet, an der mehrere hundert Studenten und Wissenschaftler aus allen Fachbereichen teilnahmen.[5] Dort seien rigorose Forderungen gestellt worden, die bis hin zur Abschaffung des »demokratischen Zentralismus« reichten. Die Diskussion nahm Ausmaße an, die offenbar selbst hartgesottene »Tschekisten« schreckten. So seien die »eingesetzten gesellschaftlichen Kräfte« – es handelte sich dabei um eine besondere Form von Inoffiziellen Mitarbeitern – »weitestgehend wirkungslos geblieben«. An anderer Stelle des MfS-Berichts mußte vermerkt werden, daß es dem Ersten Sekretär der FDJ-Kreisleitung der Hochschule trotz mehrfacher Bemühung nicht gelungen sei, während der Veranstaltung das Wort zu ergreifen.

Aus einer Information des MfS zu den Reaktionen des Lehrkörpers an der theologischen Sektion der Humboldt-Universität auf Krenz' Machtübernahme geht hervor, daß nur eine kleine Zahl von Theologen »spontan ihre positiven Erwartungen in Bezug auf baldige Lösungen von Konflikten« geäußert habe.[6] Anders als die Studenten, die distanzierter reagierten, hätten die Lehrkräfte das von Krenz dargelegte Programm immerhin »als gut und mitvollziehbar« bezeichnet. Gleichwohl sei gefragt worden, ob die »Kraft der Argumente und Angebote ausreichend sei, die negative Bewegung aufzuhalten«. Einig war man sich jedoch darin, daß in Krenz' Rede der Kirche eine »echte Chance« eingeräumt worden sei.

Auf Initiative Stolpes und des Magdeburger Bischofs Demke kam es noch am späten Abend des 18. Oktober zu einem Treffen mit den beiden weiteren zu diesem Zeitpunkt in Ost-Berlin anwesenden Mitgliedern des Vorstandes der KKL: mit dem Vorsitzenden des Bundes der Evangelischen Kirche der DDR, dem thüringischen Landesbischof Leich und Oberkirchenrat Ziegler, dem Leiter des Sekretariats des Kirchenbundes.[7] Stolpe und Demke begründeten die Notwendigkeit einer solchen Zusammenkunft damit, daß man auf die Rede von Krenz »unbedingt reagieren« müsse und dies eine Umarbeitung der kirchlichen Gesprächskonzeption für das seit längerem auf den 19. Oktober festgelegte Spitzengespräch notwendig mache. Mit anderen Worten, Stolpe und Demke fürchteten, die Entwicklung könne bei einem unter den neuen Bedingungen fortgesetzt offensiven Kurs der Kirchenleitung außer Kontrolle geraten, weshalb sie eine moderatere Gangart eingeschlagen wissen wollten.

In einem Bericht des MfS über den Verlauf des nächtlichen Vierer-Treffens heißt es: »Landesbischof Leich sei zunächst uneinsichtig und unrealistisch gewesen und wollte auf seinen alten Positionen und Forderungen beharren.[8] Erst nach längerer kontroverser Diskussion konnte eine neue Rede-Disposition für Landesbischof Leich erarbeitet werden. Darin sei beabsichtigt, die Chance für einen ›Neubeginn‹ voll zu nutzen und sich keinerlei Wege für neue Staat-Kirche-Gespräche zu verbauen.«

Am darauffolgenden Nachmittag trafen in Schloß Hubertusstock in der Schorfheide die vier Kirchenmänner mit Krenz zusammen, dem daran lag, das Verhältnis zur Evangelischen Kirche und damit letztlich auch die Krise im Lande zu entschärfen.[9] Begleitet wurde der Honecker-Nachfolger von Politbüromitglied Jarowinsky, dem unter anderem für Kirchenfragen zuständigen ZK-Sekretär, sowie vom Staatssekretär für Kirchenfragen, Löffler. Da man sich kannte und einmal ein gutes Verhältnis gepflegt hatte, das lediglich durch Honeckers Anti-Perestroika-

Kurs gestört worden war, fand man rasch zueinander, wenngleich es dabei aus kirchlicher Sicht ganz und gar nicht um die Stärkung der Person Krenz', sondern um die Bewahrung und weitere Ausgestaltung des Verhältnisses von Christen und Marxisten in einer sozialistischen und eigenständigen DDR ging.

Krenz nahm Bezug auf das Spitzengespräch zwischen Honecker und dem damaligen Berlin-brandenburgischen Bischof Albrecht Schönherr am 6. März 1978, »wo die Grundsteine gelegt worden seien« für das Verhältnis zwischen Staat und Kirche. Das heutige Treffen werte er als »ein Signal«, als »gutes Zeichen des Anfangs«. Es sollte gelingen, konstruktiv zusammenzuarbeiten, denn »uns eint mehr als uns trennt«, sagte Krenz und dankte Leich und anderen Kirchenvertretern, »daß sie nie in Zweifel gezogen hätten, Bürger der DDR zu sein«.

Im Mittelpunkt des weiteren Gesprächs stand die Ausreiseproblematik. Krenz kündigte an, das Politbüro werde sich auf seiner nächsten Sitzung damit befassen. Jedenfalls sei an Volkskammer und Regierung der Vorschlag für ein Gesetz zur Regelung dieser Fragen, einschließlich der Aufhebung zeitweiliger Beschränkungen bei Reisen in sozialistische Länder, ergangen. Viel schwieriger sei die Frage nach einer Regelung für West-Reisen, nämlich »wie das ökonomisch zu machen ist«. Stolpe riet zu »Ausgleichskassen« zwischen beiden deutschen Staaten, »bei deren Zustandekommen die Kirche diskrete Unterstützung leisten könne. Als Zwischenschritt gebe es zu erwägen, der Reisegenehmigung Einladungsschreiben ohne Nachweis des Verwandtschaftsgrades und jeweiliger Anlässe zugrunde zu legen.«

Jarowinsky ging in diesem Zusammenhang auf die Nicht-Respektierung der DDR-Staatsbürgerschaft durch die Bundesrepublik ein. Die abweisende Haltung Bonns in dieser Frage stellte für Ost-Berlin ein besonderes Ärgernis dar, weil ausgereiste DDR-Bürger damit nicht den Status von Asylanten erhielten, was den Entschluß, die DDR zu verlassen, zweifellos erleichterte. Stolpe, der in Bonns Haltung zur DDR-Staatsbürgerschaft einen rechtlichen Einstieg in die »›Obhut‹ mit Sogwirkung für schlichte Gemüter« sah, wußte wenig Mut zu machen. Er sagte, Bonn werde nicht von der einen deutschen Staatsbürgerschaft abweichen, fügte aber hinzu: »Hinsichtlich einer Respektierung der DDR-Staatsbürgerschaft glaube er an Möglichkeiten.«

Eine solche Einschätzung aus dem Munde Stolpes mußte für Krenz um so wertvoller sein, war doch der Konsistorialpräsident in der Vergangenheit einer der wichtigsten Mittler in deutsch-deutschen Angelegenheiten. In seiner Eigenschaft als Kirchenfunktionär pflegte er Kontakte zum gesamten evangelischen Politik-Establishment der Bundesrepublik, von Bundespräsident Richard von Weizsäcker über Bundeskanzler Helmut Schmidt bis hin zu Ministerpräsidenten wie Johannes Rau,[10] um nur die wichtigsten zu nennen. Diese wähnten in Stolpe den ihren politischen Vorstellungen nahestehenden Sachwalter der Kirche und nutzten im Gegenzug seine Kontakte zu den Oberen des SED-Staates. Welchen Einfluß Stolpe – der wohlinstruierte Inoffizielle Mitarbeiter des Staatssicherheitsdienstes – auf diese Weise auszuüben in der Lage gewesen war, verdeutlicht zum Beispiel seine Rolle beim Zustandekommen des SPD/SED-Papiers. Erhard Eppler schrieb darüber kurz nach der Wende, Stolpe, der wie keiner habe analysieren können, habe die SPD ermutigt, ihr Hinweise und Anregungen gegeben.[11]

Gesprochen wurde an diesem 19. Oktober in Hubertusstock auch über die Wahlen, über die vergangene, bei der wiederum die Ergebnisse manipuliert worden waren, und über die zukünftige. Wie Leich meinte auch Stolpe, daß es niemandem nutze, »in der Vergangenheit herumzukramen«.[12] Mit Hinweis auf Gorbatschow empfahl der Konsistorialpräsident zu prüfen, ob bei der Vorbereitung der Wahlen wirklich alle Bürger entscheiden könnten. Am Wahltag müsse die Möglichkeit einer wirklichen Auswahl bestehen. Krenz bekräftigte diese Feststellung und fuhr mit dem offenen, »demokratischen« Eingeständnis fort: »Die Wahlen zur Volkskammer 1991 müßten gut vorbereitet werden, und er betrachte es nicht als Tragödie, wenn sie mit achtzig Prozent gewonnen würden. Die Überlegungen der Kirche zu den Wahlen sollten mit K. Löffler besprochen werden. In der Sowjetunion sei natürlich die Lage anders als bei uns, wo die Westsender einwirken. Wir können uns keine Experimente erlauben.«

Überhaupt geriet das Gespräch phasenweise zu einer regelrechten Westmedien-Schelte. Krenz, der sich mehrmals auf Gorbatschow berief, sprach von einer »Kriegsberichterstattung in den BRD-Medien«, die »schon nicht mehr erträglich« sei, und Leich fügte beflissen hinzu: »Es sind die schlimmsten der Welt«; der Vorsitzende der Konferenz der Kirchenleitungen sagte zum SED-Generalsekretär auch: »Jeder auf beiden Seiten sei schon einmal dem Feuer westlicher Propaganda ausgesetzt gewesen. Bei einem geradlinigen Weg werde diese Propaganda verstummen.«

Nach dem Treffen erklärte Stolpe, der sich im Umgang mit den Journalisten gewohnt jovial gab, dem Saarländischen Rundfunk, der Personalwechsel in der SED-Führung sei Ausdruck eines begonnenen Veränderungsprozesses.[13] Die DDR-Führung wolle offenbar entschlossen auf den Umbruchprozeß in der Gesellschaft reagieren. Der neue SED-Chef Krenz habe zu Honecker gestanden, aber auch Flexibilität gezeigt. Krenz habe »auch hier und dort unverhohlen zu verstehen gegeben, daß er die Wende, die Gorbatschow in die Politik der sozialistischen Länder hineingebracht hat, für wegweisend und auch für die DDR verpflichtend ansieht«.

So wenig Krenz letztendlich auf die Kirchenoberen zählen konnte, so wenig konnte er auf ein Abflauen des auf ihm und dem Politbüro lastenden Drucks hoffen. Schon am Tage der Krenzschen Machtübernahme hatte Modrow wiederholt, daß die politische Situation in der DDR »unabdingbar einen tiefen Wandel« erfordere, an dem alle Klassen und Schichten, vor allem aber die Jugend beteiligt sein müsse.[14] Bei der »umfassenden Erneuerung« in Produktion und Wissenschaft, Gesellschaft, Kunst und Kultur sollten auch die in der Sowjetunion gesammelten Erfahrungen genutzt werden, sagte Modrow einer ADN-Meldung zufolge vor mehr als zweitausend Teilnehmern einer Tagung der Dresdener Parteiorganisation.

In Ost-Berlin hatte am selben Tag Krenz' Gefolgschaft eine Veranstaltung inszeniert, in deren Verlauf die Beschlüsse des Zentralkomitees »als qualitativ neuer Abschnitt der gesellschaftlichen Entwicklung der DDR« gefeiert wurden. Schabowski wiederholte während seiner Ansprache, es komme jetzt darauf an, die Vorbereitung des Parteitages so zu führen, daß im breiten konstruktiven Dialog mit allen Bürgern die von diesem höchsten Gremium der Partei zu fassenden Beschlüsse den Weg »zu einer neuen Qualität des Sozialismus« in der DDR wiesen.[15]

Flankenschutz für Krenz kam von der »Neuen Zeit«, wo der Einfluß des alten Honecker-Gefolgsmannes Götting trotz rapide schwindender Macht offenbar noch gewährleistet war. Mit einem Seitenhieb gegen den Modrow-Flügel hieß es in dem Organ der CDU, man müsse sich hüten, die bekundeten Absichten, die ersten Schritte in Dresden, Leipzig oder Neubrandenburg für das Ganze zu nehmen. »Wir kennen den Wert von Kampagnen, den Wert von formalen Bekenntnissen und Bekundungen.«[16]

Nicht zuletzt unter dem Eindruck der Großdemonstrationen in der DDR, zu denen in Leipzig am 23. Oktober mehr als 300000 Menschen zusammengekommen waren, setzte Krenz seinen Kurs der vordergründigen Integration zur Beschwichtigung der Volksmassen fort. Am Tag darauf, als ihn die Volkskammer bei 26 Nein-Stimmen und ebensoviel Enthaltungen zum Staatsratsvorsitzenden wählte, sprach er dann auch in seiner Antrittsrede von einem »Auftrag des Volkes«, von einem »fundierten und freimütigen Dialog«. Er rief alle zu gemeinsamem Handeln auf, um jede Zuspitzung oder Konfrontation zu vermeiden: »Demonstrationen, so friedlich sie gedacht und angelegt sein mögen, tragen in dieser Zeit immer die Gefahr in sich, anders zu enden, als sie begonnen haben.«[17]

Im Verlauf der Sitzung würdigte Volkskammerpräsident Sindermann den ausgeschiedenen Honecker als einen »Widerstandskämpfer gegen Krieg und Faschismus«, der aus der leidvollen deutschen Geschichte gelernt habe. »Wir lassen die menschliche Größe des Revolutionärs und seine kommunistische Anständigkeit nicht antasten«, fügte Sindermann hinzu[18] und auch Krenz fand Worte des Dankes für seinen nicht anwesenden Vorgänger,[19] der zuvor als Vorsitzender des Staatsrates und des Nationalen Verteidigungsrates abberufen worden war, gleichwohl noch Abgeordneter der Volkskammer blieb.

Vieles von dem, was in den ersten Tagen nach der Machtübernahme durch Krenz geschah, signalisierte Kontinuität, rechtfertigte Zweifel, ob er es denn tatsächlich ernst meine. »Egon Krenz, wir sind die Konkurrenz!« schallte es nach seiner Wahl vor dem Ost-Berliner Staatsratsgebäude. Die Demonstration, die, wie das »Neue Deutschland« am darauffolgenden Morgen anmerkte, nicht genehmigt war,[20] richtete sich vorrangig gegen die sich in Krenz' Ämterhäufung – neben der Parteiführung oblag ihm auch der Vorsitz des Staatsrates und Nationalen Verteidigungsrates – manifestierende Allgewalt – einen Faktor, den auch der Vorsitzende der SDP, Böhme, kritisierte.[21]

Die Politiker im Westen sahen die Dinge anders, schien doch mit dem Sturz Honeckers mehr in Bewegung gekommen zu sein als in den beiden vergangenen Jahrzehnten zusammen. Allzuoft den »kleinen Schritten« verpflichtet und gefangen in den Denkkategorien von unabänderbarer Zweistaatlichkeit, suchten einige eilfertig und beflissen den Dialog mit dem neuen Mann in Ost-Berlin. Als erster wurde der Vorsitzende der FDP-Bundestagsfraktion Wolfgang Mischnick in Anwesenheit Gerlachs bei Krenz vorgelassen. Nach dem Gespräch erklärte er es als »falsch und voreilig«, die Ost-Berliner Ämterhäufung zu kritisieren.[22] Zur Frage der deutschen Wiedervereinigung sagte Mischnick, wer glaube, diese angesichts der jüngsten Entwicklung in den Vordergrund stellen zu können, der täusche sich. Auch Otto Graf Lambsdorff, der FDP-Parteivorsitzende, der Honecker ursprünglich im September hatte aufsuchen wollen, bemühte sich um ein Gespräch mit Krenz und riet sogleich davon ab, den SED-Generalsekretär nur als eine Figur des Übergangs zu betrachten.[23]

Auch der Berliner Regierende Bürgermeister Momper bemühte sich um ein Treffen mit Krenz. Die Aussicht auf eine baldige Realisierung schien nicht schlecht, warnte der Sozialdemokrat doch ständig vor einer »überflüssigen und in die Sackgasse führenden Wiedervereinigungsdiskussion«. In diesem Zusammenhang konstatierte er, daß bei der DDR-Opposition »kein Mensch« von Wiedervereinigung rede. Die Opposition wolle beibehalten, was es an »positiven Leistungen« in der DDR gebe. »Sie will einen eigenen dritten Weg versuchen.«[24] Führende

SPD-Politiker, wie etwa Lafontaine oder Engholm, pflichteten Momper darin bei, während sich Vogel zurückhaltender gab und Informations-, Meinungs- und Reisefreiheit als Prüfstein für die neue SED-Führung bezeichnete.[25]

Als einer, der bei allen politischen Tagesgeschäften die Einheit der Nation nie ganz aus dem Blick verloren hatte, sah Bundeskanzler Kohl, daß die Entwicklung in der DDR noch in rasantem Fluß war. Er ließ die Dinge deshalb reifen. Am 25. Oktober telefonierte er mit Krenz. Der Gesprächsverlauf wurde im Pressebulletin als locker und im Ton angenehm bezeichnet.[26] Krenz habe eine Reihe von Themen angesprochen, gleiches habe der Kanzler getan. Konkrete Einzelprobleme oder Vorhaben wurden nicht erörtert. Lediglich ein Besuch von Kanzleramtsminister Seiters in den nächsten Wochen in Ost-Berlin wurde verabredet. Außerdem bekundete man den Willen, alsbald wieder telefonieren zu wollen.

Am Tag darauf kündigte der Staatsrat der DDR eine Amnestie für all diejenigen an, die bis dahin wegen ungesetzlichen Grenzübertritts oder im Zusammenhang mit Demonstrationen verfolgt worden waren. Ergänzend wurde dazu mitgeteilt, daß die Reisebeschränkungen in die Tschechoslowakei zum 1. November wieder aufgehoben würden. Um den Strom von Ausreisewilligen über das Nachbarland erst gar nicht wieder aufkommen zu lassen, hieß es: »Es wird davon ausgegangen, (...) daß Bürger der DDR, die sich möglicherweise weiter mit dem Gedanken tragen, ihr Land zu verlassen, obwohl jeder hier gebraucht wird, in der DDR einen Antrag auf ständige Ausreise bei den Abteilungen Innere Angelegenheiten stellen können.«[27] Über die Anträge werde »kurzfristig« entschieden.

Um die kaum noch kontrollierbare Lage im Lande zu entspannen, versuchte die SED nun, sich an die Spitze der Protestierenden zu stellen und sie dadurch einzudämmen. In Dresden rief die Partei am 26. Oktober zum öffentlichen Dialog mit Modrow und Berghofer auf. Hunderttausend kamen und hörten die von namhaften Persönlichkeiten der Stadt vorgetragenen Bitten zur Mäßigung. Ähnliches geschah in Leipzig am 22. Oktober, als im brechend überfüllten Gewandhaus der dortige Kapellmeister

Masur, ein Theologieprofessor, die Sprecherin des regionalen Neuen Forum sowie einige Sekretäre der Bezirksleitung miteinander diskutierten.[28] Die Sprecherin des Neuen Forum beteuerte, die Gruppierung, die sie repräsentiere, verstehe sich nicht als Opposition, »weil wir für den Sozialismus sind«. Als ein anderer Diskutant des Neuen Forum die gesamte gesellschaftliche Konzeption zur Disposition gestellt wissen wollte, mäßigte ihn Masur: »Ihr vom Neuen Forum macht mir Angst, ihr fangt schon an mit Belehrungen.« Er sprach sich dafür aus, die nächsten Schritte ebenfalls mit Vernunft zu tun und nicht »das Kind mit dem Bade auszuschütten«.

In einem Zeitungsartikel meldete sich auch ein anderer privilegierter Künstler des SED-Staates zu Wort, der Trompetenvirtuose und DDR-Nationalpreisträger Ludwig Güttler (IM »Friedrich«).[29] Er schrieb, es sei dringend erforderlich, »daß in unseren führenden Medien von kompetenter Seite, von Partei- und Staatsführung, Positionen bezogen werden, die der Bevölkerung verdeutlichen, daß Gewaltfreiheit, Dialogbereitschaft nicht zurücknehmbare Grundpfeiler der kommenden Entwicklung sein sollten«. Um sich die Initiative nicht vollends nehmen zu lassen, traf am 26. Oktober Schabowski mit zwei Vertretern des Neuen Forum – darunter Jens Reich – zu einem ersten offiziellen Treffen zusammen.[30]

Die Vorgehensweise der Krenz-Gefolgschaft und der Perestroikisten ähnelte sich nun zeitweise, fürchteten sich doch auch jene, die die Opposition für ihre Zwecke instrumentalisiert hatten, vor dem Ungestüm des Volkes. Moderatere Stimmen mußten nun zu Worte kommen, denn es ging nicht um die Beseitigung des Sozialismus schlechthin, sondern lediglich um die Absetzung seiner derzeit noch führenden Repräsentanten. So berichtete in jenen Tagen das LDPD-Organ »Der Morgen« über ein Gespräch mit Henrich, dem Mitbegründer des Neuen Forum.[31] Der einstige Anwalt brachte darin über die Zielsetzung seiner Gruppierung noch einmal zum Ausdruck, »daß es unterhalb der Parteien eine Plattform geben muß, wo sich Bürger politisch artikulieren, weil Reformen, wenn sie von oben durchgeführt werden, nur dann durchgeführt werden, nur dann dauerhaft sind, wenn sie eine demokratische Absicherung von unten haben«. Nur in einem solchen Sinne sei das Neue Forum eine Opposition, sagte Henrich und bekräftigte einmal mehr die Führungsrolle der SED.

Bärbel Bohley wurde von der Block-CDU eingeladen und konnte auf einer Parteiveranstaltung ausführlich ihre politischen Vorstellungen darlegen. Solche und andere hintersinnigen Aufwertungen aus dem Lager der Etablierten blieben offenbar nicht ganz ohne Wirkung. Die Oppositionelle irritierte jetzt sogar die Horcher des MfS, die festhielten, sie habe geäußert, daß die grundsätzliche Rolle der SED nicht abzulehnen sei.[32] Sie müsse lediglich so gestaltet sein, daß sie erkennbar und sichtbar erlebbar sei und allen diene. Zur künftigen Stellung des Neuen Forum vertrat sie – so steht es in der Stasi-Information – den Standpunkt, daß es sich auflösen würde, wenn in der DDR eine Wende und Entwicklung eintrete, die seinen Vorstellungen entspräche. »Möglichkeiten der aktiven Mitarbeit würden vorhandene Parteien und Organisationen bieten.«

Ermutigt zu solchen Positionen wurde Bärbel Bohley auch aus den Reihen der SPD. Als sie, gemeinsam mit Jens Reich und Jutta Seidel, am Vormittag des 29. Oktober in ihrer Atelierwohnung am Prenzlauer Berg mit Böhme, Momper sowie dem aus Bonn angereisten Stellvertretenden Vorsitzenden der SPD-Bundestagsfraktion, Horst Ehmke, zusammentraf, war dies einmal mehr der Fall.[33] Böhme, der sich in der neugegründeten SDP zunehmend nach vorne schob, vertrat die Auffassung, daß der Machtanspruch der SED derzeit nicht in Frage zu stellen sei. Momper stimmte mit ihm darin überein, daß es gegenwärtig keine Kraft gebe, die die SED ablösen könne. Demzufolge stünde ihr in der DDR-Verfassung verankerter Führungsanspruch nicht zur Disposition; »wäre die SED bereit, die Macht zu teilen, würde sie sich als kommunistische Partei aufgeben«. Zur »Deutschen Frage« sagte Momper, der sich später in einem Buch zum Vorkämpfer der Einheit emporstilisieren sollte, »daß die Belebung dieses Gedankens durch die BRD ›eine der größten Heucheleien‹ darstelle«.

Was die Anerkennung der DDR-Staatsbürgerschaft durch

Bonn anging, vertrat Berlins Regierender Bürgermeister die Auffassung, es sei relativ einfach, »das nur noch symbolischen Charakter aufweisende Grundgesetz zu ändern; unzumutbar wäre es aber, den in die BRD kommenden DDR-Bürgern den Status von Asylbewerbern zuzuweisen«.[34] Auch bei einer Abstimmung im Bundestag fände sich für eine Anerkennung einer DDR-Staatsbürgerschaft keine Mehrheit. Solche Forderungen waren im August aus den Führungsgremien der Berliner Alternativen Liste laut geworden und damit begründet worden, das »Ventil der Ausreisemöglichkeit« bestärke die DDR-Führung in ihrem Kurs und schwäche immer wieder die Opposition.[35]

Diese – in Gestalt des Volkes – hatte sich am Vormittag des 29. Oktobers vor dem Ost-Berliner Roten Rathaus versammelt.[36] Denen, die sich in Scharen eingefunden hatten, ging es weniger um politische Programme als darum, ihren angestauten Unmut loszuwerden. Schabowski mühte sich einmal mehr, die Dialogbereitschaft der Partei unter Beweis zu stellen, vermochte jedoch mit pauschalen Antworten, daß alles besser oder dem sozialistischen Recht Genüge getan werde, wenig zu überzeugen. Als schließlich jemand an das Mikrophon trat und die Rehabilitierung jener Opfer forderte, die ihr Leben an Mauer und Stacheldraht verloren hatten, wurde es auf dem Platz ganz still – eine Stille, die erkennen ließ, daß die soeben von Krenz verkündete Amnestie nur ein Anfang auf dem Wege zu einer Bewältigung der Vergangenheit sein konnte.

Um die Bewältigung der Vergangenheit ging es auch bei der Veranstaltung privilegierter »Kulturschaffender« in der Ost-Berliner Erlöserkirche.[37] Dabei waren unter anderen Heiner Müller (IM »Heiner«), Stefan Heym, Daniela Dahn, Ulrich Plenzdorf und Christa Wolf. Letztere sprach sich dafür aus, von den Beschreibungen der Symptome weg und zu den Ursachen hinzukommen. »Das Grundübel, aus dem alle anderen Übel hervorgegangen sind, ist der Stalinismus«, sagte die Schriftstellerin, die in jungen Jahren selbst einmal dem Stalinismus in Form inoffizieller Mitarbeit für das MfS gedient hatte. Christa Wolf war nicht die einzige unter den »Kulturschaffenden«, die diesen Weg gegangen war. Auf dem Kirchengestühl saß an diesem

Abend auch Stephan Hermlin, der in den fünfziger Jahren panegyrische Oden auf Stalin verfaßt hatte.

Ein paar Kilometer von der Erlöserkirche entfernt, im Evangelischen Diakoniewerk »Königin Elisabeth« im Berliner Stadtteil Lichtenberg, fand an diesem Abend die Gründungsveranstaltung des Demokratischen Aufbruch statt, zu der etwa zweihundert Personen gekommen waren. In seiner Grundsatzrede erläuterte Pfarrer Richter die wesentlichen Inhalte der programmatischen Erklärung vom 2. Oktober, die die Trennung von Staat und Parteien und die gesellschaftliche Kontrolle des Staates ebenso beinhaltete wie die Entwicklung einer freien Öffentlichkeit oder den ökologischen Umbau der Industriegesellschaft.[38] Richter betonte, daß der Demokratische Aufbruch eine politische Vereinigung sei, die sich zur Partei entwickeln und im Rahmen demokratischer Verfassungsgrundsätze handeln sollte.

Im Anschluß an Richters Referat kam es zu einer teilweise heftig geführten Debatte, bei der es unter anderem um die führende Rolle der SED ging. Insbesondere die Pfarrer Eppelmann und Richter, aber auch der Soziologe Ehrhart Neubert forderten ihre Aufhebung. Pfarrer Schorlemmer und Schnur hielten dem entgegen, daß ein Konflikt mit der SED und dem sozialistischen Staat vermieden werden müsse. Ihrer Auffassung zufolge sollten jetzt keine Debatten über die politischen Fehler der SED geführt werden.[39]

Die Mehrheit der Delegierten sprach sich mit Blick auf die beabsichtigte Parteigründung dafür aus, zum Vorsitzenden des Demokratischen Aufbruch eine Person zu wählen, die in der Lage sei, »mit demokratischen Kräften in der DDR umzugehen«. Man entschied sich für Schnur, auf den 108 Stimmen entfielen. Eppelmann und Richter wurden mit 20 beziehungsweise 16 Stimmen abgeschlagen. Plätze in dem ebenfalls gewählten Vorstand konnten sie sich hingegen sichern. Dieser wurde schließlich beauftragt, sich mit einem mündlich unterbreiteten Vorschlag zu beschäftigen, der als Leitlinie für die künftige Politik dienen sollte. Aufgelistet worden war unter anderem: »keine Gefährdung der Existenz der DDR, keine Entmachtung der

SED, keine Wiedervereinigung mit der BRD, Bewahrung dessen, was der Gesellschaft und den Menschen nutzt«.[40]

Schon am 27. Oktober hatte sich in Leipzig, im Pfarrhaus der Thomaskirche, bei Pfarrer Hans-Wilhelm Ebeling, erstmals eine Interessengruppe für die Gründung der Christlich Sozialen Partei Deutschlands (CSPD), aus der später die Deutsche Soziale Union (DSU) hervorgehen sollte, eingefunden. Dabei waren auch Kurt Masur und Georg Christoph Biller, der spätere Kantor des Leipziger Thomanerchors. Ziel war es, mit der CSPD eine Organisation ins Leben zu rufen, die sich dem Wiederaufbau Leipzigs widmen sollte. Noch im Oktober habe es – so berichtet Ebeling – bei ihm an der Haustür geklopft. Ein sportlicher Mann habe sich vorgestellt und zum Ausdruck gebracht, daß er gerne »mitmachen« würde.[41]

Der Mann hieß Peter-Michael Diestel.[42] Der Sohn eines zuletzt an der NVA-Militärakademie Dresden dienenden Stabsoffiziers hatte nach dem Dienst bei der NVA ein Jura-Studium an der Karl-Marx-Universität in Leipzig begonnen, das er 1978 mit dem Diplom abschloß, dem bald darauf – gefördert durch die Hochschule – die Promotion folgte. Diestel, der in den Folgejahren als Justitiar in der Landwirtschaftsfabrik AIV Delitzsch gearbeitet hatte, faßte nach eigenem Bekunden im Oktober 1989 den Entschluß, sich »nun wirklich einzumischen«.[43]

Nach der Gründung der CSPD Anfang Dezember wurde er deren Generalsekretär. Der DDR-Ministerpräsident de Maizière machte dann den späteren DSU-Generalsekretär Diestel zum letzten DDR-Innenminister. Als solcher sollte er mit der Auflösung des MfS betraut werden, für die er Markus Wolf als Berater gewinnen wollte.[44] Im vereinigten Deutschland schließlich gründete der brandenburgische CDU-Funktionär Diestel gemeinsam mit dem »sympathischen und aufrichtigen Kerl«[45] Gregor Gysi und anderen die sogenannten »Gerechtigkeits-Komitees«.

Mit politischen Zielsetzungen, wie sie die zunächst regional begrenzte CSPD oder der Demokratische Aufbruch vertraten, konnte Krenz leben. Um den andauernden Exodus des Staatsvolkes über Drittländer in die Bundesrepublik einzudämmen, mußte für den SED-Generalsekretär die Lösung der Reiseproblematik im Mittelpunkt seines hastigen Krisenmanagements stehen. Mit welchen Gedanken er dabei spielte, geht aus einem von Stolpe vermittelten Treffen seines Gefährten Schabowski mit dem Regierenden Bürgermeister Momper und dessen Chef der Senatskanzlei Dieter Schröder hervor, das an diesem ereignisreichen 29. Oktober im Ost-Berliner Palasthotel stattfand.[46]

Schabowski soll nämlich gegenüber seinen Gesprächspartnern den Plan offenbart haben, die Grenze für jedermann zu öffnen: »Wir machen jetzt ein Gesetz, das diese Frage löst (...). Verlassen Sie sich darauf, daß es ein Reisegesetz geben wird, das den Namen auch wirklich verdient. Es wird Reisefreiheit geben (...). Ich denke, es kann schon im Dezember in Kraft treten, vielleicht schon zum 1. Dezember. Jeder DDR-Bürger soll einen Paß bekommen, und er wird einen Rechtsanspruch haben, mit diesem Paß reisen zu können (...). Und denen, die für immer ausreisen wollen, werden wir keine Hindernisse in den Weg legen. Letztendlich können wir die Leute doch nicht halten. Die Motivation, im Lande zu bleiben, muß hier bei uns gegeben sein. Die Mauer macht das auf Dauer nicht.«[47]

Momper soll »wie elektrisiert« gewesen sein und nach den Einzelheiten einer Reiseregelung gefragt haben. Er warnte Schabowski vor einem Genehmigungsverfahren. »Die ganze Willkür der Bürokratie ginge dann weiter.« Schabowski soll dem zugestimmt und darauf hingewiesen haben, daß zuvor noch einige »Bremser im Politbüro« umgestimmt werden müßten. Mompers Kanzleichef Schröder bemühte sich sodann, Schabowski klar zu machen, daß man am ersten Tag mit mehreren hunderttausend Besuchern rechnen müsse – was gewaltige Verkehrsprobleme ergebe. Man verabredete, das geplante Datum bis auf weiteres geheimzuhalten. Gleichwohl deutete Momper am 30. Oktober vor Journalisten an, er glaube, daß es für die DDR-Bürger in absehbarer Zeit »echte Reisefreiheit« geben werde.[48] Senatssprecher Werner Kolhoff ergänzte, daß Schabowski den Regierenden Bürgermeister über den Stand der diesbezüglichen Diskussion in der SED-Führung unterrichtet habe. Wohl mit Blick auf das Bevorstehende warnte der SPD-

Vorsitzende Vogel, in »ein Pathos der Wiedervereingung zu verfallen«.[49]

Während am 1. November im Berliner Senat eine Projektgruppe »Vorbereitung auf einen verstärkten Besucher- und Reiseverkehr aus Ost-Berlin und der DDR« unter Staatssekretär Jörg Rommerskirchen begann, die Verkehrskonzepte für die künftige Grenzöffnung auszuarbeiten,[50] reiste Krenz nach Moskau. Von der Visite, die auf Einladung Gorbatschows zustande kam, erhoffte der SED-Chef, sich als treuen Gefolgsmann der Sowjetunion und des von ihr eingeschlagenen Reformkurses darstellen und damit seine Position stärken zu können.

In diesem Zusammenhang muß auch Krenz' harsche Selbstkritik gesehen werden. So entschuldigte er sich in Moskau dafür, »daß durch kurzsichtige, falsche Entscheidungen unserer Führung das enge freundschaftliche Verhältnis zwischen der DDR und der UdSSR belastet worden sei«.[51] Gorbatschow brachte sein Bedauern über das »große persönliche Drama« des Krenz-Vorgängers zum Ausdruck und sagte: »Genosse Erich Honecker habe sich offensichtlich für die Nummer 1 im Sozialismus, wenn nicht sogar in der Welt gehalten. Er habe nicht mehr real gesehen, was wirklich vorgehe.«[52]

Krenz gestand Gorbatschow im Verlauf des Gesprächs kleinlaut seine Befürchtungen, »wenn er (Krenz) (...) die Wahrheit über die Volkswirtschaftslage vor dem ZK darlege, dann könne dies einen Schock mit schlimmen Folgen auslösen«. Das Wachstum sinke nämlich, der Fünf-Jahres-Plan würde nicht erfüllt, die Zahlungsbilanz sei prekär, und neue Kredite seien notwendig. Dies alles sei in der DDR nicht bekannt und zöge eine Senkung des Lebensniveaus um etwa dreißig Prozent nach sich. Der sich erstaunt gebende Gorbatschow riet dennoch – wohl aus allzu vordergründigem Motiv – zur ungeschminkten Darlegung der Lage auf der anstehenden Ost-Berliner ZK-Tagung.[53]

Gegenstand der Erörterung war auch der Zusammenhalt zwischen DDR und Sowjetunion. Krenz fragte Gorbatschow, welchen Platz er der DDR, dem »Kind der Sowjetunion«, künftig einräume. Dieser antwortete darauf, daß sich »kein ernstzunehmender Politiker in der Welt« ein vereinigtes Deutschland vorstellen könne. Moskau sei für die »Bewahrung der Realitäten der Nachkriegszeit, einschließlich der Existenz zweier deutscher Staaten«.[54] Alleine die Frage nach einer deutschen Wiedervereinigung sei in der gegenwärtigen Situation »äußerst explosiv«, sagte Gorbatschow und fuhr fort: »Für Brzezinski käme so etwas einem Zusammenbruch, für Brandt einer eklatanten Niederlage der Sozialdemokratie gleich.«[55] Wichtig sei hingegen eine prinzipielle und flexible Politik der Sowjetunion und der DDR gegenüber der Bundesrepublik.

Angesichts der fortwährenden Großdemonstrationen in der DDR warnte Gorbatschow, »die Prozesse verliefen sehr dynamisch und könnten sich weiter beschleunigen. Die Führung der Partei müsse entsprechend reagieren. Wenn die Prozesse an Spontaneität gewinnen oder die politische Orientierung verlieren, dann wäre das ein großes Unglück.« Um dem entgegenzuwirken, betonten beide Männer dann auch, »daß der Weg zur qualitativen Stärkung des Sozialismus, zur Erhöhung seiner Attraktivität vor allem über den Ausbau der sozialistischen Demokratie, die unmittelbare Einbeziehung aller Bürger in die Prozesse der Vorbereitung, Annahme und Realisierung von Beschlüssen mit gesellschaftlicher Relevanz beschritten werden müsse«.[56]

Krenz, der nicht zu erwähnen vergaß, daß das so symbolträchtige Verbot der sowjetischen Zeitschrift »Sputnik« aufgehoben worden sei, glaubte nach seinem Gespräch mit Gorbatschow offenbar, diesen zu guter Letzt doch noch überzeugt zu haben, daß er auch in der Lage sei, die deutsche Bruderpartei auf Moskauer Kurs zu steuern. Bei seinem selbstbewußten Auftreten im Rahmen einer Pressekonferenz kurz vor seinem Abflug reklamierte er sogar das, was Modrow, Wolf und andere in Bewegung gesetzt hatten, für sich, wenn er sagte: »Meine Partei hat die Wende eingeleitet.« Später sollte Krenz alle Mühe haben, die in diesem Zusammenhang gegen ihn vorgebrachte Kritik abzuschwächen. Er behauptete kurzerhand, es sei ein Versprecher gewesen. Wir in der Partei hätten eine Wende eingeleitet, habe er sagen wollen.[57]

Ermutigt mochte sich Krenz auch nach seiner Begegnung mit

dem polnischen Staatspräsidenten Jaruzelski am 2. November in Warschau gefühlt haben.[58] Dieser wußte nämlich seinem Gast zu berichten, daß die westeuropäischen Staaten denselben Standpunkt verträten wie die des Warschauer Paktes. Jaruzelski: »In meinen Gesprächen mit Cossiga, Andreotti, Mitterrand und Thatcher sagten diese auch, daß das überhaupt nicht möglich sei. Frau Thatcher erklärte in einem Vier-Augen-Gespräch, eine Wiedervereinigung sei absolut unannehmbar. Man dürfe keinen Anschluß zulassen, sonst würde die BRD auch noch Österreich schlucken.« Und der Pole fügte hinzu: »Öffentlich geben sie das natürlich nicht zu, aber sie sind sich dessen bewußt, was das bedeuten würde.«

Als Krenz am 2. November von Warschau kommend auf dem Ost-Berliner Zentralflughafen Schönefeld landete, hatte sich die Entwicklung im Lande weiter zugespitzt. Hunderttausende, ob in Leipzig, Halle, Schwerin oder Karl-Marx-Stadt, waren wieder auf die Straßen gegangen. Zu ihren immer offensiveren Forderungen gehörten Demokratie und freie Wahlen, Trennung von Staat und Partei, die Zulassung des Neuen Forum, Abriß der Berliner Mauer ebenso wie Presse- und Meinungsfreiheit, Rechtsstaatlichkeit und Reformen im Bildungswesen. Hinzu kam für die SED die bittere Erkenntnis, daß infolge der Aufhebung der Reisebeschränkungen in die Tschechoslowakei innerhalb weniger Stunden die Zahl der Flüchtlinge dramatisch angestiegen war. Für das Ansehen der DDR nicht minder verheerend wirkten sich die Botschaftsflüchtlinge in Prag und Warschau aus, wo wiederum jeweils mehr als tausend Menschen auf ihre Ausreise in den freien Teil Deutschlands warteten.

Die Perestroikisten verstärkten angesichts dieser Situation den Druck auf die orthodox-kommunistischen Kader, in deren Reihen wiederum versucht wurde, durch personelle Konzessionen zu retten, was zu retten war. Nachdem der Vorstand der Gewerkschaft die Wende angekündigt hatte, die Mitschuld an der Krise im Sozialismus einräumte und größere Kompetenzen in der Lohn- und Tarifpolitik eingefordert hatte, gab der Vorsitzende des FDGB und Honecker-Freund, Harry Tisch, am 2. November auf.[59] Nachfolgerin wurde Annelies Kimmel, die bis dahin FDGB-Vorsitzende in Ost-Berlin gewesen war. Am selben Tag erklärte die Volksbildungsministerin Margot Honecker, die in den vorangegangenen Tagen in die Schußlinie massiver Kritik geraten war, ihren Rücktritt. Ihres Amtes enthoben wurden auch die langjährigen SED-Bezirksvorsitzenden in Suhl und Gera, Hans Albrecht und Herbert Ziegenhahn.

Entmachtet wurde auch Homann, der Vorsitzende der Nationaldemokratischen Partei. Homann, im Dritten Reich Berufsoffizier und NSDAP-Mitglied, der die auf sowjetische Initiative gegründete und als Auffangbecken für Nationalsozialisten und Konservative gedachte NDPD fast zwei Jahrzehnte an der Seite der SED geführt hatte, war angesichts der verkündeten Perestroika nicht mehr tragbar geworden. Auf einer außerordentlichen Tagung des Präsidiums des Hauptausschusses teilte Homann – so stand es in der »National Zeitung«, dem Organ der NDPD – seinen Entschluß mit, in Anbetracht und in Einschätzung der Situation in der Partei sowie aus gesundheitlichen Gründen (...) um Entbindung von seinem Amt des Parteivorsitzenden« zu bitten.[60] Neuer Geschäftsführender Vorsitzender der NDPD, die in Leipzig den Dialog mit dem Neuen Forum aufgenommen hatte, wurde sein Stellvertreter Günter Hartmann.

Ein Beispiel für die Vorgehensweise der Perestroikisten liefert die Absetzung des CDU-Vorsitzenden und früheren Honecker-Getreuen Götting, deren letzte Phase bereits Mitte Oktober eingeleitet worden war. Im Verlauf einer Beratung im CDU-Hauptvorstand mit den Kreisvorsitzenden war seinerzeit »offen die Frage nach den noch vorhandenen Fähigkeiten des Parteivorsitzenden zur Führung der Partei aufgeworfen (worden)«.[61] Die geschürte Unzufriedenheit mit Götting bordete dann auf der Tagung der Partei mit »Kulturschaffenden« am 27. Oktober in der Zentralen Bildungsstätte der CDU im thüringischen Burgscheidungen geradezu über.

In der »Neuen Zeit«, in der von einem »leidenschaftlichen stundenlangen Meinungsstreit« die Rede war, hieß es: Der »angestaute Unmut, die Unzufriedenheit an der Parteibasis mit der Arbeitsweise des Präsidiums (habe sich) geradezu elementar seine Bahn« gebrochen.[62] Was in dem eher zurückhaltenden Beitrag des Präsidiumsmitgliedes Adolf Niggemeier anklang, war tatsächlich wiederum eine herbe Abrechnung mit Götting gewesen. Lautstark wurde in Burgscheidungen seine Absetzung gefordert. Als mögliche Nachfolger brachte man dort zwei Hauptvorstandsmitglieder ins Gespräch: den damaligen Leiter des »Union-Verlages«, Klaus-Peter Gerhardt, sowie den späteren CDU-Landesvorsitzenden von Thüringen, Uwe Erich; allerdings nicht den Rechtsanwalt Lothar de Maizière, der in Burgscheidungen nicht anwesend war und in der Parteiführung bislang keine Rolle gespielt hatte.

Anders dessen Vater Clemens, der Bruder des früheren Bundeswehr-Generalinspekteurs Ulrich. Rechtsanwalt Clemens de Maizière war dem SED-Staat in mannigfacher Hinsicht zu Diensten. Als IM der Stasi und Synodaler der Berlin-brandenburgischen Kirche hatte er nach dem Bau der Mauer gemeinsam mit »progressiven Kräften«, wie etwa mit Pfarrer Kasner, die Spaltung der noch ungeteilten Landeskirche befördert.[63] Sein guter Draht zum »Unionsfreund« und Weggefährten Götting soll es nach dessen Aussage gewesen sein, der seinem Sohn, dem gelernten Bratschisten Lothar, ein spätes Jura-Fernstudium ermöglichte.[64] Bald danach wurde Lothar als Rechtsanwalt zugelassen, durfte dem renommierten Berliner Anwaltskollegium beitreten und avancierte, was ohne Förderung »von oben« gar nicht denkbar gewesen wäre, zum Stellvertreter des dem SED-Partei-Adel entstammenden dortigen Vorsitzenden Gregor Gysi.

Wie sein Vater trat Lothar de Maizière der CDU bei, wie sein Vater wurde er Synodaler der Berlin-brandenburgischen Kirche, wobei Stolpe nach Kräften mitgeholfen hatte.[65] Auch Lothar war beim Staatssicherheitsdienst registriert; seit 1981 bei der für die Kirchen zuständigen Hauptabteilung XX/4 als »Czerni«.[66] Bei den Oberen des Staates brachte man ihm offenbar so viel Vertrauen entgegen, daß man ihn sogar für den Militärstrafsenat des obersten Gerichtshofes der DDR als Verteidiger zuließ, wo die nach Vorschlag Mielkes vom Politbüro in ihrem Ausgang zumeist vorab festgelegten Geheimverfahren abgewickelt wurden.[67]

Eben dieser de Maizière wurde nun als CDU-Parteivorsitzender ins Spiel gebracht, dem Stellvertretenden Vorsitzenden Heyl gleichsam aufoktroyiert. Mitte Oktober trat letzterer nämlich an Hermann Kalb, den Stellvertreter des Kirchenstaatssekretärs Klaus Gysi, heran und fragte, ob er de Maizière kenne und ob dieser für eine führende Position geeignet sei.[68] Wie sehr alles ursprünglich auf Heyl, der mit Krenz soeben die chinesische Führung besucht hatte, zugelaufen war, verdeutlichen auch »interne Hinweise« des Staatssicherheitsdienstes.[69] Diesen zufolge wollten sowohl Heyl als auch das CDU-Präsidiumsmitglied Dietmar Czok aus der Lage in der CDU »persönliche Vorteile« ziehen. »Beide streben den Parteivorsitz an.«

Die Initiatoren des »Briefes aus Weimar« sahen in Heyl offenbar nur eine Übergangslösung, wenn sie ankündigten, am 31. Oktober und 1. November nach Berlin kommen zu wollen, »um Götting ultimativ aufzufordern, zurückzutreten« und seinen Stellvertreter Heyl als Interimsvorsitzenden einzusetzen. Weiter heißt es in einer MfS-Information: »Im Falle seiner Weigerung beabsichtigten diese Personen sogenannte Enthüllungen, die Person Göttings betreffend, vorzunehmen, die es ihm unmöglich machen würden, ›problemlos‹ abzutreten.«[70]

Gestürzt wurde der Honecker-Vertraute Götting wenige Tage darauf, als für den 2. November 1989 eine außerordentliche Sitzung des Präsidiums des Hauptvorstandes einberufen wurde, an der 24 Präsidiumsmitglieder und Funktionäre, nicht aber Götting teilnahmen. Dem für die Sowjets bestimmten Geheimprotokoll[71] zufolge eröffnete Heyl die Sitzung mit den Worten, es gehe »längst nicht mehr allein um eine Solidarisierung mit dem Brief aus Weimar, sondern um ganz konkrete Forderungen nach personellen Veränderungen«. Sodann teilte Heyl den Anwesenden mit: »In Einschätzung dieser Situation hat Gerald Götting darum gebeten, ihn mit sofortiger Wirkung von der Funktion als Vorsitzender der Partei zu entbinden.«

Damit die Absetzung Göttings, die sich tatsächlich nach bester stalinistischer Tradition vollzog, wenigstens äußerlich mit der inaugurierten Demokratisierung der Blockpartei in Einklang stand, verlangten Czok und Niggemeier, daß Göttings Rücktrittsgesuch schriftlich vorliegen müsse. Heyl erwiderte darauf, daß Götting »auf Grund gesundheitlicher Komplikationen« nicht anwesend sei und daher keine schriftliche Erklärung vorliege. Daraufhin wurde ein Funktionär zu Göttings Berliner Wohnsitz entsandt, um unverzüglich eine solche Erklärung einzuholen. Der Wortlaut wurde dann noch während der Sitzung von Heyl verlesen.

Die Mitglieder des 1987 gewählten Hauptvorstandes beauftragten – dem Protokoll zufolge – daraufhin den Götting-Stellvertreter Heyl mit der vorläufigen Wahrnehmung des Parteivorsitzes der CDU – bis am 10. November der Hauptvorstand (Parteitag) den Nachfolger Göttings neu gewählt haben würde. Die vielfachen Vorschläge, er selbst solle auf der Hauptvorstandstagung als Vorsitzender der CDU kandidieren, lehnte Heyl ab. Wer oder was ihn dazu bewog, nun auf den langangestrebten Parteivorsitz zu verzichten, lag auf der Hand. Der zweite Mann der Blockpartei »erklärt (laut Protokoll) ausdrücklich, daß er sich für diese Funktion nicht zur Verfügung stellen werde, da er in den zurückliegenden 30 Jahren die Politik der CDU maßgeblich mitgetragen habe und die Neuorientierung unter seinem Vorsitz nicht für alle Mitglieder deutlich genug sichtbar gemacht werden könne«.

Der Protokollführer hielt weiter fest, daß Heyl sich bereit erklärt habe, in seiner jetzigen Funktion bis zum Parteitag weiterzuarbeiten, um damit dem Nachfolger Göttings »wirksame Starthilfe« zu geben. Heyl – so heißt es weiter – »nennt als denkbare Vorschläge für die Kandidaten zum Vorsitzenden der CDU die Ufrde (Unionsfreunde) de Maizière, Gerhardt und Dr. König«. Nach einer ausführlichen Diskussion habe sich die Mehrheit der Anwesenden für eine Kandidatur von de Maizière ausgesprochen.

Dafür hatte der Leiter der insbesondere für die Verbindung nach Moskau zuständigen Abteilung Internationale Beziehungen in der CDU-Zentrale, Radzimanowski, in den vorangegangenen Tagen Sorge getragen. Gemeinsam mit dem Reisekader und Aktivisten der vom KGB gesteuerten Christlichen Friedenskonferenz, Thilo Steinbach, der im Otto-Nuschke-Haus ein kurzes Gastspiel gegeben hatte, soll Radzimanowski Präsidiumsmitglieder der CDU gedrängt haben, de Maizières Kandidatur zu befürworten.[72] De Maizières langjährige Anwaltssekretärin, Sylvia Schultz, die später bei den Konsultationen des letzten DDR-Ministerpräsidenten de Maizière mit Gorbatschow dabeisein sollte,[73] war zu diesem Zeitpunkt längst in Radzimanowskis Abteilung für Internationale Beziehungen übergewechselt.

Was darauf folgte, hatte eher formalen Charakter: Eine gute Woche später sollte de Maizière mit großer Mehrheit und »Gottes Hilfe« von den Mitgliedern des Hauptvorstandes zum Nachfolger Göttings gewählt werden. Von 118 abgegebenen Stimmen entfielen auf ihn 92. Der Gegenkandidat Winfried Wolk (IM »Franz«)[74] wurde mit ganzen vier Stimmen abgeschmettert. Heyl bestätigten die Delegierten als Stellvertretenden Vorsitzenden. In den Zeitungen der Blockpartei wurde das Bild einer offenen, von der Parteibasis getragenen Entscheidung suggeriert.[75]

Mit de Maizière, Gerlach, Hartmann und Maleuda standen alle Vorsitzenden der Blockparteien im Lager der Perestroikisten, wodurch die Situation für Krenz zunehmend schwieriger wurde. Gerlach verlangte lautstark den Rücktritt der Stoph-Regierung,[76] während seine Partei, die inzwischen konkrete Themenfelder wie die Forderung nach geheimen und freien Wahlen besetzt hatte, für ihn das Amt des Volkskammerpräsidenten reklamierte.[77] Die Bauernpartei schloß sich dieser Zielsetzung im wesentlichen an und forderte ihrerseits für ihren Vorsitzenden Maleuda das Amt des Volkskammerpräsidenten.[78] Die CDU, die sich für eine Zulassung des Neuen Forum aussprach, zog nach und reservierte für sich den für praktizierende Christen interessanten Politik-Bereich »ziviler Wehrersatzdienst«, aber auch die »Mittelstandspolitik«.[79]

Am 3. November trat das Politbüro zu einer Krisensitzung zusammen. Um Atem holen zu können, zog der in zunehmende Bedrängnis geratene Generalsekretär daher nach dem Honecker-Sturz und dem Hermanns und Mittags abermals personelle Konsequenzen. Mielke, Hager, Axen, Neumann und Erich Mückenberger sollten aus dem Politbüro ausscheiden. Wie Krenz später schrieb, hätten sie den Vorschlag selbst unterbreitet.[80] Noch am selben Abend kündigte er in einer vom DDR-Fernsehen – aus dem inzwischen der vom Volksmund als »Sudelede« verschriene Politagitator Karl-Eduard von Schnitzler verbannt worden war – übertragenen Rede neben der Entlassung der fünf »tiefgreifende Reformen« an.[81]

Zu den konkret angesprochenen Schritten gehörte unter anderem eine neue Reiseverordnung, die Einrichtung eines Verfassungsgerichts, eine Verwaltungsreform und die Einführung eines zivilen Wehrersatzdienstes. Ohne konkreter darauf einzugehen, sprach Krenz auch davon, die Wirtschaft reformieren zu wollen. An die Bevölkerung des Landes appellierte er angesichts der nicht abebben wollenden Ausreisewelle abermals: »Vertrauen Sie unserer Politik der Erneuerung. Ihr Platz ist hier. Wir brauchen Sie.«

Im Hans-Loch-Heim im brandenburgischen Wendisch-Rietz, wo Künstler und Parteibeauftragte der LDPD, darunter auch Gerlach, mit Markus Wolf zusammengekommen waren, hatte man die Veranstaltung unterbrochen, um die Rede von Krenz am Fernsehgerät zu verfolgen. In einem Bericht des LDPD-Zentralorgans »Der Morgen« wurde das »Klima«, das dort herrschte, wiedergegeben.[82] Lutz Hoyer, der Abteilungsleiter im Sekretariat des Zentralvorstandes der LDPD, habe gemeint, in der Krenzschen Erklärung habe er zwar einige Reformvorschläge seiner Partei wiedergefunden, andere jedoch vermißt. Unverständlich sei ihm das anhaltende hartnäckige Schweigen zu den Ursachen der jetzigen Situation. Der Religionshistoriker Walter Beltz habe gemeint, »statt metaphysischer Vokale wie Vertrauen, sollten wir besser die sachliche Aussprache pflegen und nachdenken über das Machbare. Vertauen, das kommt dann später«. Wolfs Reaktion auf die Rede des Honecker-Nachfolgers blieb in dem Zeitungsbeitrag unerwähnt. Umso bemerkenswerter ein Foto: Es zeigt den einstigen HVA-Chef in trauter Gemeinsamkeit mit einem selbstzufrieden lächelnden Gerlach.

Der LDPD-Vorsitzende erfuhr keine vierundzwanzig Stunden später eine weitere Aufwertung, war er doch als einziger der Blockparteivorsitzenden als Redner bei der großen Kundgebung des 4. November auf dem Berliner Alexanderplatz vorgesehen. Als »keinen Zufall« erachtete es später Schabowski, »daß Gysi und Wolf die einzigen namhaften SED-Leute waren, die von den Veranstaltern selbst auf die Rednerliste der Kundgebung (...) gesetzt wurden, die man später als die eigentliche Zäsur der Wende hatte hochstilisieren wollen. Es sollte sich zeigen, daß die Uhren längst anders gingen.«[83]

Die Künstler der Hauptstadt hatten zu dieser Demonstration für Meinungs-, Presse- und Versammlungsfreiheit aufgerufen. Sie stand unter dem Motto: »Die Straße ist die Tribüne des Volkes«.[84] Ihre Stoßrichtung zielte eindeutig auf Krenz, wie die ursprünglich eingeplanten Redner verdeutlichen. Zu diesen gehörten neben Wolf, Gysi und Gerlach unter anderen Jens Reich, Walter Janka, Christa Wolf und Christoph Hein. Doch auch die zahlreichen, sorgsam vorbereiteten Transparente mit Schmähparolen gegen Krenz sowie die teilweise aufwendigen Malereien mit herabwürdigenden Karikaturen des Honecker-Nachfolgers bekräftigten dies.

Krenz und seine Riege bemühten sich hingegen, die Intention der Initiatoren zu unterlaufen.[85] Nicht weitere Reformen, sondern eher die Zelebrierung des bereits Geschehenen sollte Tenor der besonders von den drahtlosen Medien groß angekündigten Veranstaltung sein. Aus diesem Grund sollten sich die Mitglieder von Schabowskis Berliner Parteiorganisation möglichst zahlreich an der ersten staatlich genehmigten und vom Fernsehen übertragenen Großdemonstration beteiligen, »ohne dabei Ansatzpunkte für eine Deutung als ›Gegendemonstration‹ zu bieten«. Mitgeführte Losungen hatten die Zustimmung zur vollzogenen Wende und zur Erneuerung des Sozialismus zum Ausdruck zu bringen. Schließlich gelang es auch, mit Schabowski einen Gefolgsmann des SED-Generalsekretärs auf die Rednerliste zu hieven.

Gleichzeitig hatte Krenz umfassende Sicherheitsmaßnahmen ergreifen lassen. Neben dem Großaufgebot von Kräften der Volkspolizei und des MfS wurden 118 Hundertschaften der NVA und der Grenztruppen formiert und für ihren Einsatz vorbereitet.[86] 43 davon waren für die »Hauptstadt« vorgesehen. Sie sollten vor allem das Eindringen von Demonstranten in das Grenzgebiet verhindern. Der Generalsekretär befahl persönlich: »Im

Falle eines solchen Eindringens sind die Demonstranten durch Anwendung körperlicher Gewalt daran zu hindern, daß es in der Hauptstadt der DDR, Berlin, zu Grenzdurchbrüchen nach Berlin (West) kommt. In besonders gefährdeten Abschnitten sind zusätzlich zu den eingesetzten Grenzposten Diensthundeführer einzusetzen.«[87] Ausdrücklich untersagt von Krenz wurde der Gebrauch von Schußwaffen, konnte doch die Staatsführung gegenwärtig nichts weniger gebrauchen als Mauer-Tote.

Die Großdemonstration vom 4. November verlief friedfertig. Nach einem gewaltigen Aufzug durch die Ost-Berliner Innenstadt fanden sich bis zum Mittag mehr als eine halbe Million Menschen auf dem Alexanderplatz, dem Ort der Kundgebung, ein. Die Redner sprachen von einem LKW-Anhänger zu der unüberschaubaren Masse. »An alle Kollegen, Mitkämpfer und Hierbleiber« wandte sich als erste Rednerin die Schauspielerin Marion van de Kamp und begrüßte alle Demonstranten im Namen der Mitarbeiter der Berliner Theater.[88] Die Straße sei die Bühne des Volkes, wo dieses von den anderen Tribünen ausgeschlossen sei. Was heute hier stattfände, sei eine »sozialistische Protestdemonstration«. Denn jetzt nach der »Wende«, die manchen erbitterten Reformfeind zum Reformfreund werden ließ, sei die Befürchtung groß, daß die ehemaligen Unterdrücker sich flugs an die Spitze des Aufstandes der Unterdrückten stellen könnten und die Demonstration gegen den Staat schon bald wieder eine Manifestation für den Staat sein könnte. Ähnlich sollte sich auch die Schriftstellerin Christa Wolf äußern.

Der Schauspieler Ulrich Mühe verlas die Artikel 27 und 28 der Verfassung der DDR von 1974 mit den Bestimmungen zur Meinungs-, Presse- und Versammlungsfreiheit. Daraufhin forderte Johanna Schall die Modifikation beziehungsweise Streichung von Paragraphen des Strafgesetzbuches, die diese Verfassungsartikel einschränkten. Andere Redner folgten. Unter ihnen Gregor Gysi, der einen später oft zitierten Ausspruch tat: »Die beste Staatssicherheit sei die Rechtssicherheit«; Marianne Birthler, die von Amnestie und Rehabilitierung der Opfer sprach, Stefan Heym, der den Sozialismus, »nicht den stalinistischen«, sondern den »richtigen«, beschwor, »den wir endlich erbauen wollen«, oder Jens Reich, der zum besten gab: »Wir kennen alle die alte Spruchweisheit: Tapeziert der Nachbar sein Haus, dann tapezieren wir noch lange nicht. Dagegen setzten wir: Tapeziert der Nachbar seinen Roten Platz, dann tapezieren wir unseren Alex.«

Markus Wolf begann mit der Bemerkung, daß er nicht ohne zu zögern an dieses Mikrophon trete. Er sprach vom Versagen der alten Führung, obgleich es mahnende Stimmen auch in den eigenen Reihen gegeben habe. Selbst dann noch habe die Führung versagt, als die Menschen angefangen hätten, mit den Füßen abzustimmen. Pfiffe wurden laut, als er auf die bewegten Ereignisse um den 7. Oktober und das gewaltsame Einschreiten der Sicherheitskräfte zu sprechen kam. Diese Ereignisse würden heute wie ein Abschied von einer längst vergangenen Zeit wirken, obwohl seither erst vier Wochen vergangen seien. »Wir dürfen ihre Rückkehr nie wieder zulassen.« Seinen Blick in die Zukunft richtend, sagte der immer wieder durch Pfiffe und Buh-Rufe unterbrochene Ex-Stasi-General, er erwarte von der bevorstehenden 10. Tagung des ZK eindeutige und mit Substanz erfüllte Aussagen, ein Bekenntnis zur Verantwortung für das Geschehene, aber auch »personelle Konsequenzen«. Noch sei es nicht zu spät. Wolf vermochte aber nicht zu überzeugen und war sich auch dessen bewußt, wenn er später darüber schrieb: »Als ich mit trockenem Mund vom Pritschenwagen stieg, sagte jemand zu mir: ›Du warst vom Stasi-General zum Hoffnungsträger geworden, und jetzt gehst Du den Weg zurück.‹«[89]

Gerlach pries in seiner Ansprache seine eigene Vorreiterrolle bei der Wende. Er hob hervor: »Wir, die LDPD, haben die Tür zur Erneuerungspolitik aufgestoßen.« Mußte er für solche Äußerung Unmutsbekundungen und Pfiffe hinnehmen – in den Augen der Masse war er doch die das stalinistische System stabilisierende Kraft geblieben –, so erntete er Applaus für seine Forderung nach dem Rücktritt der Regierung Stoph, die er bereits im Vorfeld der Großveranstaltung artikuliert hatte. Jene Zustimmung, die ein Wolf oder ein Gerlach in ihrer Reformer-Rolle von der Masse für sich erhofft hatten, wurde auch Schabowski nicht zuteil. Zwar versuchte er mit der alten Losung »Vorwärts im festen Bruderbund mit der Sowjetunion« einen

Schulterschluß zwischen Krenz und Gorbatschow zu konstruieren, um daraus einen Rettungsanker für die angeschlagene Riege der Herrschenden zu schmieden, zwar gab er sich alle Mühe, den Hunderttausenden deren Reformbestreben zu vermitteln. Es half wenig. Auch er wurde ausgepfiffen. Immer wieder erscholl der Ruf Abertausender aus der Masse: »Aufhören! Aufhören!«

Der 4. November 1989 machte beiden rivalisierenden Gruppen – den prosowjetischen Reformkräften, aber auch jenen, die von Reformen sprachen, tatsächlich aber nur ihre Macht erhalten wollten – unmißverständlich klar, daß da noch das Volk war, von dem man allzu leichtfertig angenommen hatte, es vor seinen Karren spannen zu können. Dynamische Kräfte waren frei geworden, die einerseits den Männern im Politbüro verdeutlichen mußten, daß es schwer sein würde, einen Krenz als Reformer zu »verkaufen«. Andererseits mußten jene, die für die Perestroika eintraten, erkennen, daß ihre Vergangenheit auf ihnen lastete und ihre Glaubwürdigkeit als Reformer in Frage stellte.

Wolf zog aus seinem ihm zur Niederlage geratenen Auftritt die Konsequenzen, mußte er doch einsehen, daß der Plan, sich ein neues Image zu geben, gescheitert war. Wenn er je die Ambition gehabt haben sollte, als »deutscher Andropow«, als einer, der es vom Geheimdienst- zum Parteichef bringen sollte, in einer nach der Vorgabe des Kreml umgestalteten DDR zu wirken,[90] dann dürfte er sie nun verworfen haben. Vier Tage nach seinem Auftritt am Alexanderplatz sandte er an den Chefredakteur des »Neuen Deutschland« – zu diesem Zeitpunkt war das noch der Honecker-Parteigänger Herbert Naumann – einen zur Veröffentlichung bestimmten Artikel, in dem er schrieb: Die »jungen Genossen müssen den Verlauf und Ausgang der Parteikonferenz bestimmen, gemeinsam mit jungen Delegierten der Arbeiterklasse und der Bauern. Wir Älteren werden ihnen mit Rat und Tat zur Seite stehen, ihnen aber den Vortritt lassen. Einen Jürgen Kuczynski oder Markus Wolf braucht man nicht in ein neues ZK zu wählen. Sie sind auch so da.«[91]

Wolf, der fortan nicht mehr im Zentrum der Öffentlichkeit für die Perestroika kämpfen sollte, attackierte in seinem nie publizierten, gleichwohl an die westliche Öffentlichkeit gespielten Artikel auch die »provisorisch neue-alte Führung« um Krenz. Er ahnte wohl, daß die Perestroika angesichts der zunehmend an Eigendynamik gewinnenden Entwicklung in der DDR Gefahr lief, außer Kontrolle zu geraten.

Dies galt um so mehr, als die DDR-Regierung am 6. November den Entwurf eines Reisegesetzes bekanntgab.[92] Obgleich maßgebliche Vertreter der Honecker-Zeit aus dem Politbüro ausgeschieden waren, glich das Papier nicht einmal einer Kompromißlösung zwischen dem, was Schabowski und Krenz gegenüber Momper und Schröder bereits Ende Oktober sondiert hatten, und den Vorstellungen der orthodoxen Kommunisten. Zwar wurde nun keine Begründung mehr für eine Auslandsreise verlangt, doch sollten die Reisewilligen weiterhin ein Visum beantragen müssen und dabei formal überprüft werden.

Dieser Gesetzentwurf schuf nicht die erhoffte Entspannung, sondern bewirkte eher das Gegenteil, schürte er doch den Mißmut der Bevölkerung und bestätigte einmal mehr den mangelnden Willen der Führung um Krenz, wirkliche Reformen einzuleiten. So konnte der Exodus wiederum nicht gestoppt werden, sondern beschleunigte sich noch einmal. Alle zehn Sekunden traf nun ein Ausreisender in der Bundesrepublik ein. Unter dem Druck dieser Ereignisse und der anhaltenden Demonstrationen wurde der Entwurf eines Reisegesetzes vom Politbüro zur Überarbeitung durch Regierung und Volkskammer wieder zurückgezogen.

Am 7. November trat die Regierung Stoph zurück, kündigte aber gleichzeitig an, ihre verfassungsmäßigen Aufgaben bis zur Abberufung und der Wahl eines neuen Ministerrates wahrnehmen zu wollen. Noch einmal appellierte die scheidende Regierung an »die Bürger unseres Landes, in dieser politisch und ökonomisch ernsten Situation alle Kräfte dafür einzusetzen, daß alle für das Volk, die Gesellschaft und die Wirtschaft lebensnotwendigen Funktionen aufrechterhalten werden«.[93] An die Adresse derer, die sich mit der Absicht trügen, dem Land den Rücken zu kehren, richtete sich der Aufruf, »ihren Schritt noch einmal zu überlegen. Unser sozialistisches Vaterland braucht alle und jeden!«

Flankiert wurde der Rücktritt der Regierung durch allerlei hektische Maßnahmen. So gestand Generaloberst Rudi Mittig, der Stellvertreter des zurückgetretenen Mielke, Fehler und Mängel der Tätigkeit seines Ministeriums ein und bedauerte öffentlich Befugnisüberschreitungen einzelner Stasi-Mitarbeiter.[94] Der Generalstaatsanwalt der DDR bestätigte derweil im DDR-Rundfunk Übergriffe von Sicherheitskräften gegen Demonstranten am 40. Jahrestag der DDR.[95]

Die Perestroikisten setzten jetzt alles auf eine Karte, denn die Entwicklung drohte an die Existenzgrundlagen der DDR zu rühren: Die Blockparteien hatten nicht nur den Führungsanspruch der SED in Frage gestellt, sondern den Rücktritt des gesamten Politbüros gefordert. Aus dieser prekären Lage leiteten die Reformer in der SED die Legitimation her, sich ihrerseits offen an die Spitze der Parteibasis zu stellen und zum »Sturm aufs Große Haus« mobil zu machen, wie Gregor Gysi später das nannte, was sich am Nachmittag des 8. November und später vor dem Gebäude des ZK ereignete.

Mehrere tausend waren den Perestroikisten um Wolf, Gysi, Klein, den Brüdern Brie und all den anderen gefolgt. Die Diskussionsredner übten zumeist scharfe Kritik an der bisherigen Arbeit ihrer Parteiführung, der Korruption, Machtmißbrauch und Entscheidungswillkür vorgeworfen wurde. Wolf schrieb darüber: »Hier sprach die Zukunft der Partei. Im Tagungssaal waren die Genossen noch in die alten Strukturen und die meisten in die alten Denkweisen eingebunden. Die alt-neue Führung setzte das traurige Spiel der letzten Wochen fort, wich mit dem Rücken an der Wand, Schritt um Schritt vor den drängenden Forderungen der Parteibasis zurück, wie vorher vor dem Druck der Straße.«[96]

Schon am Vormittag, zu Beginn der für drei Tage angesetzten Plenartagung des ZK, war das 21köpfige Politbüro geschlossen zurückgetreten – ein in der Nachkriegsgeschichte einmaliger Vorgang bei einer regierenden kommunistischen Partei. Ein entsprechender Vorschlag von Krenz war zuvor vom ZK einstimmig gebilligt worden. Als Begründung hatte der Generalsekretär angeführt, das Politbüro wolle sich damit zu seiner Verantwortung für die gegenwärtige Situation im Land bekennen.[97]

Die Wahl des neuen Politbüros gestaltete sich für Krenz schwierig. Neben Modrow, Schürer, Herger und dem bisherigen Minister für Materialwirtschaft Wolfgang Rauchfuß als neue, schlug Krenz die bisherigen Politbüromitglieder Schabowski, Jarowinsky, Keßler, Lorenz, Werner Eberlein, Hans-Joachim Böhme und Horst Dohlus zur Wiederwahl vor. Als die Namen Dohlus und Böhme bei den Versammelten vor dem Haus bekannt wurden, kam es dort zu heftigen Unmutsbekundungen.[98] Die Vorgeschlagenen sollten Rechenschaft ablegen, denn wer nicht ehrlich seine Fehler eingestehe, vergehe sich am Sozialismus. Diskussionsredner verlangten den Rücktritt des gesamten ZK, das nicht legitimiert sei, ein neues Politbüro zu wählen.[99]

Schließlich wurden die als künftige Politbüromitglieder vorgeschlagenen Funktionäre mit Ausnahme von Dohlus gewählt. Zuvor war Krenz in seinem Amt als Generalsekretär bestätigt worden. In seiner Rede kündigte er an, daß »eine freie, allgemeine, demokratische und geheime Wahl« stattfinden werde.[100] Auch solle die Kontrolle der Wahlen garantiert sein. Dafür brauche die DDR jedoch keine internationale Beteiligung, wie es aus den Reihen der Bürgerbewegung gefordert worden war. Diese selbst sollten, sofern sie auf dem Boden der Verfassung stünden, zugelassen werden.

Krenz sprach vieles an, was sich in dem später vom ZK angenommenen »Aktionsprogramm« wiederfand, wenn er sagte, um die Gesellschaft aus der Krise herauszuführen, sei eine Reform des politischen Systems erforderlich. Ziel der Reformen könne nur sein, »einen gesellschaftlichen Konsens zur Lösung der Probleme im Rahmen einer sozialistischen Gesellschaftsordnung zu schaffen«. Es sei eine gründliche Reorganisation der Regierung nötig, deren Charakter als Koalitionsregierung es auszuprägen gelte. Darüber hinaus kündigte Krenz die »Entflechtung« von Partei und Staat an, die Erarbeitung eines Vereinigungsgesetzes, eines Versammlungsgesetzes, eines Mediengesetzes und längerfristig auch die eines neuen Strafgesetzbuches.[101]

Der Generalsekretär scheute sich nun auch nicht mehr davor, seinen Vorgänger und einzelne Mitglieder des alten Politbüros heftig zu attackieren. Insbesondere Mittag machte er für das

Desaster der DDR verantwortlich. Der habe »durch manipulierte Fakten« bewirkt, daß »falsche Einschätzungen in der Parteiführung vorherrschten«. So, als sei er nicht schon seit langem im Bilde gewesen, fuhr Krenz mit Blick auf den XI. Parteitag 1986 fort: »Aus den Erkenntnissen, die uns jetzige (!) Analysen vermitteln, wird deutlich, daß damals bei der Formulierung ökonomischer Aufgaben nicht von der Realität, sondern von subjektiven Wunschvorstellungen ausgegangen wurde.«[102]

Vor dem »Großen Haus« riefen derweil die Zusammengekommenen immer wieder nach Krenz.[103] Der Generalsekretär sollte der Basis Rede und Antwort stehen. Deren Wortführer verlangten, den Führungsanspruch der SED aus der Verfassung zu streichen, und forderten immer wieder die Einberufung eines Sonderparteitages, da nur ein solcher ein neues ZK wählen könne. Auch das ZK müsse sich legitimieren. Auf einer Parteikonferenz, zu der Schabowksi die draußen erhobene Forderung umzudeuten versuchte, hätten laut Parteistatut bestenfalls einzelne Mitglieder und Kandidaten des ZK abberufen werden können.

Am frühen Abend trat endlich Krenz vor die Menge. Er sprach sich für einen wirtschaftlich effektiven, politisch demokratischen, moralisch sauberen Sozialismus aus, der in allem den Menschen zugewandt sein müsse. Die Parteiführung sei sehr bewegt, diese Bewegung müsse nun in konkrete Taten umgesetzt werden.[104] Nach seiner fünfminütigen Rede wurde die »Internationale« angestimmt. Als das »...erkämpft das Menschenrecht« der Tausenden verklungen war, ging man auseinander; zurück blieb bei der Führung um Krenz die Erkenntnis, daß der mit Rücktritt und Neuwahl des Politbüros sowie der Annahme des »Aktionsprogramms« versuchte »Befreiungsschlag« nicht gelungen war.

Eine Erkenntnis, die sich bereits am darauffolgenden Tag bestätigen sollte. Wolf und zweihundert Perestroikisten brachten in einem Brief ihren Protest gegen die Wahl der »willfährigsten Helfer der alten Führung« ins Politbüro zum Ausdruck.[105] In Halle kam es zu Demonstrationen gegen Böhme. Schließlich wurde er seines Amtes als Chef der dortigen SED-Bezirksleitung enthoben, worauf er auch seinen Stuhl im Politbüro räumte. Den Kandidaten des Politbüros und/beziehungsweise Mitgliedern des Sekretariats des ZK Werner Walde, Johannes Chemnitzer und Ingrid Lange erging es nicht anders. Auch sie gaben auf.

Geschwächt war jedoch Krenz' Position nicht nur im Politbüro, in das sein Widersacher Modrow eingezogen war. Der Dresdener war überdies als Kandidat für das Amt des Ministerpräsidenten vorgeschlagen worden. Auf der für den 13. November einberufenen Volkskammer sollte er gewählt und mit der Regierungsbildung beauftragt werden. Ferner begnügten sich die Perestroikisten nicht mit der am 9. November für Mitte Dezember anberaumten Parteikonferenz, sondern verlangten stattdessen sogleich lautstark einen Sonderparteitag mit allen seinen Vollmachten. Krenz mußte sich darüber im klaren sein, daß ein Sonderparteitag gleichbedeutend mit seinem Sturz sein würde.

Vor diesem Hintergrund einschließlich der Nachrichten vom anhaltenden Exodus aus der DDR müssen dann auch die Ereignisse des 9. November 1989 gesehen werden. Am Morgen, an dem das »Neue Deutschland« einen von zahlreichen Kulturschaffenden wie Christa Wolf, Kurt Masur oder Stefan Heym, aber auch von Bürgerrechtlern wie Bärbel Bohley oder Gerd Poppe unterschriebenen Appell veröffentlichte, in dem die Bevölkerung der DDR aufgerufen wurde, das Land nicht zu verlassen,[106] wurde die ZK-Tagung mit einer heftig geführten Debatte fortgesetzt. In deren Verlauf wandte sich Modrow an seine Gegner: »Wenn unser Nachdenken erst wieder den Druck der Straße braucht, unser Mut nicht aus uns selbst wächst und unser Platz nicht mitten im Dialog des Volkes ist, dann haben wir weder die Kraft, noch das Recht, noch das Vertrauen, um künftig die Zustimmung der Partei und der Menschen zu gewinnen.«[107]

Während sich die Riege um Krenz, die sich auf eine Mehrheit der ZK-Mitglieder stützen konnte, heftige, mehr oder weniger offene Attacken gefallen lassen mußte, arbeitete der Hauptabteilungsleiter Paß- und Meldewesen im Innenministerium, Oberst Gerhard Lauter, mit dem Abteilungsleiter Gotthard Hubrich, zuständig im Innenministerium für »Innere Angelegenheiten«, und den Stasi-Abteilungsleitern Udo Lemme und

Joachim Krüger an einer neuen Reiseregelung.[108] Am Morgen war Lauter zum Innenminister, Armeegeneral Friedrich Dickel, bestellt und beauftragt worden, eine Verordnung anzufertigen, mit der die Regelungen für ein künftiges, von der Bevölkerung akzeptiertes Reisegesetz unbürokratisch vorweggenommen werden sollten.

In dem daraufhin erarbeiteten Papier von Lauter, Hubrich, Lemme und Krüger hieß es zunächst, daß die Verordnung vom 30. November 1988 über Reisen von Bürgern der DDR in das Ausland bis zur Inkraftsetzung des neuen Reisegesetzes keine Anwendung mehr finde. »Ab sofort« träten statt dessen folgende »zeitweilige« Übergangsregelungen »für Reisen und ständige Ausreisen aus der DDR in das Ausland« in Kraft: »Privatreisen nach dem Ausland können ohne Vorliegen von Voraussetzungen (Reiseanlässe und Verwandtschaftsverhältnisse) beantragt werden. Die Genehmigungen werden kurzfristig erteilt. Versagungsgründe werden nur in besonderen Ausnahmefällen angewandt.« Sodann wurde festgelegt, daß auch die Visa für ständige Ausreisen unverzüglich erteilt würden. Sämtliche Grenzübergangsstellen der DDR zur Bundesrepublik könnten von diesem Personenkreis genutzt werden, womit »die vorübergehende Erteilung von entsprechenden Genehmigungen in Auslandsvertretungen der DDR bzw. die ständige Ausreise mit dem Personalausweis der DDR über Drittstaaten« entfalle.[109]

Am Nachmittag, gegen 15 Uhr 30, nachdem Krenz mit dem nordrhein-westfälischen Ministerpräsidenten Rau zusammengetroffen war, ohne allerdings diesen über die bevorstehende Grenzöffnung zu informieren,[110] übergab der Noch-Regierungschef Stoph dem in die Plenartagung des ZK zurückgekehrten Generalsekretär den fertigen Entwurf der Reiseverordnung. Krenz ließ daraufhin die Tagesordnung ändern und ergriff das Wort: »Euch ist ja bekannt, daß es ein Problem gibt: die Frage der Ausreisen. Die tschechoslowakischen Genossen empfinden das allmählich für sich als eine Belastung, wie ja früher auch die ungarischen. Was wir auch machen in dieser Situation – wir machen einen falschen Schritt. Schließen wir die Grenzen zur CSSR, bestrafen wir im Grunde genommen die anständigen Bürger der

DDR, die dann nicht reisen können, und dann ihren Einfluß auf uns ausüben. Selbst das würde aber nicht dazu führen, daß wir das Problem in die Hand bekommen, denn die Ständige Vertretung der BRD hat schon mitgeteilt, daß sie ihre Renovierungsarbeiten abgeschlossen hat. Daß heißt, sie wird öffnen, und wir würden auch dann wieder vor diesem Problem stehen.«[111] Sodann verlas Krenz den Wortlaut der Reiseregelung. Nachdem dies geschehen war, wurde auf Intervention von Kulturminister Hoffmann das Wort »zeitweilig« aus der Verordnung gestrichen, um den Druck auf die zuständigen Stellen nicht zu groß werden zu lassen. Ohne eine Gegenstimme wurde die Reiseverordnung schließlich angenommen.[112]

Aller Wahrscheinlichkeit nach wurde angesichts der hektischen Sitzung – in deren Verlauf der von Krenz damit beauftragte ZK-Abteilungsleiter Ehrensperger die katastrophale wirtschaftliche Situation offengelegt hatte[113] – die Bedeutung der Reiseverordnung von den Delegierten, denen sie lediglich vorgelesen wurde, nicht erfaßt. Dies konnte geschehen, da mit keinem Wort darauf eingegangen worden war, wie »kurzfristig« und wo die Genehmigungen erteilt werden würden. Auch war keine Rede davon, ob ein Sichtvermerk in einen noch auszustellenden Reisepaß erforderlich sein sollte. Diese Fragen wurden an jenem Nachmittag des 9. November von den Mitgliedern des ZK offenbar nicht gestellt. Schabowski, der für die Medien zuständige ZK-Sekretär, schrieb darüber im nachhinein: »Sicher kam es allerdings Krenz entgegen, daß im ZK kaum darüber diskutiert wurde; unsere internen Probleme – Erneuerung der SED usw. – kamen uns viel wichtiger vor.«[114]

Gleichwohl wäre es naiv anzunehmen, daß der Initiator der Reiseverordnung, Krenz, nicht begriffen hatte, was er damit in Gang setzte. In seinem Auftrag hatte doch Schabowski am 29. Oktober gegenüber Momper und dessen Senatskanzlei-Chef Schröder von der Absicht gesprochen, im Dezember die Grenze öffnen zu wollen. Thema des Gesprächs waren sogar schon technisch-organisatorische Fragen gewesen, mit denen man auf westlicher Seite dem erwarteten Ansturm der Massen Herr werden wollte. Nun, eine gute Woche später, hatte sich Krenz angesichts der verzweifelten Situation, in die er geraten war, kurzerhand entschlossen, die Sache vorzuverlegen. Aus seiner Sicht sollte die Grenzöffnung für alle, die weder im Kalkül Gorbatschows noch dem der DDR-Perestroikisten so vorgesehen war,[115] zum großen Befreiungsschlag geraten. Von diesem erhoffte sich Krenz sowohl eine Konsolidierung der Lage im Inneren als auch die Abwehr des Angriffs der Perestroikisten und damit die Festigung seiner wankende Position.

Krenz mußte va banque spielen, denn eine Alternative dürfte für ihn nicht existiert haben. Am späten Nachmittag gab er die Reiseverordnung Schabowski, der sich um 18 Uhr im Internationalen Pressezentrum in der Ost-Berliner Mohrenstraße den Fragen der Journalisten zur ZK-Tagung stellen wollte. Kurz vor dem Ende der Pressekonferenz wurde er von einem italienischen Reporter gefragt, wie es um die Ausarbeitung einer neuen Reiseregelung für die DDR-Bürger stehe.[116] Schabowski referierte daraufhin wortgetreu den Text der Reiseverordnung. Beim Lesen des Wortes »Westberlin« zögerte Schabowski innerlich etwas, weil ihm »in diesem Augenblick durch den Kopf ging, ob überhaupt eine Abstimmung mit der Sowjetunion erfolgt sei«.[117] Nachhakenden Journalisten erwiderte er: »Die Paßfrage kann ich jetzt nicht beantworten (...). Die Pässe müssen ja, damit jeder in Besitz eines Passes ist, erst einmal ausgegeben werden.« Auf die Frage, von wann an dies geschehe, antwortete er schließlich, wenn er richtig informiert sei, nach seiner Kenntnis »unverzüglich«.[118] Schabowski verlegte damit – möglicherweise irrtümlich – die Öffnung der Grenze um einige Stunden vor, denn die Reiseverordnung sollte erst am 10. November in Kraft treten.

Mit den Äußerungen Schabowskis war noch nicht das Startsignal für das gegeben, was sich einige Stunden darauf an den Grenzübergängen abspielen sollte. Vorerst geschah wenig, denn kaum jemand wußte mit Schabowskis Ankündigung so recht etwas anzufangen. Nachrichtensendungen in Ost und West widmeten ihr kein besonderes Augenmerk. Dies änderte sich jedoch im Verlauf des Abends, als sich zunächst Hunderte, dann Tausende an den Berliner Übergängen versammelt hatten. Unter dem Druck der Menschen öffneten gegen 22 Uhr die

Grenztruppen- und Stasi-Kommandeure die Schlagbäume und Tore. Spätestens als der Moderator der »Tagesthemen« die Sendung mit den Sätzen eröffnete: »Die DDR hat mitgeteilt, daß ihre Grenzen ab sofort für jedermann geöffnet sind. Der Reiseverkehr in Richtung Westen ist frei. Die Tore in der Mauer stehen weit offen«, begann der Massenansturm – ein Massenansturm, dessen Ausmaße sich weder Krenz noch sonst jemand hatte vorstellen können.

Wenn Schabowski im nachhinein behauptete, Krenz und er hätten die Bedeutung ihres Handelns nicht erkannt,[119] dann tat er dies aller Wahrscheinlichkeit nach deshalb, weil sie die unter Federführung des Kremls errichtete Mauer ohne Genehmigung Gorbatschows durchlässig gemacht hatten. Aus dem Selbstverständnis der SED-Funktionäre war dies eine Ungeheuerlichkeit, um so mehr als man die damit eingeleitete Eruption des Volkes mit ihrer letztendlich weltpolitischen Dimension nicht richtig eingeschätzt hatte.

Später, als die Einheit unabwendbar geworden war, rechtfertigte Krenz seine Verzweiflungstat als demokratisch-moralische Weisheitstat. Aber auch Hohn gegenüber Gorbatschow – aus der Sicht der orthodoxen deutschen Kommunisten waren es er und seine Helfershelfer, die die DDR ruiniert hatten – schwingt unüberhörbar mit, wenn Krenz in seinem 1990 erschienenen Buch »Wenn Mauern fallen« schreibt, daß seine Entscheidung, die Mauer zu schleifen, kritisiert worden sei und dann hinzufügt: »Ich habe diesen Kritikern immer geantwortet, daß es notwendig gewesen wäre, die Grenze viel früher zu öffnen. Wir hätten uns nicht abkapseln dürfen, sondern hätten Gorbatschows Auffassung von der Ganzheitlichkeit der Welt auch auf die Beziehungen zwischen beiden deutschen Staaten übertragen müssen.«[120]

4. Gorbatschow verrät seine deutschen Gefolgsleute

Die Bilder aus Berlin gingen um die Welt: Bilder von der erstürmten Mauer am Brandenburger Tor, dem Wahrzeichen deutscher Teilung, Bilder von den geöffneten Grenzübergangsstellen, vom schwarz-rot-goldenen Treiben auf Berlins Kurfürstendamm. Und immer wieder Bilder von den Menschen, die einander in den Armen lagen, die vor Glück weinten, tanzten, Menschen, die sich ganz der Dynamik des gemeinsamen Erlebens hingaben. Bilder, die suggerierten, die entfesselte, elementare Kraft der Volksmassen habe die trennende Mauer – einst Symbol der Spaltung dieser Welt – kurzerhand hinweggefegt.

Wie die sprichwörtliche Bombe hatte die Nachricht von der Öffnung der Grenze am Abend des 9. November im Deutschen Bundestag eingeschlagen.[1] Die Lesung des Haushalts war unterbrochen worden, bis die Fraktionsvorsitzenden, die sich zu diesem Augenblick bei Kanzleramtsminister Seiters aufhielten, um mit diesem über die Bewältigung der Übersiedlungswelle zu sprechen, in das Plenum zurückgekehrt waren. Als erster ergriff dort Seiters im Namen der Bundesregierung das Wort, sprach von historischen Prozessen und forderte für die Chancen und Perspektiven, die sich nun auch in der DDR eröffneten, ein besonderes Maß an Solidarität von seiten der Westdeutschen. Der Minister erinnerte noch einmal an die Regierungserklärung des in Polen weilenden Kanzlers vom Vortag und dessen Bereitschaftserklärung, den Wandel in der DDR zu stützen. Er wiederholte, wenn die SED ihr Machtmonopol aufgebe und freie Wahlen verbindlich zusichere, werde Bonn wirtschaftliche Hilfe in einer »völlig neuen Dimension und Qualität« gewähren.

Auch die nachfolgenden Redner im Bundestag, wie der SPD-Vorsitzende Vogel oder der FDP-Fraktionsvorsitzende Mischnick, würdigten den historischen Augenblick. Daß die mit der Öffnung der Mauer eingeleitete Entwicklung den Weg zur staatlichen Einheit Deutschlands freimachen könnte, davon sprach an diesem Abend niemand. Für die einen überstiegen derartige Gedanken die Vorstellungskraft, für die anderen durften sie einfach nicht sein, hatten sie doch die Zweistaatlichkeit zum Dogma erhoben. Dies änderte freilich nichts daran, daß man am Ende der Aussprache gemeinsam das Lied von Einigkeit und Recht und Freiheit anstimmte.

Die Masse der Deutschen zelebrierte Einigkeit und Freiheit. Als nach einer langen Nacht der 10. November ins Land gezogen war, nutzten mehr als eine Million Menschen aus dem Osten Berlins und der DDR die Möglichkeit, die Grenzen zu passieren. Millionen hießen sie auf westlicher Seite willkommen. Für sie alle stand fest, daß es kein anderer als Gorbatschow gewesen war, dem sie dies zu verdanken hatten. Die Empfindung, die seinerzeit die Deutschen bewegte, wurde in einer ganzseitigen Anzeige in der »Frankfurter Allgemeinen Zeitung« zum Ausdruck gebracht. Dort hieß es in russischer Sprache: »Danke Freund Gorbatschow für den 9. November«.[2]

Im Kreml war man jedoch nicht minder von der Grenzöffnung überrascht worden als im Bonner Regierungsviertel. Der Sprecher des sowjetischen Außenministeriums, Gennadij Gerassimow, sagte in einem Gespräch mit einer französischen Fernsehgesellschaft, Gorbatschow habe kein grünes Licht für die Öffnung der Grenzen gegeben, dies sei vom DDR-Staatsratsvorsitzenden Krenz ausgegangen.[3] Den hatte um neun Uhr morgens an jenem 10. November der sowjetische Botschafter in Ost-Berlin, Kotschemassow, auf einer geheimen Telefonleitung angerufen und mitgeteilt, daß man in Moskau beunruhigt über die Lage an der Berliner Mauer sei, wie sie sich entwickelt habe.[4]

Wie Krenz später berichtete, habe er Kotschemassow geantwortet: »Das wundert mich. Im Prinzip wurde doch nur um Stunden vorgezogen, was heute (10.11.1989) ohnehin vorgesehen war. Unser Außenminister hat die Reiseverordnung mit der sowjetischen Seite abgestimmt.« Kotschemassow habe darauf erwidert, daß dies nur zum Teil zutreffe. »Es handelte sich nur um die Öffnung von Grenzübergängen zur BRD. Die Öffnung der Grenze in Berlin berührt die Interessen der Alliierten.« Krenz darauf: »So habe ich die Sache nicht verstanden. Doch dies ist jetzt nur noch eine theoretische Frage.«[5]

Die Verärgerung des Sowjetbotschafters war es wohl, die Krenz bewog, sich mit einem Fernschreiben direkt an den »lieben Michail Sergejewitsch Gorbatschow« zu wenden.[6] Darin verschleierte er seine wahren Motive, indem er die Maueröffnung als eine »in den Nachtstunden notwendig« gewordene Maßnahme rechtfertigte. Ursache und Wirkung verkehrend, schrieb Krenz: »Größere Ansammlungen von Menschen an den Grenzübergangsstellen zu Berlin (West) forderten von uns eine kurzfristige Entscheidung. Eine Nichtzulassung der Ausreise nach Berlin (West) hätte auch zu schwerwiegenden politischen Folgen geführt, deren Ausmaße nicht überschaubar gewesen wären.«

Um zehn Uhr morgens rief Kotschemassow ein zweites Mal bei Krenz an und beglückwünschte ihn und alle deutschen Freunde zu ihrem »mutigen Schritt«, die Berliner Mauer zu öffnen.[7] Im Kreml hatte man offenbar der neuen Situation, die nur noch mit einem in seinen Folgen für Moskau verheerenden Einsatz des Militärs hätte korrigiert werden können, blitzschnell Rechnung getragen. Wenige Stunden später stellte sich Gerassimow in Moskau den Pressevertretern mit der kühlen Verlegenheitserklärung, die Öffnung der Grenzen sei eine »souveräne Entscheidung« der DDR, die nach wie vor der strategische Verbündete der Sowjetunion »in vorderster Linie« sei.[8] Auf die Frage eines Journalisten, wie die Sowjetunion sich verhalten würde, wenn ein frei gewähltes Parlament in Ost-Berlin sich für die Wiedervereingung der beiden deutschen Staaten ausspräche, antwortete Gerassimow harsch, daß dies eine hypothetische Frage sei. Die SED sei bemüht, ein Programm der Erneuerung des Sozialismus und der Demokratisierung ins Werk zu setzen, und sie werde auch die Unterstützung des Volkes erhalten.

Daß dieser Demokratisierungsprozeß nach sowjetischem Vorbild, ja der Fortbestand der DDR schlechthin, durch die eigenmächtige Grenzöffnung gefährdet werden könnte, fürchtete Gorbatschow angesichts des unerwarteten Ausmaßes jener manifest gewordenen nationalen Dynamik, die im Widerspruch zu dem stand, was die Äußerungen westdeutscher Politiker, Wirtschaftsleute und Publizisten in der Vergangenheit hatten ahnen lassen. Kanzlerberater Horst Teltschik mutmaßte dann auch: »Gorbatschow scheint instinktiv zu spüren, daß die Menschen in beiden Teilen Deutschlands mehr bewegt als lediglich eine augenblickliche Wiedersehenseuphorie.«[9]

Teltschik berichtete weiter: Als er am Abend des 10. November mit dem aus Warschau vorzeitig zurückgekehrten Kohl, mit Außenminister Genscher, dem SPD-Ehrenvorsitzenden Brandt, dem Regierenden Bürgermeister Momper und dem Berliner Parlamentspräsidenten Wohlrabe zur kurzfristig anberaumten Kundgebung vor dem Portal des Schöneberger Rathauses gestanden habe, sei er plötzlich ans Telefon gerufen worden. Der sowjetische Botschafter in Bonn, Julij Kwizinskij, habe ihm »eine dringende Botschaft« Gorbatschows für den Bundeskanzler übermittelt und ihn gebeten, diese Helmut Kohl unbedingt noch während der Kundgebung zu überbringen: »Gegenwärtig fänden bekanntlich in beiden Teilen Berlins große Kundgebungen statt. Es müsse in dieser heiklen Situation auf jeden Fall verhindert werden, so Gorbatschow, daß ›ein Chaos‹ entstehe. Präsident Gorbatschow bitte deshalb den Bundeskanzler, beruhigend auf die Menschen einzuwirken.«

Das tat Kohl, nachdem der SPD-Ehrenvorsitzende Brandt seine denkwürdigen Worte sprach, daß nun zusammenwachse, was zusammengehöre,[10] nachdem sein Parteifreund Momper von einem Tag des Wiedersehens und nicht der Wiedervereinigung gesprochen hatte.[11] Der immer wieder durch ein gellendes Pfeifkonzert unterbrochene Bundeskanzler beschwor in seiner Rede zunächst die historische Stunde: »Heute ist ein großer Tag in der Geschichte dieser Stadt, und heute ist ein großer Tag in der deutschen Geschichte. Wir alle haben für diesen Tag gearbeitet. Wir haben ihn herbeigesehnt.«[12] Sodann rief Kohl dazu auf – das SED-Zentralorgan »Neues Deutschland« zitierte nur diese Passage –, besonnen zu bleiben und klug zu handeln, das heiße, »radikalen Parolen und Stimmen« nicht zu folgen und mit Bedachtsamkeit Schritt für Schritt zu tun.[13] Zu diesen »radikalen Parolen und Stimmen« gehörte aus der Sicht des SED-Zentralorgans freilich auch die deutsche Einheit, weshalb man nicht versäumte, darauf hinzuweisen, daß die Aufforderung Wohlrabes, die Veranstaltung mit der dritten Strophe des Deutschlandliedes zu beenden, »mit lautstarken Mißfallensbekundungen und Pfiffen« beantwortet worden sei.

In Ost-Berlin, wo die Plenartagung des ZK fortgesetzt worden war, hatten seit den Vormittagsstunden chaotische Verhältnisse geherrscht. Mit Verwirrung, Erleichterung und Untergangsstimmung war die Grenzöffnung von den Mitgliedern aufgenommen worden. Längst war die Situation durch das Präsidium nicht mehr steuerbar, als Schürer und Werner Jarowinsky über die wirtschaftliche Lage referierten. Letzterer konstatierte katastrophale strukturpolitische Fehlentscheidungen. Krenz bat unmittelbar nach Jarowinskys Vortrag, keine Informationen über die Finanzlage nach außen dringen zu lassen, und rechtfertigte noch einmal seinen Schritt.[14]

Fast zeitgleich mit der so peinlichen Kundgebung vor dem Schöneberger Rathaus bekannten sich im Ost-Berliner Lustgarten mehr als 150000 SED-Anhänger zu »ihrer DDR«, weniger zu ihrem neuen Generalsekretär. Pfiffe durchbrachen das gemeinsam angestimmte »Auf, auf zum Kampf«, als Krenz und die Parteiführung die Tribüne betraten. Schabowski eröffnete die Großkundgebung, in deren Verlauf fünfzehn Redner das Wort ergriffen, darunter die Perestroikisten Klein und Mebel, der sich abermals für die Einberufung eines Parteitages mit seinen weitreichenden Vollmachten einsetzte. Als die Reihe an Krenz war, forderte auch er radikale Reformen mit freien Wahlen. Die Besten des Volkes müßten nunmehr ins Parlament geschickt werden, denn die von ihm, Krenz, eingeleitete Wende solle zu »einer Revolution auf deutschem Boden führen«, rief er den Massen zu.[15]

Schabowski gab im Anschluß an die »Kampfdemonstration« in einem Fernsehinterview die Erwartungen der Umgebung des Honecker-Nachfolgers wieder, die diese mit dem kühnen Schritt der Grenzöffnung verband.[16] Er zitierte einen Ost-Berliner, der einem West-Sender gesagt habe, seine Heimat sei die DDR und es gebe nun keinen Grund mehr, ihr den Rücken zu kehren. Gleiches vermittelten die zentral gelenkten Medien, allen voran das inzwischen mit einer »gewendeten« Chefredaktion ausgestattete

»Neue Deutschland«. In der Berichterstattung kam ausgiebig das vermeintliche DDR-Staatsvolk zu Wort, wie etwa die junge Werktätige, die nach einem Ausflug in den Westteil Berlins kundtat, daß die Straßen auch nicht anders aussähen als in Prenzlauer Berg. Sicher, die Geschäfte seien bunter, das Angebot beeindruckend, aber zu Hause sei sie doch auf der anderen Seite.[17]

Durch seine Maßnahmen war Krenz nun ganz und gar auf Perestroika-Kurs eingeschwenkt. Offenbar seiner Eigenmächtigkeit in der Angelegenheit der Grenzöffnung wegen, wurde er jedoch verstärkt unter Druck gesetzt. Einmal mehr mit von der Partie soll Markus Wolf gewesen sein. Im Zusammenwirken mit dem eilends aus Moskau angereisten Falin soll er die Fäden zur Entmachtung von Krenz mit gesponnen haben. In der sowjetischen Botschaft »Unter den Linden« wurde der Honecker-Nachfolger vom Gorbatschow-Vertrauten einvernommen, worauf ersterer »sehr betrübt« aus der Mission gekommen sein soll. Danach wurde mehrmals Modrow auf dem Weg zu Falin beobachtet. Politische Beobachter schlossen daraus, daß Krenz nun »abserviert« und damit für die Perestroikisten der Weg zu Macht endgültig geebnet werde.[18]

Ein erster Schritt hierzu stellte die Neuwahl des Ministerpräsidenten bei der Plenartagung der Volkskammer am 13. November dar. Der Volkskammerabgeordnete des Kulturbundes, Manfred von Ardenne, nahm dies zum Anlaß, in seiner Rede seiner Genugtuung Ausdruck zu verleihen.[19] Er sei sehr froh darüber – sagte er –, daß Modrow »für das in diesem Augenblick schicksalsschwere« Amt des Ministerpräsidenten vorgeschlagen worden sei. »Über sechzehn Jahre hinweg haben wir ihn in Dresden als klugen dynamischen Wirtschaftsstrategen kennengelernt, der auch in komplizierten Situationen den Kopf oben behält und den Tatsachen ins Gesicht sieht.« Nach den Wortbeiträgen Ardennes und anderer Parlamentarier votierten die Versammelten bei nur einer Gegenstimme für Modrow, der damit die Nachfolge Stophs antreten konnte. Zuvor hatte die Volkskammer den Bauernpartei-Vorsitzenden Maleuda im zweiten Wahlgang überraschend mit 246 zu 230 Stimmen für den

Gegenkandidaten Gerlach (LDPD) zum Präsidenten der Volkskammer gewählt. Maleudas Stellvertreter wurde Jarowinsky.

Vor dem Plenum kam es zu peinlichen Selbstbezichtigungen Stophs und Sindermanns sowie zu noch peinlicheren Rechtfertigungsversuchen Mielkes, dessen einstiges Ministerium inzwischen ins Kreuzfeuer oppositioneller Kritik geraten war. Der behauptete, das MfS hätte sich immer um einen breiten Kontakt zur »Basis«, zum Volk, bemüht. Als er die Volkskammerabgeordneten mit »Genossen« anredete und auf den Einwand, es säßen nicht nur SED-Angehörige im Parlament, erwiderte, das sei doch eine formale Frage, erntete er lautstarke Unmutsbekundungen. Unter dem Hohngelächter zahlreicher Abgeordneter stammelte der Greis nunmehr: »Aber ich liebe, ich liebe doch alle, alle Menschen, na ich liebe doch – ich setze mich doch dafür ein.«[20]

Keine Woche später tagte die Volkskammer abermals.[21] Im Verlauf der turbulenten Sitzung wurden Stoph, Sindermann, Götting und Homann als stellvertretende Vorsitzende des Staatsrates sowie Hager, Tisch, Werner Krolikowski und Peter Moreth von der LDPD als dessen Mitglieder abberufen. Professor Manfred Mühlmann (NDPD) wurde zum Stellvertretenden Vorsitzenden, der LDPD-Abgeordnete Gerhard Lindner zum Mitglied des Staatsrates gewählt. Darüber hinaus wurden die Volkskammermandate von 27 der 127 SED-Abgeordneten aufgehoben. Unter ihnen befanden sich Honecker, Axen, Böhme, Dohlus, Hager, Herrmann, Krolikowski, Mielke, Mittag, Sindermann, Stoph sowie die ehemaligen Kandidaten des Politbüros Inge Lange, Müller und Walde; aber auch die früheren Minister Dickel und Margot Honecker sowie mehrere Erste Sekretäre von SED-Bezirksleitungen. Für sie wurden 27 Nachrücker als Abgeordnete berufen. Ihre Volkskammermandate verloren auch Angehörige der Parteien der Nationalen Front, wie etwa der einstige CDU-Vorsitzende Götting.

Neben der von Krenz, der sein neues Image als Reformer unter Beweis stellen wollte, mitinitiierten Entfernung der Honecker-Fronde stand auf dem Programm der 12. Volkskammer-Tagung vom 17. und 18. November die Wahl des Kabinetts

Modrow. Zu dessen Stellvertreter für Wirtschaft avancierte die SED-Funktionärin Christa Luft, die, wie der Offizier im besonderen Einsatz, Oberst Schalck-Golodkowski, bei einer Vernehmung durch den Verfassungsschutz behauptete, »aktive und enge Kontakte zur HVA« unterhalten haben soll.[22] Für die örtlichen Staatsorgane wurde der LDPD-Funktionär Peter Moreth Stellvertreter Modrows. Einem Protokoll des Politbüros vom 16. November zufolge war als Stellvertreter für Kirchenfragen der über exzellente Beziehungen in die Bundesrepublik verfügende Stolpe vorgesehen. Einmal mehr manifestierte sich darin der Wille, sich weiterhin der Evangelischen Kirche als Stütze des Regimes zu bedienen. Modrow erklärte später, dies sei auf eine Initiative des neuen CDU-Vorsitzenden de Maizière zurückzuführen.[23] Stolpe, der sich später für den Ministerpräsidenten Modrow stark machen sollte, wurde von der Berlin-brandenburgischen Kirche nicht freigegeben,[24] so daß de Maizière an seine Stelle trat.

Der neuen Koalitionsregierung, »eines kreativen politischen Bündnisses« (Modrow), gehörten nun nicht mehr 45, sondern nur noch 28 Mitglieder an. Die LDPD war mit vier, die CDU mit drei, die NDPD und die DBD waren jeweils mit zwei Ministern in der Regierung vertreten. Acht der neuen Regierungsmitglieder hatten schon unter Stoph gedient, darunter Schürer, der Vorsitzende der Staatlichen Plankommission, Außenhandelsminister Gerhard Beil sowie Außenminister Fischer. Einige SED-Genossen waren von ihren bisherigen Erste-Stellvertreter-Funktionen aufgerückt, wie etwa Vizeadmiral Theodor Hoffmann zum Verteidigungsminister und Generalleutnant Lothar Ahrendt zum Minister für Innere Angelegenheiten.

Zu Modrows Koalitionsregierung tauchte eine Liste auf,[25] auf der mindestens zehn der 27 Minister als Inoffizielle Mitarbeiter des Staatssicherheitsdienstes ausgewiesen wurden. Die übrigen 16 Minister sind in ihrer Mehrheit für die HVA registriert. Nicht erfaßt vom MfS sind laut Dokument Schürer, die Ministerin für Arbeit und Löhne Hannelore Mensch sowie Wolfgang Schwanitz. Letzterer war Generalleutnant im MfS, gehörte dort dem berüchtigten »Kollegium«, dem Führungsgremium, an und sollte das Amt für Nationale Sicherheit (AfNS) leiten, wie die Nachfolgeorganisation des laut Regierungsbeschluß formal aufgelösten MfS fortan heißen sollte.

Schwanitz war dazu ausersehen worden, die »Umgestaltung« des inzwischen zunehmend öffentlich kritisierten MfS in ein verkleinertes AfNS zu inszenieren. Dies geschah nach altbewährtem Muster. Am Anfang stand auch hier das medienwirksam zelebrierte Eingeständnis einer folgenschweren Fehlentwicklung. Die Stasi habe das Volk überwacht, räumte Schwanitz im »Neuen Deutschland« ein.[26] Sodann nannte der Generalleutnant in dem Zeitungsgespräch einmal mehr die Verantwortlichen für die Fehlentwicklung im MfS: die Parteiführung und Mielke selbst. Der hatte dies durch seinen peinlichen Volkskammerauftritt geradezu unter Beweis gestellt. Kollegium und SED-Kreisleitung des MfS unter Führung ihres Ersten Sekretärs, des Generalmajors Horst Felber, hatten sich am 14. November in »tiefer Bestürzung« an die Volkskammer gewandt und sich von den Äußerungen Mielkes distanziert.[27] Durch die unzureichenden Darlegungen und Rechtfertigungsversuche, ohne zugleich die politische Verantwortung für die Gesamttätigkeit des Ministeriums für Staatssicherheit zu übernehmen, sei in der Öffentlichkeit ein falsches Bild von Arbeit und Haltung der MfS-Mitarbeiter entstanden.

Diesen gegenüber wurden in einer Reihe von »Erste(n) Gedanken«[28] und »Arbeitsthesen der Kreisleitung zu aktuellen Aufgaben in der Parteiarbeit«[29] die Ursachen erläutert, die zur politischen und ökonomischen Krise geführt hatten. Neben groben Verletzungen des Statuts der SED und der Unfähigkeit zur Selbstkritik wurde auch ein kurzsichtiges Festhalten an »Entscheidungen im Zusammenhang mit der Gewährleistung der Einheit von Wirtschafts- und Sozialpolitik« ins Feld geführt. Obgleich damit bereits der Gegenstand der erbitterten Auseinandersetzung der zurückliegenden Jahre zwischen Ost-Berlin und Moskau beim Namen genannt wurde, prangerten die »Arbeitsthesen« auch die »grobe Mißachtung« und »selbstgefällige, ablehnende Haltung zu den vom XXVII. Parteitag der KPdSU aufgeworfenen Problemen der Umgestaltung in der Sowjetunion« an. Anders ausgedrückt: Durch die Abkehr vom Perestroika-Kurs des Kreml sei die DDR erst in die gegenwärtige Krise geschlittert.

Unter Berufung auf das alte Kampfbündnis mit den sowjetischen Tschekisten bekundete die Parteiorganisation des AfNS/MfS, für die revolutionäre Umgestaltung einzutreten. »Wir versichern erneut, daß die Staatssicherheitsorgane sich mit Entschiedenheit zur Erneuerung der sozialistischen Gesellschaft der DDR bekennnen, sie engagiert unterstützen und die dazu notwendigen Veränderungen bei sich selbst durchsetzen werden.«[30] Tatsächlich blieb jedoch, abgesehen von personellen Konsequenzen, alles beim alten. Siebzehn Chefs von größeren Dienstbereichen wurden mit sofortiger Wirkung durch neue Männer ersetzt. Einer, der seinen Posten behielt, war der Leiter der für die Kirchensteuerung zuständigen Abteilung XX/4 und Führungsoffizier des IM »Sekretär«, Oberst Joachim Wiegand, der später mit der Abwicklung seiner Diensteinheit betraut werden sollte.[31]

Im Zuge der propagierten Umgestaltung im MfS, zu der die Ankündigung einer Verringerung der Personenstärke um achttausend Mitarbeiter, aber auch strukturelle Veränderungen gehörten, setzten bald streng geheimgehaltene Aktenbereinigungen ein. So wurden nicht nur in der Berliner Stasi-Zentrale Ende November und Anfang Dezember 1989 die Unterlagen zahlreicher Inoffizieller Mitarbeiter, wie zum Beispiel die Lothar de Maizières, Stolpes oder Finks, vernichtet.[32] Bei diesen Säuberungen in der »uneinnehmbaren« MfS-Zentrale ging es weder schon darum, die brisanten Unterlagen vor dem Zugriff der Straße zu bewahren noch vor dem des »Klassenfeindes«, denn die Einheit, wie sie kaum ein Jahr später vollzogen werden sollte, lag damals noch völlig außerhalb jeder Vorstellungskraft. Die Aktenbereinigungen standen vielmehr im Zusammenhang mit dem internen Machtkampf im SED-Apparat. Es ging offenbar darum, der Riege um Krenz und ihren Satrapen die in den Stasi-Unterlagen liegenden politischen Möglichkeiten zu nehmen. Mit anderen Worten: Es galt, die neuen, als moralisch integer geltenden Männer, sollten sie in der Vergangenheit als Inoffizielle Mitarbeiter im Dienste des MfS gestanden haben, gegenüber diskreditierender Enttarnung abzusichern.

Wichtiger für die »Wendemacher« mußte es freilich sein, die neue DDR-Regierung als Instrument des Staatsvolkes herauszustellen. Das war insofern nicht leicht, als angesichts der verstärkt einsetzenden Enthüllungen über die Parteiführung das Image der SED in immer größerem Maße Schaden nahm. Dies galt insbesondere auch für die Parteibasis, wo sich nun einfache Mitglieder um ihre lebenslange Arbeit betrogen fühlten. In einem an das Zentralkomitee gerichteten Fernschreiben über die politische Lage und das Stimmungsbild im Bezirk Dresden vom 16. November ist die Rede von mehr als zehntausend Parteiaustritten in der ersten Monatshälfte. Es handele sich dabei vor allem um »Genossen«, die sich nicht mehr mit der Parteiführung identifizierten und die kaum mehr glaubten, daß die Verursacher der »an Partei, an Arbeiterklasse und Volk und am Sozialismus der DDR verübten Verbrechen zur Verantwortung gezogen werden«.[33]

Modrows Regierungserklärung vom 17. November[34] war neben der Wiederholung der Leitgedanken der Perestroika-Konzeption, zu der auch das an Bonn gerichtete Angebot einer »Vertragsgemeinschaft« zweier souveräner deutscher Staaten gehörte, von dem Bemühen gekennzeichnet, die Partei als wahren Interessenvertreter des Volkes darzustellen. So tat er kund, die demokratische Erneuerung in der DDR sei von Hunderttausenden im Volk »begonnen« worden, »die wahrhaftig aus sich heraus und auf die Straße gegangen sind«. Solche Feststellungen waren freilich nicht unrichtig, wenngleich hier offenbar auch das Bemühen mitschwang, die eigentliche Urheberschaft der Wende zu kaschieren.

Wenn Modrow in seiner Regierungserklärung abermals beteuerte, das »Volk der DDR« wolle »einen guten Sozialismus«, so konnte er sich hierbei nur auf einen Teil der Bevölkerung stützen, denn der breiten Masse ging es mehr um die erkämpfte Reisefreiheit und um die Verbesserung der Lebensbedingungen als um politische Programme oder Ideologien. Um so wichtiger mußte es daher aus der Sicht der neuen Staatsführung sein, aus den verschiedenen gesellschaftlichen Organisationen deklamatorische Unterstützung für die Durchsetzung eben dieses »guten Sozialismus« zu erhalten. Hierzu dienten nicht nur die Blockparteien und anderen Staats-Organisationen. Auch die DDR-Bürgerbewegung wurde einmal mehr vereinnahmt, proklamierten deren Angehörige doch die Vision eines demokratischen Sozialismus.

Vor allem aber von der Evangelischen Kirche wurde der neuen Staatsführung wortstarke Unterstützung zuteil. Am 14. November 1989 bekannte sich Stolpe bei der von Politbüromitglied Jarowinsky abgesegneten Ehrendoktor-Verleihung[35] in der Greifswalder Universität demonstrativ zur Politik der neuen Männer. In seinem Referat über die »Verantwortungsgemeinschaft von Christen und Marxisten« sagte der Geehrte, Gorbatschow habe die Menschen in der DDR ermutigt, »neue Formen des Lebens auf deutschem Boden zu finden«.[36] Stolpe berief sich dabei auf die Rede des neuen Staatsratsvorsitzenden vom 8. November 1989, der gesagt habe, »daß es lohnt, für einen wirtschaftlich effektiveren, sozial gerechten, demokratischen, moralisch sauberen und den Menschen zugewandten Sozialismus einzutreten«.

Der vorgebliche Wille der neuen Männer, für diesen »moralisch sauberen Sozialismus« zu kämpfen, mußte sich vor allem auch in der von der Parteibasis eingeforderten und immer wieder von der Führung derselben Partei angekündigten konsequenten Ahndung jeglicher Vergehen manifestieren. Mit Blick auf den nunmehr vom Zentralkomitee der SED für den 15. bis 17. Dezember anberaumten Sonderparteitag waren diese Maßnahmen sogleich auf Parteiebene eingeleitet worden, nachdem den wichtigsten Vertretern der Honecker-Fronde ihre staatlichen Positionen und Volkskammermandate entrissen worden waren. Auf Tagungen der Zentralen Parteikontrollkommission unter dem Vorsitz des Politbüro-Mitglieds Eberlein wurden neben Rehabilitierungen Anträge behandelt, in denen Parteiverfahren gegen Mitglieder gefordert wurden, »die schwerwiegende Verstöße gegen das Parteistatut begangen haben und die Verantwortung für die gegenwärtige Lage in der Partei und im Land tragen«.[37] Eines der ersten Opfer war das frühere Politbüro-Mitglied Mittag, das nun aus der SED ausgeschlossen wurde. Gegen Honecker leiteten die »Wendemacher« ein Parteiverfahren ein.

Der von Modrow vorgeschlagene, am 11. November von der Volkskammer beschlossene und am 18. eingesetzte parlamentarische Untersuchungsausschuß sollte sich ebenfalls mit Amtsmißbrauch, Korruption und widerrechtlicher Bereicherung der Führung um Honecker beschäftigen. Im Zusammenhang damit mutmaßte Markus Wolf, daß Honecker und der frühere ZK-Sekretär für Wirtschaft Mittag sich in einem Strafprozeß verantworten müßten.[38] Solche Prognosen schienen die täglich vom »Neuen Deutschland« und anderen zentral gelenkten Medien verbreiteten Nachrichten zu rechtfertigen.

Im Mittelpunkt stand das »privilegierte Leben« der alten Führung in – auf der Kundgebung am 4. November von der Schauspielerin und Altkommunistin Steffie Spira erstmals ins Gespräch gebracht[39] – Wandlitz, jenem als »Bonzenhausen«, »Honecker-City« oder »Volvograd« hinter vorgehaltener Hand titulierten, hermetisch abgeschirmten geheimen Ort mit seinem für DDR-Verhältnisse beachtlichen Lebensstandard. Solche Einblicke in die gleichwohl biedere Wandlitzer Welt der alten Führung schürten bei den Menschen – ob sie der Partei angehörten oder nicht – Haß und Verachtung und boten jenen, die bislang auch nicht anders gelebt hatten, die Legitimation, die Perestroika konsequent fortzusetzen.

Hier hinein platzte Kohls Zehn-Punkte-Plan. Von der Erkenntnis beseelt, eine einzigartige historische Chance zu haben, hatte der Bundeskanzler ohne vorherige Absprache mit den westlichen Verbündeten, aber auch ohne Einbeziehung des Koalitionspartners FDP, nach Konsultationen nur mit seiner engsten Umgebung beschlossen, die Initiative zu ergreifen.[40] Am 28. November während der Haushaltsdebatte im Bundestag stellte er sein Programm vor.[41] Die Bundesregierung sei bereit, über die von Modrow angeregte »Vertragsgemeinschaft« hinauszugehen und konföderative Strukturen zwischen beiden deutschen Staaten zu entwickeln, um danach eine Föderation, eine bundesstaatliche Ordnung in Deutschland, zu schaffen.

Ziel bleibe die »Wiedergewinnung der staatlichen Einheit Deutschlands«. Kohl, der seiner Überzeugung Ausdruck verlieh, daß die Einheit in Deutschland kommen werde, wenn die Menschen sie wollten, er sei sich dessen sicher, vermied dabei zeitliche Festlegungen. Er hob hervor, daß die Entwicklung der innerdeutschen Beziehungen in den gesamteuropäischen Prozeß und die Ost-West-Beziehungen eingebettet werden müßte.

Die Regierung Modrow, die den Kreml hinter sich wußte, reagierte auf Kohls Angebot, wie es die Perestroika-Konzeption vorsah. Eine Wiedervereinigung stehe nicht auf der Tagesordnung; niemand in Ost oder West wolle ernsthaft eine Veränderung des europäischen Gleichgewichts, sagte Modrows Sprecher Wolfgang Meyer.[42] Und weiter: Solche Erklärungen, wie die des Bundeskanzlers, gingen nicht nur an den Realitäten vorbei, sie könnten auch zu Irritationen führen, da sie die sowohl im Grundlagenvertrag als auch in der Schlußakte von Helsinki festgeschriebene Souveränität und Unabhängigkeit beider deutscher Staaten außer acht ließen. Der DDR-Regierungssprecher fuhr fort, was die Bezugnahme des Bundeskanzlers auf die Selbstbestimmung betreffe, so bringe die überwiegende Mehrheit des Volkes in der DDR zum Ausdruck, daß es um die Erneuerung einer souveränen sozialistischen DDR ginge.

Ansonsten konstatierte Modrows Regierungssprecher, daß die Vorschläge des Bundeskanzlers für die Zusammenarbeit mit der DDR interessante Ansatzpunkte für Verhandlungen böten, die auch von der Regierung der DDR gesehen würden. Das betreffe auch die Überlegungen hinsichtlich der Bildung gemeinsamer Kommissionen, die zur Ausgestaltung der von Modrow vorgeschlagenen Vertragsgemeinschaft beitragen könnten. Mit Interesse sei in der DDR auch die Tatsache aufgenommen worden, daß Kohl von konföderativen Strukturen gesprochen habe, wobei er es allerdings vermieden habe, »klar und deutlich zu äußern, daß es sich dann nur um eine Konföderation zwischen zwei souveränen Staaten handeln könnte«.

Gegen eine staatliche Einheit und für jenes Perestroika-Modell einer Konföderation zweier unabhängiger Staaten sprachen sich sogleich auch die Führungen der Blockparteien LDPD,

CDU und NDPD aus. Der NDPD-Vorsitzende Hartmann bezeichnete den vom Bundeskanzler vorgetragenen Konföderationsplan als »vernünftiges Modell«.[43] Eine Aufhebung des Sozialismus könne gleichwohl nicht in Frage kommen. De Maizière und Gerlach äußerten sich ganz ähnlich. Dies galt aber auch für die Mehrheit der SDP-Politiker und für diejenigen, die sich im Neuen Forum organisiert hatten. Die Bonner Grünen hatten schon zuvor einen Entschließungsantrag zur Deutschlandpolitik vorgelegt, dessen Kernelement die Zweistaatlichkeit blieb.[44] Auch in der SPD mehrten sich die Stimmen derer, die von Kohls Zehn-Punkte-Plan abzurücken begannen.[45]

Nahtlos in die Vorstellungen der Perestroikisten fügte sich der Appell »Für unser Land«, den das »Neue Deutschland« just am Tag nach Kohls Bundestagsrede – gleichsam als Antwort darauf – veröffentlichte.[46] In dem Aufruf wurde zunächst festgestellt, daß die DDR in einer »tiefen Krise« stecke. Gewaltfrei, durch Massendemonstrationen habe das Volk den Prozeß der revolutionären Erneuerung erzwungen. Weiter hieß es: »Entweder können wir auf der Eigenständigkeit der DDR bestehen und versuchen, mit allen unseren Kräften und in Zusammenarbeit mit denjenigen Staaten und Interessengruppen, die dazu bereit sind, in unserem Land eine solidarische Gesellschaft zu entwickeln (...). Oder wir müssen dulden, daß, veranlaßt durch starke ökonomische Zwänge und durch unzumutbare Bedingungen, an die einflußreiche Kreise aus Wirtschaft und Politik in der Bundesrepublik ihre Hilfe für die DDR knüpfen, ein Ausverkauf unserer materiellen und moralischen Werte beginnt und über kurz oder lang die Deutsche Demokratische Republik durch die Bundesrepublik Deutschland vereinnahmt wird.« Zu guter Letzt gipfelte alles in dem Aufruf, den ersten Weg, den in Richtung einer »sozialistischen Alternative zur Bundesrepublik«, zu gehen.

Die Urheberschaft des Appells »Für unser Land«, der später seine Ergänzung in dem von west- und ostdeutschen Intellektuellen initiierten Aufruf »Für eine offene Zweistaatlichkeit«[47] erfahren sollte, wurde den Schriftstellern Christa Wolf und Stefan Heym zugeschrieben. Zu den Erstunterzeichnern gehörten neben zahlreichen anderen »Kulturschaffenden« jedoch auch

Männer wie der Modrow-Mitstreiter und Dresdener Oberbürgermeister Berghofer, der SED-Politökonom Klein, aber auch Angehörige der DDR-Bürgerrechtsbewegung wie Weiß und Pflugbeil. Später kamen Krenz, Modrow und NDPD-Chef Hartmann als Unterzeichner hinzu.

»Für unser Land« gaben auch führende Vertreter der Evangelischen Kirche, wie der Magdeburger Bischof Demke und der Berliner Superintendent Krusche, ihre Unterschriften. Einmal mehr zeigte sich, daß ein Großteil der Funktionäre in den Kirchenleitungen zu einer tragenden Säule eines eigenständigen sozialistischen deutschen Staates geworden waren, den Konsistorialpräsident Stolpe zuletzt am 14. November in Greifswald beschworen hatte.[48] Er hatte sich dabei auf die Barmer Erklärung und ihre Konkretisierung durch das Schreiben der evangelischen Bischöfe aus dem Kloster Lehnin vom 15. Februar 1968 berufen: Als Staatsbürger der DDR und als Christen »gehen wir davon aus, daß nach dem durch deutsche Schuld begonnenen Krieg nun auf dem Boden der deutschen Nation zwei deutsche Staaten bestehen«. Stolpe warnte in diesem Zusammenhang noch einmal nachdrücklich vor den »zwiespältigen Deutschen«, die »in ihren Bierstuben und in ihren Herzen« ihrer »nationalen Phantasie« »freien Lauf« ließen.

Eben dies taten nun jene Deutschen, die vor allem im Süden der DDR nach wie vor zu Hunderttausenden auf die Straße gingen. Vorerst nur vereinzelt, aber jetzt immer häufiger erscholl aus ihren Reihen der Ruf nach dem »einig Vaterland«. An die Stelle der Parole »Wir sind *das* Volk« trat nun: »Wir sind *ein* Volk«. Selbst bei dem ganz auf einen »dritten Weg« fixierten Neuen Forum wurden nun – allerdings sogleich wieder dementierte – Stimmen laut, die langfristig einen einheitlichen deutschen Nationalstaat »in den jetzigen Grenzen von DDR und BRD und bei Herauslösung aus den militärischen Verpflichtungen des Warschauer Vertrages und der Nato« nicht länger als indiskutable Utopie betrachtet wissen wollten.[49]

Um solchen Entwicklungen, wie sie durch Kohls Zehn-Punkte-Plan forciert wurden, entgegenzuwirken, entfaltete die neue Führung eine Reihe von Aktivitäten. Zu diesen gehörte es nun, die im Vorjahr aufgenommenen Kontakte zum Jüdischen Weltkongreß (JWC) zu intensivieren.[50] Es störte dabei wenig, daß es der SED-Staat war, der weder diplomatische Beziehungen zu Israel unterhielt, noch Wiedergutmachung für die Verbrechen des Holocaust geleistet hatte – der SED-Staat, der sowohl die PLO unterstützte als auch unter der Regie seines Staatssicherheitsdienstes in der Bundesrepublik antisemitische Kampagnen steuerte, die den anderen deutschen Staat moralisch diskreditieren sollten.[51]

Am 30. November versicherte Bronfmans Bevollmächtigter Maram Stern DDR-Außenminister Fischer: »Der JWC sei ein Freund der DDR und werde es bleiben. Für ihn stehe die Frage der Wiedervereinigung nicht auf der Tagesordnung. Der JWC werde alles tun, damit es nicht dazu komme.«[52] Maram Stern drückte darüber hinaus »die Sorge des JWC vor einem Ausverkauf der DDR an die BRD aus. Joint Ventures müßten mit Vorsicht behandelt werden. Die DDR sollte mit Lothar Späth engere Kontakte halten. Er sei nicht so auf die Wiedervereinigung fixiert wie der Bundeskanzler.«

Fischer informierte in diesem Gespräch freilich auch über die aktuelle Entwicklung in der DDR. So gab er die Gorbatschow-Position wieder, wenn er sagte: »Er gehe davon aus, daß die DDR ein sozialistischer Staat bleibe, keine Wiedervereinigung erfolge und der Reformprozeß unumkehrbar sei.« In der Frage der von Stern angebotenen Unterstützung durch den JWC kündigte der DDR-Außenminister eine detaillierte Antwort seiner Regierung an und begnügte sich zunächst damit, noch einmal die prinzipielle Bedeutung der vertrauensvollen Kontakte zwischen DDR und JWC, der auch diplomatische Beziehungen zwischen Ost-Berlin und Jerusalem hergestellt wissen wollte, hervorzuheben.

Einige Tage darauf kam Fischer mit dem Präsidenten des Verbandes der 1988, im Zuge von Honeckers damaligen Amerika-Besuchs-Ambitionen, in den Medien »wiederentdeckten« und staatlich hofierten Jüdischen Gemeinden in der DDR, Siegmund Rotstein, zusammen.[53] Dieser hatte bereits im Oktober gemeinsam mit seinem Vizepräsidenten Peter Kirchner, mit der Humboldt-Universitäts-Dozentin Will, mit dem früheren Präsidenten des Obersten DDR-Gerichtshofes Heinrich Toeplitz und dem Darmstädter Universitäts-Dozenten Axel Azzola eine »Erklärung zur deutschen Frage« verfaßt und darin von Bonn die Abschaffung der einen deutschen Staatsbürgerschaft verlangt.[54] Sie hatten damit dem Massenexodus aus der DDR und ihrer Existenzgefährdung etwas entgegensetzen wollen. In dem Papier hatten sie zum Ausdruck gebracht, daß es für eine deutsche Einheit nicht nur der Zustimmung der Siegermächte des Zweiten Weltkrieges bedürfe, sondern »in Ansehung der Schoah, des Massenmordes an den europäischen Juden« der Mitwirkung des jüdischen Volkes »eine hervorragende Bedeutung« zukomme.

Bei dem Gespräch zwischen Rotstein und Fischer ging es um einen Maßnahmenkatalog zur Regelung des Verhältnisses zwischen der DDR und dem Staat Israel. Dazu gehörten Fragen der Wiedergutmachung, die Rotstein ansprach: »Wenn es der DDR wirtschaftlich wieder besser gehe, seien die prinzipiell aufgeworfenen Fragen für Wiedergutmachungsleistungen auf die Tagesordnung zu setzen.« Es sei jedoch erforderlich, daß die neue Regierung der DDR bereits jetzt – wie die Bundesrepublik – die Verantwortung für die braune Vergangenheit auf sich nehme. Fischer kündigte daraufhin ein weitreichendes Entgegenkommen an, schien doch die »jüdische Karte« auf dem internationalen Terrain von nicht geringer Bedeutung für die Nach-Honecker-DDR zu sein.

Die Männer um Modrow setzten dabei freilich auch auf London und Paris. Von dort waren Bedenken zu vernehmen, daß die Wiederherstellung der deutschen Einheit das Gleichgewicht und damit die Stabilität des Friedens in Europa gefährdete. Der französische Staatspräsident Mitterrand verkündete überdies, daß die westeuropäische Einigung Vorrang vor allen Einzelinteressen habe.[55] Eilends ließ er den für den 20. Dezember geplanten Staatsbesuch in der DDR bestätigen, in dessen Verlauf Gespräche mit Modrow und dem amtierenden Staatsratsvorsitzenden Gerlach stattfinden sollten. Ebenso beabsichtigt war, ein Regierungsprogramm über wirtschaftlich-industrielle Zusammenarbeit für die kommenden fünf Jahre zu vereinbaren.[56]

Was die Haltung der Vereinigten Staaten anging, so hatte Bronfmans Bevollmächtigter Stern bei seinem Gespräch mit Fischer nicht nur angekündigt, der JWC werde dort im Sinne deutscher Zweistaatlichkeit wirken, sondern er hatte auch zu berichten gewußt – so steht es in dem Gesprächsprotokoll vom 30. November –, daß »im Außenministerium (...) man trotz anderslautender Äußerungen eine Wiedervereinigung nicht gerne sehen (würde)«.[57] Wie dem auch sei, als Präsident Bush auf dem sowjetischen Kreuzer »Slawa« und dem amerikanischen Kriegsschiff »Belknap« auf dem Mittelmeer vor Malta mit Gorbatschow zusammentraf, gab er seiner Erwartung Ausdruck, daß eine Einigung Deutschlands am Ende eines schrittweisen Prozesses stehen werde, den er nicht beschleunigen, sondern dem Lauf der Geschichte überlassen wolle.[58]

Entscheidend für die neuen Männer in Ost-Berlin war, was den Fortbestand der DDR anging, freilich der Partner in Moskau. Anfang Dezember, nachdem Schewardnadse dem deutschen Außenminister gesagt hatte, Kohls Zehn-Punkte-Plan sei ein nicht akzeptables »Diktat«,[59] betonte Gorbatschow gegenüber Genscher einmal mehr, daß die Sowjetunion die DDR »als verläßlichen Verbündeten und als wichtigen Garanten für Frieden und Stabilität in Europa« betrachte.[60] Selbst nach dem Gipfeltreffen vor Malta – am 8. Dezember – bekräftigte Gorbatschow vor dem Moskauer Plenum des Zentralkomitees diese Position: »Wir unterstreichen mit aller Entschiedenheit, daß wir die DDR nicht im Stich lassen.«[61] Der Kreml reaktivierte sogar seine Siegerrechte und lud für den 11. Dezember die Botschafter der Vereinigten Staaten, Frankreichs und Großbritanniens zu einem Vier-Mächte-Treffen ins Berliner Kontrollratsgebäude ein, um dort – wie es hieß – über »die geschaffenen Kontrollmechanismen der ehemaligen Alliierten der Anti-Hitler-Koalition zu beraten«.[62] Eine solche von London und Paris nicht ungern mitgetragene Inszenierung sollte Bonn verdeutlichen, daß die deutsche Frage nicht Sache der Deutschen alleine sei.

Unterdessen ging in der DDR die Umgestaltung weiter. Auf der 13. Tagung der Volkskammer am 1. Dezember legte Toeplitz die »ersten Ergebnisse« der Arbeit des am 18. November eingesetzten Untersuchungsausschusses vor.[63] Er berichtete von ungerechtfertigten Baumaßnahmen, von Gefälligkeitspreisen, von willkürlichen Auflagen an örtliche Baubetriebe und vielem mehr. So seien in der Verantwortung des Ministerrates Häuser für die Söhne Stophs, Kleibers und Krolikowskis errichtet worden. Der Bau des Hauses für Krolikowskis Sohn habe 400000 Mark gekostet. Verkauft worden sei es ihm in diesem Herbst für 125000 Mark. Für das ominöse Aufgabenfeld Kommerzielle Koordinierung (KoKo), das mit seinen Außenhandelsbetrieben und Scheinfirmen zwar dem Außenhandelsministerium zugeordnet, aber dem Zentralkomitee, letztendlich Mittag, direkt unterstellt war, seien 32 Einfamilienhäuser gebaut worden. Sie seien an Mitarbeiter dieses Aufgabenfeldes, Außenhandelsmitarbeiter, Wissenschaftler und andere vermietet worden, darunter an zwei Töchter Mittags.

Toeplitz berichtete der Volkskammer, die an diesem Tage auf Antrag der CDU den Führungsanspruch der SED aus der Verfassung des Landes streichen ließ und über das neue Reisegesetz beriet, auch von Sonderjagdgebieten und den damit verbundenen Privilegien. Diese vom Ministerium für Land-, Forst- und Nahrungsgüterwirtschaft unterhaltenen und von der Nationalen Volksarmee abgeschirmten Areale nahmen riesige Waldflächen ein. Dazu gehörten große Fahrzeugparks mit westlichen Spezialfahrzeugen und einer beträchtlichen Zahl von Angestellten und Arbeitern. Für die Bewirtschaftung der Sonderjagdgebiete für die Mitglieder der »Partei- und Staatsführung« seien allein im Bezirk Neubrandenburg im Jahr 1988 insgesamt 5,7 Millionen Mark staatlicher Mittel ausgegeben worden. Dieser Bericht, in dem noch von mancherlei anderen Privilegien der »Wandlitzer« die Rede war, sei ihm nicht leichtgefallen, sagte Toeplitz, ehe er seine Ausführungen mit den Worten beendete, er fühle sich gemeinsam mit allen anderen Ausschußmitgliedern »verpflichtet, durch schonungslose Aufdeckung der Wahrheit unseren Beitrag zu einer erneuerten menschlichen Gesellschaft in diesem Land zu leisten«.

Angesichts solcher vermeintlicher Enthüllungen geriet auch Krenz zunehmend unter Druck. So mußte er die inzwischen bekanntgemachten Fälle von Amtsmißbrauch und Korruption ehemals führender staatlicher Funktionäre seiner Partei »mit Empörung, mit Zorn und mit Scham« zur Kenntnis nehmen.[64] Alle diese Fälle, die unwürdig für Mitglieder der SED seien, würden aufgedeckt, versprach er und tat kund: Er habe den Generalstaatsanwalt der DDR gebeten, den Dingen auf den Grund zu gehen, denn vor dem Gesetz seien alle gleich. Er glaube, daß noch bis zum außerordentlichen Parteitag der SED vom 15. bis 17. Dezember diese Fragen so aufgeklärt werden könnten, daß die Bevölkerung verstehe, daß die SED »keine korrupte Partei« sei.

Um glaubwürdiger zu erscheinen, hatten sich die Krenz früh und überstürzt aus Wandlitz abgesetzt. Im Majakowskiweg 9 in Niederschönhausen im Ost-Berliner Stadtbezirk Pankow, wo auch die Mitglieder der ersten DDR-Regierung unter Otto Grotewohl wohnten, fand der SED-Generalsekretär und Staatsratsvorsitzende für seine Familie ein neues Zuhause.[65] Es handelte sich um ein bescheidenes Einfamilienhaus. Trotz des demonstrativen Verzichts auf die Statussymbole der Nomenklatur – so stand vor der Tür ein einfacher Lada und nicht mehr der Volvo – wurde die Kritik an Krenz weiter angeheizt.

In einem Kommentar der »National-Zeitung«, dem Organ der National-Demokratischen Partei Deutschlands, hieß es Ende November, »eigentlich könnte man meinen, sollte dieser Mann vollstes Vertrauen im Volke besitzen«.[66] Doch dem sei nicht so. Krenz habe jahrelang zu einem Führungsgremium gehört, das heute im Zentrum der Kritik stehe. Wichtiger erscheine aber »seine unheilvolle Verstrickung in die offensichtlich unkorrekt erfolgte Kommunalwahl '89 und seine Äußerungen zu den Ereignissen auf dem Platz des Himmlischen Friedens«. Auch seine Beteuerungen, er, Krenz, sei es gewesen, der in Leipzig abermals Blutvergießen verhindert habe, vermochten nichts mehr daran zu ändern, daß sich seine Zeit als SED-Generalsekretär und Staatsratsvorsitzender in rasantem Tempo dem Ende zuneigte.

Am 3. Dezember traten Krenz als SED-Generalsekretär und mit ihm Politbüro und ZK geschlossen zurück. Vorangegangen waren die Rücktrittsforderungen der Perestroikisten, die die Parteibasis am 2. Dezember wieder einmal vor dem »Großen Haus« versammelt hatten. Bei der Protestdemonstration, zu der von der neugewählten SED-Kreisleitung der Akademie der Wissenschaften aufgerufen worden war, hatte unter anderen Gregor Gysi den »Abgang von Krenz und Konsorten« verlangt.[67] Später schrieb Gysi über die Intention des Honecker-Nachfolgers und seiner Anhänger: »Man wollte wieder nicht mehr als einen Rücktritt des Politbüros und die Bestellung eines neuen, anders besetzten. Das verhinderten die 1. Sekretäre der Bezirksleitungen – sie waren alle neun im Amt. Und sie waren nicht mehr bereit, sich diese Politik bieten zu lassen und drohten damit, geschlossen ihre Funktion niederzulegen, wenn das ZK nicht zurücktritt. Es war also schon eine Art Nötigung, bis das ZK endlich aufgab.«[68]

Nach der ZK-Sitzung verlas Schabowski eine Erklärung,[69] in der es hieß, das Politbüro akzeptiere die Kritik von großen Teilen der Mitgliedschaft, daß die derzeitige Führung der Partei nicht imstande gewesen sei, entsprechend dem Auftrag der 9. und 10. Tagung des ZK das ganze Ausmaß und die Schwere der Verfehlungen von Mitgliedern des ehemaligen Politbüros aufzudecken und daraus die erforderlichen Konsequenzen zu ziehen. »Um einer weiteren Gefährdung der Existenz der Partei entgegenzuwirken sowie die politische und organisatorische Vorbereitung des Parteitages zu gewährleisten, hält es das Politbüro für erforderlich, seinen Rücktritt zu erklären.«

Zuvor hatte das bisher aus 160 Mitgliedern und 50 Kandidaten bestehende ZK den Ausschluß der früheren Politbüro-Mitglieder Honecker, Krolikowski, Kleiber, Mielke, Sindermann, Stoph und Tisch sowie des früheren Kandidaten des Politbüros, Gerhard Müller, der früheren Ersten Sekretäre der SED-Bezirksleitungen Suhl und Gera, Albrecht und Ziegenhahn, sowie des ZK-Mitglieds Dieter Müller und des bisherigen Staatssekretärs im Außenhandelsministerium Schalck-Golodkowski beschlossen. Mit dem Hinweis auf die Schwere ihrer Verstöße gegen das Statut der SED und in Anbetracht zahlreicher Forderungen von Kreisdelegiertenkonferenzen wurden sie zugleich aus der Partei ausgeschlossen.

Zur Vorbereitung dieses Parteitages – so Schabowski weiter[70] – sei ein Arbeitssekretariat aus Mitgliedern ins Leben gerufen worden, »die besonders aktiv im Prozeß der Erneuerung der Partei stehen«. Die Bezirkssekretäre hatten zuvor unter sich verabredet, daß nur diejenigen in das Sekretariat durften, die selbst ein Mandat für den für Mitte Dezember angesetzten Parteitag erhalten hatten. Der Vorsitz des Arbeitssekretariats sollte bei Professor Herbert Kroker liegen. Dazu gehörten die neuen Ersten Sekretäre der SED-Bezirksleitungen, unter ihnen Heinz Albrecht (Berlin), Heinz Vietze (Potsdam) oder Wolfgang Pohl (Magdeburg). Dabei waren auch Berghofer, Wolf, Klein, Lothar Bisky und Gregor Gysi, der fortan einen Ausschuß zur weiteren Aufdeckung der kriminellen Machenschaften der alten Führung leiten sollte.

Als erste Maßnahme ordnete Gysi die Versiegelung aller Räume des Politbüros und der dortigen Panzerschränke an. Wie rigide er dabei, ohne irgendeine Legitimation zu haben, vorging, schilderte er später folgendermaßen: »Krenz rief mich zuhause an und sagte, daß er bislang glaubte, ich sei ein anständiger Kerl. Nun aber sei er davon überzeugt, daß ich das überhaupt nicht bin. Er habe gehört, Krenz, sein Zimmer sei versiegelt, aber schließlich sei er noch Staatsoberhaupt. Da habe ich ihm erwidert: ›Wieso, Du hast doch Dein Zimmer im Staatsrat. Das ging doch hier um das Zimmer im Parteigebäude.‹ ›Ja‹, antwortete Krenz, ›ich habe aber alle Arbeitsmaterialien gerade dort und nicht im Staatsrat.‹ Ich bot ihm an, er könne ruhig kommen und seine Sachen abholen. Wir würden schon darauf achten, daß er nichts Falsches mitnimmt.«[71]

Gysi pflegte als Vorsitzender des Ausschusses zur weiteren Aufdeckung von Korruption und Amtsmißbrauch »direkte Kontakte zur Staatsanwaltschaft«,[72] die unterdessen Mittag, Tisch und Gerhard Müller in Untersuchungshaft hatte nehmen lassen. Nach Schalck wurde gefahndet. Ihm wurden kriminelle Machenschaften im Zusammenhang mit Devisengeschäften vorgeworfen. So war soeben durch das Neue Forum bekannt geworden, daß eine Firma »Imes GmbH« in Kavelstorf im Landkreis Rostock, die zur Koko gehörte, ein geheimes Waffenhandelsunternehmen der DDR war, das Geschäftsbeziehungen zu Ländern im Nahen Osten, in Afrika und Südamerika unterhielt.

Ins Zwielicht wurde Schalck freilich vor allem auch im Zusammenhang mit der Versorgung von Wandlitz gebracht. Die Rede war von einer Arbeitsgruppe »Sonderbeschaffung« unter Leitung der Schalck-Ehefrau, der ausschließlich die Aufgabe zukam, innerhalb kürzester Zeit die West-Konsum-Wünsche der »Bonzen« zu befriedigen. Kurzum: Schalck und seine Ehefrau hätten in einzigartiger Weise dieses Wandlitzer System der Privilegierung perfektioniert, konspirativ organisiert und selbst eine Dispatcherfunktion innegehabt, hieß es.[73] Wie sehr hier Argumente vorgeschoben wurden, verdeutlicht die Tatsache, daß auch manch einer der Perstroikisten Schalcks Dienste in Anspruch genommen hatte, so etwa Markus Wolf, der »für private Zwecke westliche Luxusgüter in erheblicher Größenordnung« beansprucht haben soll.[74]

Tatsächlich dürfte es den Perestroikisten jedoch darum gegangen sein, den von Schalck gesteuerten Koko-Bereich mit seinen Auslandsfirmen, aus denen Milliardengewinne für die desolate DDR-Volkswirtschaft abgeflossen waren, unter Kontrolle zu bringen. Schalck war nämlich ein Mann des alten Politbüros, Ziehkind Heinz Volperts,[75] jenes MfS-Agenten, der die Koko mit aufgebaut und schon früh mit dem Honecker-Vertrauten Wolfgang Vogel in deutsch-deutschen Angelegenheiten zusammengearbeitet hatte. Gemeinsam mit Volpert promovierte Schalck, der gelernte Feinmechaniker und spätere Erste Sekretär der SED-Kreisleitung Außenhandel im Jahr 1970 an der Stasi-Hochschule in Potsdam-Eiche.[76] Der Mitbetreuer der Doktorarbeit, in der im wesentlichen das vorweggenommen wurde, was Schalck mit der Koko in der Praxis bis in den Herbst 1989 tat, war kein geringerer als Mielke selbst.

Über die Koko beschaffte Schalck dem maroden Staat jedoch nicht nur Devisen, sondern auch mannigfaltige inoffizielle Kontakte zu führenden westdeutschen Politikern, wie etwa zu Strauß.[77] Schalck berichtete über die in diesem Zusammenhang aufgetretenen Schwierigkeiten: »Damit entstand eine gewisse Konkurrenz zur HVA. Diese Tätigkeit hat mir nicht immer

Freude eingebracht. Das ist aber auch historisch gewachsen, weil mit dem Einsatz von Herrn Professor Dr. Vogel als Verantwortlicher für humanitäre Fragen auch Arbeitslinien besonders zur SED-Führung, aber auch zu einer Reihe von Persönlichkeiten in anderen Parteien hergestellt wurden, z. B. zu Herrn von Weizsäcker, die damit der unmittelbaren Einsichtnahme der HVA entzogen waren (...).«[78]

MfS-Oberst Schalck und auch der von Stasi-General Niebling als »Georg« geführte Wolfgang Vogel,[79] der für seine diesbezüglichen im Zusammenhang mit dem Häftlingsfreikauf vielgepriesenen »humanitären Verdienste« Bonner Honorare in Millionenhöhe per anno kassiert hatte,[80] ernteten daher zusehends Wolfs Mißtrauen. Im Westen hatten sich die Honecker-Getreuen freilich Freunde gemacht. Bundespräsident von Weizsäcker wollte den ihm in mancherlei Hinsicht gefälligen Vogel sogar mit dem Bundesverdienstorden ausgezeichnet wissen.[81]

Ohne zu sagen, wen er konkret fürchtete, setzte sich Schalck in der Nacht vom 3. zum 4. November mit seiner Frau nach West-Berlin ab. Unmittelbar davor hatte er Schlüsselunterlagen[82] über das Koko-Imperium sowie die wichtigsten Gesprächsprotokolle mit westlichen Politikern Vogel übergeben, der in Schalcks Dienststelle anwesend war, während die Koffer mit den Unterlagen gepackt wurden.[83] Der Koko-Chef hatte ihm das Mandat zu seiner Verteidigung erteilt, ehe sein Fahrer die Koffer in die Kanzlei des Rechtsanwaltes brachte.

Vorangegangen war die Sitzung des Politbüros am Abend des 2. Dezember, in deren Verlauf Schalck einvernommen worden war. Nachdem Schalck Rede und Antwort gestanden hatte, bestand zwischen Modrow, Krenz und anderen scheinbar Einigkeit darüber, diesen nicht in der Volkskammer aussagen zu lassen. Schalck berichtete später darüber: »Modrow (...) verließ die Sitzung, um in dieser Sache einen Termin mit den Vorsitzenden der in der Volkskammer vertretenen Parteien für den nächsten Tag um zehn Uhr zu verabreden. Durch dieses Verhalten wurde bei mir der Eindruck verstärkt, daß auch er alles unternimmt, um mich gegen Diffamierungen in Schutz zu nehmen.«[84]

Am Abend des 3. Dezember habe er (Schalck) – inzwischen

waren Politbüro und ZK zurückgetreten und damit die Absicherung Schalcks hinfällig geworden – einen Anruf von Schwanitz, dem Chef des AfNS, erhalten, der ihn aufs höchste alarmiert habe. »Schwanitz gab mir unmißverständlich zu verstehen, daß die Zusicherung des Politbüros, nicht vor dem Ausschuß der Volkskammer aussagen zu müssen, nur für den Teil gilt, der die Beschaffung von Embargo-Material für das MfS betrifft. Dann machte er die Bemerkung, ich sei gut beraten, meine Beziehungen zur Staatssicherheit zu vergessen, und dies würde auch meiner eigenen Sicherheit dienen. Er teilte mir in diesen Nachtstunden mit, daß meine Akten beim MfS vernichtet worden seien. Ich könnte mich nicht darauf berufen, Mitarbeiter des MfS gewesen zu sein. Ich protestierte und machte deutlich, daß ich dies unbedingt zum Nachweis meiner Einkünfte benötige. Daraufhin sagte mir Schwanitz, ich solle mir das noch einmal reiflich überlegen. Was das Geld, also meine Einkünfte betreffe, so könnte ich mich ja auf mögliche Provisionseinnahmen berufen. Das habe ich empört zurückgewiesen. Aber nach diesem Telefongespräch hatte ich das sichere Gefühl, daß ich in der DDR um mein Leben bangen mußte.«[85]

Erst nachdem Schalck Ost-Berlin verlassen hatte, traf sein Brief bei Modrow ein, in dem er diesen von seiner Absicht informierte, »kurzfristig« seinen Urlaub anzutreten. Abschließend hieß es in dem Brief: »Ich verspreche Dir und meinem Staat, daß ich gegenüber niemandem über meine Kenntnisse sprechen werde (...). In schweren seelischen Belastungen verbleibe ich, Alexander Schalck.«[86] Der Ministerpräsident ordnete daraufhin »aus Gründen der Nationalen Sicherheit« an, »daß mit sofortiger Wirkung der Einsichtnahme in die Geschäftsakten der Hauptabteilung I des Bereiches Kommerzielle Koordinierung nicht stattgegeben wird«.[87] Bei der Deklarierung der Unterlagen der Koko-Machtzentrale zur Geheimsache blieb es jedoch nicht. Sogleich setzten hastige Aktivitäten ein, die Unterlagen des führungslosen Koko-Bereiches auch sicherzustellen.

Am 4. Dezember nahmen »knallharte Einsatzleute« Vogel fest und beschlagnahmten Schalcks Koffer. Die offizielle Begründung für das Vorgehen gegen Vogel lautete: Verdacht der

»verbrecherischen Erpressung«. Was Modrow und Wolf offenbar nicht gewußt hatten, war die Tatsache, daß Vogel die brisanten Unterlagen im Auftrage Schalcks dem amtierenden Generalstaatsanwalt der DDR aushändigen sollte – und dieser war der Modrow-Mann Harri Harrland, der soeben die Amtsgeschäfte des wegen schleppender Ermittlungen von den Perestroikisten abgesetzten Günter Wendland übernommen hatte.[88] Von dort gelangten die Unterlagen später zu der vom früheren Dresdener SED-Bezirksvorsitzenden initiierten und am 21. Dezember ins Leben gerufenen »Sonderkommission zur Untersuchung der Tätigkeit des Bereiches Koko«, der formal die Aufgabe zukam, die Machenschaften Schalcks und seiner Organisation zu erhellen.

Angesichts der Konsequenz, mit der die Perestroikisten vorgingen, war es nur noch eine Frage der Zeit, wie lange sich Krenz, der sich an die Spitze der Reformbewegung zu stellen suchte, noch als Staatsratsvorsitzender würde halten können. Eingeleitet wurde die letzte Etappe seiner Demontage durch die Rücktrittsforderung de Maizières, Gerlachs und der übrigen Vorsitzenden der Blockparteien, die sich überdies für eine Abhaltung freier Wahlen bis spätestens Mitte 1990 aussprachen.[89] Zur Wahl eines neuen Staatsratsvorsitzenden sollte nach dem Willen der CDU, die soeben aus dem Verband der Blockparteien ausgeschert war, für den 8. Dezember eine Sondersitzung der Volkskammer anberaumt werden.

Krenz war unterdessen faktisch entmachtet, wenngleich er noch Staatsratsvorsitzender war. Modrow und andere hatten sogar festgelegt, daß er nicht zum bevorstehenden Treffen der Warschauer-Pakt-Staaten nach Moskau reisen sollte.[90] Krenz, offenbar immer noch in der Hoffnung, in Gorbatschow einen Verbündeten zu haben, bäumte sich dagegen auf, intervenierte und setzte sich zu guter Letzt doch noch einmal durch. So brachen am 4. Dezember beide Rivalen gemeinsam mit Außenminister Fischer in die sowjetische Hauptstadt auf. Obgleich die DDR-Nachrichtenagentur ADN die Teilnahme aller drei meldete, berichtete sie nur von Gesprächen zwischen Modrow und Gorbatschow sowie Modrows mit dem Vorsitzenden des Ministerrates Nikolai Ryschkow.[91] Tatsächlich gab es – wie der langjährige stellvertretende Chefredakteur der »Berliner Zeitung« und persönliche Mitarbeiter des DDR-Ministerpräsidenten, Karl-Heinz Arnold, schrieb – »zwei Gespräche Gorbatschows mit Modrow, wobei das zweite (wie das erste in einer Verhandlungspause des Warschauer-Pakt-Treffens) eine besonders angenehme Atmosphäre hatte, man sagte, Gorbatschow sei richtig aufgekratzt gewesen«.[92]

Am 6. Dezember, an dem Tag, an dem der DDR-Innenminister Ahrendt die Entwaffnung der Kampfgruppen anordnete, gab Krenz nach 43 Tagen als Staatsratsvorsitzender schließlich auf. In seiner Rücktrittserklärung führte er mangelndes Vertrauen in der Bevölkerung als Hauptgrund für seinen Schritt an.[93] In dem Bemühen, sich noch einmal als Vorkämpfer der Perestroika darzustellen, warnte er in demselben Schreiben den Volkskammerpräsidenten Maleuda davor, daß in der »Stunde höchster Gefahr« die Wende im Lande rückgängig gemacht werden könnte. Jede Revolution berge die Gefahr der Sammlung von Gegenkräften in sich. Diese anti-sozialistischen Kräfte wollten den Stolz des Volkes brechen und die Arbeit von Generationen zum Ausverkauf anbieten. »Dagegen müssen wir uns gemeinsam wehren.«

Zu solchen Feststellungen hatte Krenz allen Grund, denn die Lage in der DDR geriet allmählich außer Kontrolle. So waren auch bei den Montagsdemonstrationen des 2. Dezember wiederum mehrere hunderttausend Menschen in Leipzig, Dresden, Karl-Marx-Stadt und anderen Städten des Landes auf die Straßen gegangen. Wie verlorene Haufen muteten in den nun von dem Ruf nach dem »einig Vaterland« oder nach dem »einen Volk« beherrschten Massenaufzügen jene an, die sich zu »ihrer« DDR bekannten. Immer häufiger richtete sich der Volkszorn nun gegen Objekte der Staatssicherheit, wo dicke Rauchschwaden aus Schornsteinen und andere untrügliche Hinweise auf groß angelegte Aktenbereinigungen schließen ließen. Selbst wenn es Vertretern von Bürgerkomitees gelang, in Kreis- und Bezirksdienststellen des MfS einzudringen, selbst wenn sie bei vermeintlichen Aktensicherungen demonstrativ miteinbezogen wurden, selbst dabei waren, wenn Räume mit geheimen Materialien versiegelt wurden, blieb ihnen der Zugang zu den geheimen Dokumenten verwehrt.

Wie kontrolliert solches vor sich ging, zeigt das Beispiel der Leipziger Bezirksverwaltung des Staatssicherheitsdienstes. Als Tausende zum Sturm auf das Gebäude anzutreten drohten, gelang es dem im Demokratischen Aufbruch engagierten Inoffiziellen Mitarbeiter des MfS Schnur, die Situation zu entschärfen, indem er als Vermittler auftrat. Mit starrer Miene teilte er nach Gesprächen mit Vertretern der Bezirksverwaltung den vor dem Tor Versammelten schließlich über Megaphon mit, daß sich eine Delegation des Neuen Forum im Inneren des Gebäudes davon überzeugen könne, daß keine Akten vernichtet oder herausgeschafft würden.[94]

Die Bereinigung geheimer Unterlagen ging auf Befehl Schwanitz', der wiederum im Auftrage Modrows handelte, unterdessen unbeirrt weiter. Um dies zu verschleiern, trat das AfNS/MfS sogar an die Öffentlichkeit. In einem MfS-Pressepamphlet hieß es, wie überall fänden auch in den Archiven des MfS »kontinuierlich weisungsgemäß geregelte Kassationen von Schriftgut« statt.[95] Es handele sich dabei um die Resultate früherer, heute als falsch erkannter Sicherheitskonzeptionen der politischen Führung, um Informationen, die juristisch nicht mehr relevant seien, nicht aber um die Beseitigung unliebsamer Beweise.

Angesichts der zunehmend an Eigendynamik gewinnenden Entwicklung im Lande schien es den neuen Männern erforderlicher denn je, dem Schwinden ihrer Macht noch stärker als bisher durch die öffentlichkeitswirksame Einbeziehung aller gesellschaftlichen Kräfte zu begegnen. Der »Runde Tisch« sollte aus ihrer Sicht eben diesem Ziel dienen, gleichzeitig aber durch eine Umarmungsstrategie den Elan der radikalsten Reformer aus den Reihen der vom MfS unterwanderten Bürgerbewegung lähmen. Am 7. Dezember traf man erstmals zusammen.[96] Eingeladen ins Ost-Berliner Dietrich-Bonhoeffer-Haus hatten beide Kirchen, die drei Geistliche – darunter der vom MfS als IM-Vorlauf geführte Oberkirchenrat Ziegler und Monsignore Karl-Heinz Ducke – als Gesprächsleiter stellten. Von seiten der SED und der übrigen Parteien beteiligten sich unter anderen Gysi, Berghofer,

Gerlach, Maleuda sowie de Maizière. Als Beauftragte der Oppositionsgruppen Neues Forum, Demokratischer Aufbruch, Demokratie Jetzt und SDP nahmen unter anderen Reinhard Schult, Ingrid Köppe, Böhme und Schnur am Tisch Platz.

In der von Politprofis und Stasi-Leuten dominierten Runde wurden die Forderungen der wenigen »echten« oppositionellen Politamateure weitgehend unterlaufen. So verstand sich der »Runde Tisch« als Kontrollgremium, dessen Zielsetzung sich in erster Linie auf mehr Transparenz, auf Glasnost, beschränken sollte. Die ökologische, wirtschaftliche und finanzielle Situation der DDR sollte dem Gremium offengelegt werden. Außerdem sollte es über entsprechende Entscheidungen von Volkskammer und Regierung informiert und auch miteinbezogen werden. Gleichwohl wurde an jenem 7. Dezember ein Katalog von Sofortmaßnahmen verlangt. Dazu gehörte die bereits von der SED seit Wochen lautstark propagierte Verfolgung von Korruption und Amtsmißbrauch, die Schaffung eines rechtlichen Rahmens für die Tätigkeit der unabhängigen Bürgerkomitees und die Forderung an die Regierung, das besonders in den Blickpunkt geratene AfNS/MfS unter ziviler Kontrolle aufzulösen. Bis zum 11. Dezember sollten alle 15 Bezirksverwaltungen und die mehr als 200 Kreisdirektionen unter die Kontrolle von Bürgerkomitees gestellt werden. Über die Schaffung eventuell notwendig werdender alternativer Dienste im Sicherheitsbereich sollte die Regierung die Öffentlichkeit entsprechend informieren, hieß es.[97]

Nachdem das Kollegium des AfNS/MfS geschlossen zurückgetreten war – Schwanitz blieb jedoch auf seinem Posten –, beschloß die Regierung, um die Forderung der Opposition am »Runden Tisch« zu unterlaufen, die Auflösung des AfNS/MfS nun selbst zu übernehmen.[98] Daran gekoppelt war ein anderer Beschluß, nämlich die Bildung eines »Nachrichtendienstes der DDR« und eines »Verfassungsschutzes der DDR«. Sollte ersterer fast identisch mit der HVA sein, so dachte man im Falle des zweiten an eine Neuauflage der alten Spionage-Abwehr-Abteilung. Mit anderen Worten: Eine zweite medienwirksame, vor allem semantische Scheinreform sollte den Geheimdienst und damit die Partei, deren »Schild und Schwert« er gewesen war, aus der Schußlinie bringen.

Am Abend des 8. Dezember gegen 19 Uhr begann der auf dieses Datum vorverlegte außerordentliche Parteitag der SED in der Dynamo-Halle – erstmals in einem Objekt der gleichnamigen Sportvereinigung des Staatssicherheitsdienstes – im Ost-Berliner Bezirk Hohenschönhausen.[99] Eröffnet wurde die von Berghofer moderierte Veranstaltung durch einen Appell Krokers, der die 2700 Delegierten zur Geschlossenheit aufrief.[100] Nach ihm trat Modrow ans Rednerpult: »Laßt uns diese Partei, die sich auf Karl Marx und Friedrich Engels, Wilhelm Liebknecht und August Bebel, Rosa Luxemburg und Karl Liebknecht, Ernst Thälmann und Rudolf Breitscheid, Wilhelm Pieck und Otto Grotewohl beruft, laßt diese Partei nicht zerbrechen, sondern macht sie sauber und stark!« rief er unter tosendem Beifall den Delegierten zu und fuhr fort, daß es in dieser Stunde nicht nur um die Partei, sondern auch »um unser Land, um diesen deutschen Staat« gehe. Es gelte, die Existenz des Landes, den Frieden zu bewahren.[101]

Nach Modrow referierte Gysi »Zur Formierung einer modernen Partei des demokratischen Sozialismus«.[102] Die Krise könne nur gelöst werden, indem die DDR einen »dritten Weg« jenseits von stalinistischem Sozialismus und Herrschaft transnationaler Monopole gehe. Dieser »dritte Weg« sozialistischer Prägung sei gekennzeichnet durch Rechtsstaatlichkeit, Humanismus, soziale Gerechtigkeit, Umweltschutz sowie Durchsetzung einer wirklichen Gleichberechtigung der Frau. Diese Orientierung lege die demokratischen und humanistischen Quellen und Inhalte der Traditionen in der deutschen und internationalen Arbeiterbewegung frei und nehme sie auf, sagte Gysi und schlug schließlich vor, die SED in »Partei des Demokratischen Sozialismus«, »Deutsche Sozialistische Partei« oder »Sozialistische Volkspartei« umzubenennen.

Seiner Rede folgte eine stundenlange Diskussion, bei der die Verfechter einer Urabstimmung über einen neuen Parteinamen erst gar nicht zu Wort kamen. Gegen Mitternacht wurde von fundamentalsozialistischen Kräften dann ein Antrag gestellt, die

Partei aufzulösen und sogleich darüber abzustimmen. Abstimmung und weitere Aussprache erfolgten in geschlossener Sitzung, während der Modrow abermals leidenschaftlich für den Zusammenhalt der Partei eintrat. Nicht nur das Schicksal der SED stünde auf dem Spiel. Gorbatschow habe ihm vor einigen Tagen in Moskau gesagt, daß von Erfolg oder Mißerfolg der Reformbewegung in der DDR auch ein starker Einfluß auf die Perestroika in der Sowjetunion ausginge.[103]

Modrow sprach damit eine entscheidende Komponente der Umgestaltung an, die er am 22. Dezember in einem Gespräch mit der FDJ-Zeitung »Junge Welt« präzisierte: »Die Perestroika wird für die Sowjetunion in der Sowjetunion entschieden. Eine sich demokratisch erneuernde DDR ist daher eine bedeutende Unterstützung, ebenso wie die Politik Michail Gorbatschows für uns eine große Ermutigung war und ist, ganz abgesehen von der lebenswichtigen wirtschaftlichen Zusammenarbeit« – eine »lebenswichtige wirtschafliche Zusammenarbeit« insbesondere für Moskau, war doch der reformierten DDR eine wirtschaftliche Brückenkopf-Funktion nach Westen zugedacht.

Zurück zum außerordentlichen Parteitag in der Nacht vom 8. zum 9. Dezember: Um 2 Uhr 20 informierte die Pressesprecherin Brigitte Zimmermann darüber, daß sich die Partei gegen eine Auflösung und für sofortige Wahlen einer neuen Führung ausgesprochen habe. Diese zogen sich dann über Stunden hin. Gleichwohl harrten die Genossen aus. Zu den ganz wenigen, die vorzeitig gingen, gehörte der von den meisten Anwesenden verabredungsgemäß geschnittene Krenz, der Delegierte des Kreises Ribnitz-Damgarten. Er soll das Plenum verlassen haben, als Modrow mitten in der Nacht im Zusammenhang mit dem Versagen der alten Führung vom »Kronprinzengehabe« sprach.[104] In diesem Augenblick muß es ihm mehr denn je bewußt geworden sein, daß die SED nicht mehr »seine Partei« war, wie er es in der Vergangenheit gerne zu sagen gepflegt hatte.

Es war fast Mittag an jenem 9. Dezember geworden, als der Leiter der Wahlkommission in der Dynamo-Halle mitteilte, daß Gregor Gysi mit 2588 von 2714 Stimmen zum neuen Vorsitzenden gewählt worden sei. Erst wenige Tage vor dem Parteitag hatte sich der Arbeitsausschuß unter dem Vorsitz des Erfurter Bezirkssekretärs Kroker der Frage nach einem geeigneten Parteivorsitzenden angenommen. Wie Gysi in seinem Buch »Sturm aufs Große Haus« berichtet, sei in diesem Zusammenhang der Name Kroker, aber auch der Berghofers genannt worden.[105] Auch Modrow sei vorgeschlagen worden, aber der habe dem Ministerrat vorgestanden, und es sei völlig klar gewesen, daß er beides nicht hätte packen können. »Und dann kam meiner Erinnerung nach von einer Genossin der Vorschlag, ich solle Vorsitzender werden. Ich erwiderte spontan, daß sie wohl ›ein Ding an der Birne‹ haben müsse. (...) Berghofer redete dann längere Zeit auf mich ein. Dann habe ich mich breitschlagen lassen (...).«

Zu Stellvertretern Gysis, der nach der Bekanntgabe des Abstimmungsergebnisses mit einem symbolhaltigen Besen auftrat und mit stehenden Ovationen gefeiert wurde, wählte der Parteitag Modrow, Berghofer und Pohl. Neben diesen Mitgliedern des Präsidiums, das an die Stelle des Politbüros trat, wurden acht Kommissionsleiter in das Gremium gewählt, die den einstigen ZK-Sekretären vergleichbar waren. Unter diesen waren Hans-Jürgen Willerding, Bisky und Höpcke. Gewählt wurde ferner ein hundertköpfiger Vorstand, der das Zentralkomitee zu ersetzen hatte.

Erleichterung ob des Ausgangs der ersten Runde des Parteitages herrschte offenbar im Kreml. Noch ehe Gysi, der in seinem Schlußwort ankündigte, in der DDR einen Beitrag für die Perestroika leisten zu wollen, mit Gorbatschow telefonierte, hatte letzterer in einem Glückwunschschreiben, das Botschafter Kotschemassow überbracht hatte, dem neuen Parteivorsitzenden und allen, »denen die Interessen und das Wohlergehen des Volkes der souveränen Deutschen Demokratischen Republik teuer sind, Erfolge bei der demokratischen Erneuerung der Gesellschaft« gewünscht.[106] Das SED-Zentralorgan »Neues Deutschland«, das die »erste Etappe« des Parteitages als »historisch« einstufte, sah den in einem programmatischen Papier fixierten radikalen Bruch mit der stalinistischen Vergangenheit als vollzogen an, konstatierte aber, daß die »Ausprägung eines neuen Denkens und einer entsprechenden politischen Kultur« noch ausstünden.[107]

Fortgesetzt wurde der außerordentliche Parteitag am 15. Dezember. Gekommen waren wiederum zahlreiche Ehrengäste wie Walter Janka, Steffie Spira, Jürgen Kuczynski und Stephan Hermlin. Sie sollten – so wollte es die neue Parteiführung – ein weiteres beratendes Gremium bilden.[108] Diesem Ältestenrat, der auf dem Parteitag beschlossen wurde und der sich im Januar konstituieren sollte, gehörte mit Wolf auch ein Mann an, der unübersehbar zu den wichtigsten Kadern der SED/PDS gehörte. Wie hatte er doch am 8. November geschrieben: »Wir Älteren werden ihnen mit Rat und Tat zur Seite stehen, ihnen aber den Vortritt lassen.«

Nach der programmatischen Rede des Parteivorsitzenden Gysi und langatmigen Referaten Michael Schumanns[109] und Dieter Kleins,[110] die sich mit dem stalinistischen Irrweg der Partei und dem Ausweg aus demselben auseinandersetzten, wurde ein neues Parteistatut beschlossen. In diesem bekannte sich die SED/PDS, wie die reformierte Partei vorerst heißen sollte, zu einem offenen, deutschen demokratischen Sozialismus, dessen theoretische Grundlage nach dem Selbstverständnis der Statut-Verfasser weiterhin der die Menschheitserlösung verheißende Marxismus sein sollte.

Im Statut der SED/PDS[111] wurde bereits einer politischen Zukunft der Partei Rechnung getragen, in der eine Bündnispolitik mit anderen Gruppierungen von vornherein vorgesehen war. Die Partei wolle aktive Beziehungen zu linken Bewegungen und allen anderen suchen, »die sich für Menschenrechte, Frieden und eine humanistische Lösung der globalen Menschheitsprobleme« einsetzten. Dies entsprach der Deklamation der neuen Männer, die verkündeten, mit allen gesellschaftlichen Gruppierungen konstruktiv die Probleme des Landes anzugehen, wie dies auch mit dem »Runden Tisch« öffentlichkeitswirksam zur Schau gestellt worden war.

Vor allem aber beriefen sich die Verfasser des Statuts auf die sozialdemokratischen Traditionen der Partei. Explizit brachten sie zum Ausdruck, daß die SED/PDS »aktive Beziehungen« zu

Sozialdemokraten anstrebe. Auf regionaler Basis war dies bereits in Angriff genommen worden. So hatte zum Beispiel das SED-Bezirksorgan »Sächsische Zeitung« mit Bezug auf die Vereinigung von SPD und KPD des Jahres 1946 eine Neuauflage dieser Partnerschaft propagiert. Das Angebot hatte sich ausdrücklich an die SDP der DDR gerichtet. Bei einer Zusammenarbeit mit dieser – so hatte es geheißen – werde es Gewißheit, daß »jener Rechtsopportunismus, der die Arbeiterinteressen an die Bourgeoisie verrät«, ohne Massenbasis bleibe.[112]

Offerten machten jedoch nicht an den Grenzen der DDR halt. Sie wurden auch an die westdeutschen Sozialdemokraten und an die Gewerkschaften gerichtet, wenn etwa im November kein Geringerer als Markus Wolf den Vorsitzenden der IG-Metall Franz Steinkühler mit Lob geradezu überschüttete. Er, Wolf, habe mit Interesse vernommen, daß Steinkühler sich zum Sozialismus bekannt habe. »Das wird sicher nicht in allen Fragen der sein, der uns vorschwebt, aber die Errungenschaften der westdeutschen Arbeiterklasse im Kampf gegen die Folgen der freien Marktwirtschaft, um Mitbestimmung, Tarifautonomie, bieten Stoff, voneinander zu lernen.«[113]

Solche Perspektiven der ostdeutschen Perestroikisten konnten angesichts der realen Lage in der DDR Mitte Dezember zwar nicht sonderlich aktuell sein, hatten aber durchaus ihre Existenzberechtigung gehabt. Schon in Honeckers SED hatten führende SPD-Repräsentanten wie Momper »sozialdemokratische Tendenzen« ausgemacht.[114] Nun, angesichts der Wende, war die von der Perestroika, von jenem zwischen Kapitalismus und Kommunismus anvisierten »dritten Weg«, ausgehende Faszination unübersehbar. Wenn Sozialdemokraten, wie Momper oder auch Oskar Lafontaine, trotz des immer lauter werdenden Rufes nach dem »einig Vaterland« eben dieses ablehnten, dann deshalb, weil sie jenen in der DDR proklamierten »dritten Weg« den Interessen des Kapitals nicht geopfert wissen wollten. Der bereits erwähnte Momper sagte im Verlauf einer Rede Mitte November, er wünsche »einer demokratischen DDR eine faire Chance, die Eigenständigkeit, ihre Wirtschafts- und Gesellschaftsordnung zu entwickeln. Ich wünsche, daß die friedliche demokratische Revolution eine solche faire Chance bekommt und nicht von der übermächtigen Wirtschaftskraft der Bundesrepublik erdrückt wird.«[115] Erst Mitte Dezember, als Brandt auf dem SPD-Parteitag in West-Berlin gegen den Widerstand vieler Delegierter unbeirrt den Kurs in Richtung Einheit korrigierte, begannen Momper und andere, ihre politischen Vorstellungen von der Zukunft des zweiten deutschen Staates zu ändern.

Nicht nur auf namhafte Sozialdemokraten glaubten die Perestroikisten setzen zu können, sondern auch auf prominente CDU-Politiker wie Bundespräsident von Weizsäcker. Dieser soll sich schon Mitte der achtziger Jahre in Gesprächen mit Vertretern der Evangelischen Kirche der DDR, deren Inhalt bald darauf der SED-Führung vorgelegen hatte, herabwürdigend über Bundeskanzler Kohl geäußert haben, was dessen deutschlandpolitische Fähigkeiten anging. So war von Weizsäcker, der auch seine Sorge geäußert hatte, »daß sich die DDR-Führung evtl. von Strauß täuschen lasse«,[116] in einem Papier der für die Kirchensteuerung zuständigen Hauptabteilung XX/4 des MfS dahingehend wiedergegeben worden, daß die weitere Gestaltung konstruktiver Beziehungen zwischen der Bundesrepublik und der DDR »ein echtes Problem« sei. »Kohl sei zwar schnell euphorisch, aber effektiv am Rande der Unfähigkeit. Er werde wohl alle vier Wochen mit Kohl ›in Klausur‹ gehen müssen.«[117]

Der Schriftsteller Stefan Heym, Mitautor des Appells »Für unser Land«, war es, der Modrow angesichts der Kohlschen Zehn-Punkte-Herausforderung am 8. Dezember empfahl, seine Sorgen »den Weizsäcker wissen« zu lassen.[118] Am 17. Dezember – der Parteitag der SED/PDS war noch nicht zu Ende gegangen – trafen Modrow, Gerlach und de Maizière im Potsdamer Hotel Schloß Cecilienhof mit dem Bundespräsidenten zusammen. Nach dem Gespräch, über das in der Öffentlichkeit wenig bekannt wurde, betonten Weizsäcker und Modrow vor der Presse die europäische Verantwortung »der beiden« deutschen Staaten.[119]

Mit dem Ende des außerordentlichen SED/PDS-Parteitags war nach der Umgestaltung der einstigen Blockparteien auch die der früheren Einheitspartei weitgehend abgeschlossen. Im wesentlichen vollzogen war die Perestroika auch in den übrigen verbliebenen Massenoganisationen. Beim FDGB war es sogar zu einem zweiten Führungswechsel gekommen. Nur wenige Wochen nach der Absetzung Tischs stürzte dessen Nachfolgerin Annelis Kimmel und mit ihr das gesamte Arbeitssekretariat des Vorstandes. Ihnen war vorgeworfen worden, sie hätten die Aufdeckung von Amtsmißbrauch innerhalb des FDGB zu zögerlich betrieben.[120] Die Männer von gestern, die sich mehrere Jahre standhaft geweigert hatten, auf dem vom Kreml vorgegebenen Weg zu gehen, waren ausgeschaltet: Gegen den unter Hausarrest gestellten, schwer erkrankten Honecker ermittelte Modrows Generalstaatsanwalt. Seine alten Weggefährten Tisch und Mittag saßen im Gefängnis.

Doch man hatte die »Rechnung ohne den Wirt gemacht«, ohne das Volk. Dieses schrie nach nationaler Einheit. Immer mehr hatte es sich von der Zielsetzung der Perestroikisten und der von ihnen instrumentalisierten Opposition entfernt – einer Zielsetzung, in deren Mittelpunkt der demokratische Sozialismus in einer eigenständigen DDR stand, die in einer Konföderation zweier unabhängiger deutscher Staaten Bewohner eines künftigen gemeinsamen »Europäischen Hauses« sein sollte. Mitte Dezember wurde dieses Bild aus den Reihen der Perestroikisten modifiziert. Die Konföderation sollte erklärterweise nur noch eine Übergangsform zu einem deutschen Staat im »Europäischen Haus« sein. Solches blieb bloße Deklamation, solange die Rahmenbedingungen für den Bau des »Europäischen Hauses« noch nicht gegeben waren – und die Schaffung dieser Rahmenbedingungen, insbesondere die Aufteilung des »deutschen Wohnraumes«, war nicht Sache der Deutschen alleine. Mit anderen Worten: Würden sich die Siegermächte des Weltkrieges, allen voran die Sowjetunion, widersetzen – bei letzterer wähnte man sich dessen sicher –, konnte man getrost über ein vereinigtes Deutschland in einem »Europäischen Haus« reden und damit den Druck der Straße mindern.

Wiederum waren die inzwischen aus der »Nationalen Front« ausgescherten Blockparteien Vorreiter der Entwicklung. Der Vorsitzende der LDPD, Gerlach, sprach von der Einheit Mitte Dezember im Zusammenhang mit einem zu bauenden »Europäischen Haus«.[121] De Maizière, der noch am 8. Dezember bekräftigt hatte, die Wiedervereinigung stehe nicht auf der Tagesordnung, redete auf dem Parteitag der CDU, der am 14. Dezember im Ost-Berliner Kino »Kosmos« stattfand, nun ganz ähnlich wie Gerlach: In seinem Schlußwort meinte der mit überwältigender Stimmenmehrheit bestätigte CDU-Vorsitzende – Stellvertreter wurden unter anderen die inoffiziellen Stasi-Mitarbeiter Martin Kirchner[122] und Horst Korbella[123] – zur staatlichen Einheit, seine Partei »sehe realpolitische Chancen, daß dieser Wunsch in Erfüllung gehen kann, und zwar in einem geeinten Europa«.[124]

Doch nicht nur in den Blockparteien beharrte man nun nicht mehr auf der Zweistaatlichkeit. Zum Beispiel Markus Meckel, der spätere DDR-Außenminister in der Regierung de Maizière, fügte sich nunmehr dem von den westdeutschen Sozialdemokraten lange ignorierten Ruf des Volkes und setzte sich auf dem SPD-Parteitag in Berlin für die deutsche Einheit ein, ohne allerdings auszusprechen, wann und wie sie erfolgen sollte.[125] Gleiches gilt für den Demokratischen Aufbruch, der sich am 17. Dezember in Leipzig endgültig zur Partei formiert hatte,[126] aber auch für einzelne Vertreter des Neuen Forum, wenngleich sich dessen Sprecherrat noch nach der zweiten Sitzung des »Runden Tisches« am 17. Dezember ausdrücklich gegen eine Wiedervereinigung ausgesprochen hatte. Was not tue, sei Kooperation, hieß es.[127] Entsprechend dazu forderte das Neue Forum den Bundeskanzler am Vorabend seines Dresden-Besuches auf, die staatliche Souveränität der DDR damit nicht in Frage zu stellen.

Jener Besuch Kohls in der durch die verheerenden Bombenangriffe des Februars 1945 heimgesuchten sächsischen Metropole, den dieser später zu den beeindruckendsten Ereignissen seines politischen Lebens zählen sollte, aber auch die Visite des SPD-Ehrenvorsitzenden Brandt in Magdeburg sollten die nationale Dynamik weiter entfesseln. Wie armselig mutete doch nach den Gesprächen im Dresdener Hotel Bellevue der Auftritt Modrows an, des früheren Dresdener Bezirksvorsitzenden der einst so mächtigen Staatspartei, die vorgab, Interessenvertreterin des Volkes zu sein, als eben dieses Volk dem alle so lange herbeigesehnten Wünsche und Träume verkörpernden Bundeskanzler zujubelte.

Zwischen beiden Männern wurde verabredet, daß Westdeutsche und West-Berliner ohne Visum in die DDR einreisen könnten. Weiter kündigten sie an, das Brandenburger Tor noch vor Weihnachten für den Fußgängerverkehr zu öffnen. Bis zu diesem Zeitpunkt sollten überdies alle politischen Häftlinge aus den Gefängnissen der DDR entlassen werden. Gegenstand der Gespräche waren auch wirtschaftliche Belange. So wurde unter anderem ein Umtauschsatz von einer D-Mark zu drei DDR-Mark sowie eine Erhöhung der von Bonn entrichteten Postpauschale um weitere hundert Millionen Mark beschlossen. Verhandlungen über ein Investitionsschutzabkommen und ein Abkommen zur Sicherung des Gewinntransfers sollten bereits im Januar stattfinden.[128]

Der Bundeskanzler und der Ministerpräsident hatten zuvor ihre Übereinstimmung darin bekräftigt, daß die Stabilität der DDR wichtig für den Fortgang des Reformprozesses sowie für die Verhältnisse in Europa sei. Offenbar aus Furcht vor einer sowjetischen Intervention warnte Kohl in diesem Zusammenhang, daß eine Radikalisierung der Reformbewegung unübersehbare Folgen hätte. Angesichts solcher Worte mochte es Modrow, der mit seinem Gesprächspartner ein weiteres Treffen »für Januar oder Februar« vereinbarte, wohl etwas leichter fallen, abschließend festzustellen, daß dieser Tag ein guter gewesen sei.

Nach der Pressekonferenz ging Kohl durch eine ihm zujubelnde Menge zur nur wenige Meter entfernten Ruine der Frauenkirche, wo er einen Strauß zum Gedenken an die Toten der Dresdener Bombennächte niederlegte. Vor der dort versammelten Menge, die einem Meer von schwarz-rot-goldenen Fahnen glich, aus dem heraus immer wieder die Rufe »Helmut, Helmut« skandiert wurden, legte Kohl ein Bekenntnis zur deutschen Einheit und zum Selbstbestimmungsrecht der Völker ab, das allen Völkern gehöre, auch dem deutschen.[129] Dieses Selbstbestimmungsrecht sei aber für die Deutschen nur sinnvoll, wenn bei seiner Verwirklichung auch die Sicherheitsinteressen der anderen verwirklicht würden. Sodann griff er Gorbatschows so anders gemeintes Motiv vom »Europäischen Haus« auf, wenn er im Verlaufe seiner klugen, moderaten, die Ängste der Nachbarvölker besänftigenden Rede, immer wieder von starkem Beifall unterbrochen, sagte, daß das deutsche Haus eines europäischen Daches bedürfe. »Das ist unser Ziel.«

Nicht weniger begeistert als der Bundeskanzler in Dresden wurde der Ehrenvorsitzende der SPD in Magdeburg empfangen. Vor mehr als fünfzigtausend Menschen, die auf den Domplatz gekommen waren, begrüßte der auf Einladung der SDP sprechende Brandt die Vereinbarungen zwischen Kohl und Modrow, warnte aber davor, eine »Übergangsregierung« mit einer zukünftig freigewählten Regierung der DDR zu verwechseln.[130] Zur Einheit sagte Brandt, es gehe um eine Einigung, nicht um eine Wiedervereinigung. Er wolle nicht viel von dem wiederholen, was einmal gewesen sei. Solche Worte aus dem Munde des Mannes, der als Regierender Bürgermeister Berlins leidenschaftlich für die Einheit gefochten hatte, der enttäuscht einen neuen, den Realitäten Rechnung tragenden ost- und deutschlandpolitischen Kurs eingeschlagen hatte, der im Zusammenhang mit der Einheit von der »Lebenslüge der zweiten deutschen Republik« gesprochen hatte,[131] solche Worte mußten dem letzten auf dem Magdeburger Domplatz signalisieren, daß die Nation sich inmitten eines großen Aufbruchs befand.

In Berlin organisierte die SED/PDS gleichsam als Antwort auf Dresden und Magdeburg einen Aufzug »für eine souveräne DDR, gegen Wiedervereinigung und Ausverkauf des Landes«. Auf Transparenten und in Sprechchören wurde die Entschlossenheit zum Ausdruck gebracht, »für die Erneuerung hart zu arbeiten sowie gegen Ausländerfeindlichkeit, aufstrebenden Nationalismus und Neonazismus vorzugehen«.[132] Bei der Demonstration, in deren Verlauf einige zehntausend Menschen vom Alexanderplatz zum Platz der Akademie zogen, wo die Abschlußkundgebung stattfand, zeigte es sich deutlicher denn je, daß die neuen Machthaber des Landes bei ihrem Kampf um den Erhalt desselben in immer stärkerem Maße auf die letzte, auf die antifaschistische Karte setzten. Waren schon jene, die bei den

Demonstrationen im vergangenen November das »einig Vaterland« einforderten, als Neofaschisten gebrandmarkt oder wenigstens in deren Nähe gerückt worden, so wurde nun angesichts tatsächlich auftretender Rechtsradikaler die Gefahr eines »Vierten Reiches« und ihre abschreckende internationale Wirkung von den staatlich gelenkten DDR-Medien offen propagiert.

Auch als Mitterrand kurz vor Weihnachten zu seinem Staatsbesuch in der DDR eingetroffen war, klang immer wieder das Bekenntnis zum antifaschistischen deutschen Staat an, wenn etwa der amtierende Staatsratsvorsitzende Gerlach im Verlauf seiner Tischrede den Gast als »Wegbereiter der gesamteuropäischen Idee« würdigte, um dann Gorbatschows Zielvorstellungen hervorzuheben: »Wir wollen keinen deutschen, sondern einen europäischen Kontinent, der vom Atlantik bis zum Ural reicht.«[133] In diesem Europa wolle die DDR als souveräner, dem Antifaschismus, dem Humanismus und einem zutiefst demokratischen Sozialismus verpflichteter Staat, als Mitglied einer Föderation europäischer Staaten ihren Platz finden.

Doch nicht nur Gerlach, der noch vor wenigen Tagen im Zusammenhang mit diesem »Europäischen Haus« von der Einheit gesprochen hatte, sondern auch Modrow, Gysi und die anderen Gesprächspartner Mitterrands äußerten sich in diesem Sinne. Bei einer Diskussion mit Studenten und Professoren der Leipziger Karl-Marx-Universität wurde das französische Staatsoberhaupt gefragt, ob er die Ansicht teile, daß »konsequenter Antifaschismus« auch Ausdruck der Souveränität eines Staates sei.[134] Auch eine solche Frage erhielt erst ihren Hintersinn, wenn die »neofaschistische Gefahr« gegenwärtig sein würde, was die DDR-Medien fortwährend zu suggerieren suchten.

Nicht die »neofaschistische Gefahr«, sondern die ureigensten Bedürfnisse einer Nation brachen sich Bahn, als am 22. Dezember – wie es von Kohl und Modrow in Dresden vereinbart worden war – das Brandenburger Tor, das Wahrzeichen deutscher Teilung, nach fast drei Jahrzehnten wieder geöffnet wurde. Während Modrow diesen Schritt als Zeichen der sich erneuernden DDR gewertet wissen wollte, sprach Kohl von den »glücklichsten Stunden« seines Lebens.[135] Gleichwohl verlangte er abermals, Augenmaß zu bewahren. Dies fiel den Abertausenden, die gekommen waren, freilich schwer. Bereits während der offiziellen Zeremonie spielten sich unbeschreibliche Szenen ab. Die Menschen fielen einander in die Arme, brannten Feuerwerkskörper und Wunderkerzen ab. Fahnenschwenkend stürmten sie durch das Tor, die DDR-Grenzsoldaten wichen tatenlos zurück. Das »einig Vaterland« schien unaufhaltsam näherzurücken.

In dieser Situation kamen die rechtsradikalen Schmierereien am streng bewachten Treptower Sowjet-Ehrenmal der SED/PDS und ihren Verbündeten nicht ungelegen. In einem Hinweis der Stasi-Nachfolgeorganisation hieß es, unbekannte Täter hätten am Sockel und an der Krypta und an acht Stelen »Losungen antisowjetischen und neofaschistischen Charakters« angebracht.[136] Die Partei reagierte auf den bis heute nicht aufgeklärten Anschlag mit einer sogenannten »antifaschistischen Manifestation«, um damit einmal mehr die Existenzberechtigung der DDR zu bekräftigen. Eben diese stellten kurz darauf die Hunderttausende in Frage, die in der Silvesternacht spontan zum Brandenburger Tor gekommen waren, um die neu anbrechende Zeit zu feiern.

In Moskau war Gerassimow noch im alten Jahr vor die internationale Presse getreten. Die bisherigen Untersuchungsergebnisse – so sagte er – ließen darauf schließen, daß an diesem Akt des Vandalismus »neonazistische Kräfte aus Berlin (West)« beteiligt gewesen seien.[137] Im Auftrag der Modrow-Regierung traf daraufhin der Erste Stellvertretende Außenminister Herbert Krolikowski mit dem sowjetischen Botschafter Kotschemassow zusammen und brachte – wie die »Berliner Zeitung« berichtete – das Bedauern seiner Regierung zum Ausdruck. Er sei überzeugt, so Krolikowski weiter, daß alle demokratisch gesinnten Menschen in der DDR den verabscheuungswürdigen Akt des Vandalismus zutiefst verurteilten. »Das Bündnis mit der Sowjetunion bleibe auch weiterhin eine erstrangige Aufgabe der Politik der DDR.«

Unterdessen drohte der »Runde Tisch« zu »platzen«. Ursache des Krachs war der Versuch, den Staatssicherheitsdienst in Gestalt eines Nachrichtendienstes und eines Verfassungsschutzamtes fortleben zu lassen, was bei Bekanntwerden eine Welle der Empörung auslöste. Auf der vierten Sitzung des »Runden Tisches« am 27. Dezember war daher unmißverständlich formuliert worden, die Weisungen zur Bildung entsprechender Ersatzeinrichtungen bis zu den geplanten freien Wahlen auszusetzen.[138] Aber auch die Auflösung des MfS/AfNS ging nicht weiter, woran auch der von Modrow eingesetzte und bald wieder abgesetzte Regierungsbeauftragte nichts zu ändern vermochte.[139] Bei der fünften Sitzung des »Runden Tisches« am 3. Januar gingen die Oppositionskräfte in die Offensive und beschlossen, eine »Arbeitsgruppe Sicherheit« zu bilden, die unter Beteiligung der Bürgerbewegungen die Auflösung fortan kontrollieren sollte. Sie wurde anfangs von dem Inoffiziellen Stasi-Mitarbeiter Ibrahim Böhme und einem Vertreter der SED/PDS geleitet.[140]

Am 8. Januar – bei der sechsten Zusammenkunft – spitzte sich der Streit um die Auflösung des MfS/AfNS weiter zu, als die Vertreter der Bürgerbewegungen die Regierung aufforderten, zu verhindern, daß sich irgendein Sicherheitsdienst in der DDR als Nachfolger des MfS etabliere.[141] Außerdem forderten die Oppositionsparteien den Ministerpräsidenten unter Beteiligung des Generalstaatsanwaltes und des Innenministers auf, noch am Nachmittag desselben Tages dem »Runden Tisch« einen Bericht über die innere Sicherheit zu geben. Da sich Modrow auf dem Weg zum RGW-Treffen nach Sofia befand, kam man schließlich am 15. Januar zu dem geforderten Vortrag zusammen. In der Erkenntnis, den »Runden Tisch« stärker einbinden zu müssen, schlug Modrow, der inzwischen seine eigenen Entscheidungen, einen Nachrichtendienst und einen Verfassungsschutz zu gründen, zurückgenommen hatte, vor, die Konfrontation in eine Sicherheitspartnerschaft umzuwandeln und den »Runden Tisch« vom Kontrollorgan zur Nebenregierung aufzuwerten.[142] Regierung und »Runder Tisch« müßten gemeinsam dafür Sorge tragen, daß die weitere innenpolitische Entwicklung sich gewaltfrei vollziehe. Die Mitglieder des »Rundes Tisches« sollten mithelfen, daß die Reformprozesse fortgesetzt werden könnten und nicht Streiks das normale Leben belasteten.

Der Vorstoß Modrows war um so notwendiger gewesen, als gerade der Geheimdienst immer mehr ins Kreuzfeuer der öffentlichen Kritik geriet, verkörperte er doch so griffig das Wesen der verhaßten Diktatur. So war mit zahlreichen Warnstreiks die bedingungslose Auflösung des MfS gefordert worden. Der Zorn des nach staatlicher Einheit schreienden Volkes mußte sich dabei gegen jene konzentrieren, deren »Schild und Schwert« einmal das MfS gewesen war und die nun in den nicht unbegründeten Verdacht gerieten, daß dies auch in Zukunft nicht anders sein sollte. In Leipzig, Dresden, Halle, Cottbus, Karl-Marx-Stadt oder Frankfurt an der Oder hatten wiederum Hunderttausende demonstriert und den Rücktritt Gregor Gysis gefordert sowie in Sprechchören »Nieder mit der SED« skandiert.

Um den auf der SED/PDS lastenden, ständig steigenden Druck zu mildern, wurden aus deren Volkskammerfraktion eine Reihe von Funktionären entfernt, deren Namen – gleichgültig ob sie zur Honecker-Riege gehört hatten oder nicht – für die alten Zeiten standen. Unter ihnen waren die ehemaligen Politbüro-Mitglieder Eberlein, Jarowinsky, Keßler, Schürer, Schabowski und Krenz. Den Interims-Generalsekretär stieß man bald sogar aus der Partei aus, und dessen Ziehvater Honecker wurde sogar inhaftiert, nachdem er aus dem Krankenhaus entlassen worden war, wo er sich einer Operation unterzogen hatte.

Für den Nachmittag des 15. Januar hatte das Neue Forum zu einer Demonstration unter dem Motto »Mit Fantasie gegen Stasi und Nasi« vor dem Hauptquartier des Geheimdienstes in der Ost-Berliner Normannenstraße aufgerufen. Hunderttausend sollen es nach Angaben des DDR-Fernsehens gewesen sein, die gekommen waren – hunderttausend aufgebrachte Menschen. Tatsächlich waren es weit weniger. Diese »erstürmten« dann auch nicht das Gebäude, sondern wurden hineingelassen. Zielgerichtet wurden sie in den Wirtschafts- und Versorgungstrakt gelenkt, in dem sich bereits zahlreiche »Demonstranten«, teilweise im Outfit von Rechtsradikalen, befanden, die sich wie Vandalen aufführten.[143] Der größte Teil der Demonstranten irrte noch im Erdgeschoß umher, als von der obersten Etage massenweise belangloses Papier und Akten die Treppen hinunter und aus den Fenstern geworfen wurden. Einer Gruppe der zahlreich anwesenden Medienvertreter wurde Zugang in das Haus 1 gewährt, wo der einst mächtige Minister sein biederkahles Büro hatte. Nach einer guten Stunde war der »Sturm« vorüber, die eisernen Tore wieder verrammelt.

Die DDR-Medien zeichneten hingegen das Bild einer das Gebäude stürmenden, marodierenden, rechtsradikal unterwanderten Masse, die Sachschäden in Millionenhöhe angerichtet hätte. Die »Berliner Zeitung« wußte darüber hinaus von Plünderungen,[144] und das »Neue Deutschland« wartete mit aussagekräftigen Details auf, wenn es etwa einen Zeugen zu Wort kommen ließ, der gesehen habe, daß ein Teil der Gebäudestürmer sich mit »Heil«-Rufen aufgeputscht habe.[145] Das Fernsehen, das mehrfach sein reguläres Abendprogramm unterbrach, um vom Schauplatz des Geschehens, wohin Modrow, Böhme, Eppelmann und andere sogleich geeilt waren, zu berichten, wurde nicht müde, davor zu warnen, daß angesichts der entfesselten Gewalt die »junge Demokratie« »in allerhöchster Gefahr« sei.[146]

Mit der gewaltigen Inszenierung sollte der Bevölkerung der DDR, vor allem aber der Opposition, der Eindruck vermittelt werden, daß nicht nur Modrows Forderung nach einem Verfassungsschutz ihre Berechtigung habe, sondern der Geheimdienst nun endgültig unter die Kontrolle der demokratischen Kräfte gelangt sei und nun auch hier Glasnost herrsche. Diese Intention mußte um so mehr Erfolg haben, da der »Sturm« auf die MfS-Zentrale letztendlich der Opposition im Lande schmeicheln mußte, wertete er doch ihre Rolle im Prozeß der Umgestaltung auf. Nicht zuletzt auch aus diesem Grunde wurden Ereignisse des 15. Januar in der Bürgerbewegung allzu bereitwillig zur Legende verklärt.

Wenngleich die Regierung Modrow, was das MfS anlangte, die Lage zunächst entspannt hatte, entwickelte doch der einmal in Gang gebrachte Prozeß auch hier eine gewisse Eigendynamik. So etablierte sich ein »Bürgerkomitee Normannenstraße«, die »Arbeitsgruppe Sicherheit« des »Runden Tisches« erhielt »Dienstausweise«, die dazu berechtigten, die Arbeit der Regierungskommission bei der Auflösung des Amtes für Nationale Sicherheit zu beobachten und zu kontrollieren.[147] Es entstanden auch operative Gruppen, die als eine Art »Feuerwehr« der AG Sicherheit dort in Erscheinung traten, wo Hinweise aus der Bevölkerung auf irreguläre Machenschaften von Angehörigen des Geheimdienstes hatten schließen lassen. Dennoch gelang es den von MfS-Einflußagenten und Spitzeln durchdrungenen Bürgerkomitees nicht, zusammenhängende Einblicke in das Innenleben der einstigen Krakenorganisation zu nehmen, geschweige denn, einen kontrollierten Abbau der Stasi, insbesondere aber des Spionagedienstes zu erreichen.

Das MfS war jedoch nur ein Aufgabengebiet des völlig überforderten Modrowschen Krisenmanagements. Die hoffnungslose wirtschaftliche Lage – mehr als fünzig Milliarden Mark betrug die Nettoauslandsverschuldung zuletzt – ein anderes. Schon im Verlauf seiner Regierungserklärung während der Volkskammer-Sitzung am 11. Januar hatte der Ministerpräsident eingeräumt, daß in bestimmten Fragen die Prioritäten neu bestimmt werden müßten.[148] Erste Priorität hätte neben der Stabilität im Lande die Wirtschaftsreform. Modrow kündigte an, bis zur Volkskammertagung am 29. Januar eine Analyse der Situation und für Anfang März ein Plankonzept für das Jahr 1990 vorlegen zu wollen. Bis Anfang Februar solle ein Entwurf für eine Wirtschaftsreform vorliegen. Um Gemeinschaftsunternehmen mit ausländischer Beteiligung zuzulassen, wurde sogleich die DDR-Verfassung geändert.

Während der Debatte übten die vier reformierten Blockparteien und Koalitionspartner der SED/PDS heftige Kritik an dieser, fürchteten sie doch, durch eine allzu kritiklose Partnerschaft Schaden zu nehmen. Um mit Blick auf die für den 6. Mai anberaumten Wahlen den dramatischen Vertrauensschwund der einstigen Staatspartei zu kompensieren, drohten sie im Gleichklang ihren Austritt aus der Regierungskoalition an.[149] Der Stellvertretende LDPD-Vorsitzende und Jurist Hans-Dieter Raspe forderte Modrow auf, »schleunigst Abschied von allen Übeln der alten Ordnung zu nehmen« und verlangte den Wettbewerb in der Wirtschaft.[150] Der CDU-Abgeordete Niggemeier beklagte, daß ein Konzept hinter Modrows Wirtschaftspolitik kaum erkennbar sei.[151] »Daß SED und Staat restlos entflochten werden« müßten, verlangte der NDPD-Vorsitzende Hartmann.[152]

Einige Tage darauf sprachen sich NDPD, in der Hartmann für Wolfgang Gläser den Platz des Vorsitzenden räumte, LDPD, DBD und CDU dafür aus, bei der Regierungsbildung nach den kommenden Mai-Wahlen nicht mehr mit der SED/PDS koalieren, bis dahin die Zusammenarbeit mit dieser jedoch nicht aufkündigen zu wollen.[153] In der CDU war dieser Entscheidung eine handfeste Auseinandersetzung zwischen de Maizière und dem Mitunterzeichner des »Briefs aus Weimar«, Kirchner, der den sofortigen Austritt aus der Regierung gefordert hatte, vorangegangen.[154]

Am 22. Januar folgte Ministerpräsident Modrow einer Anregung der SPD der DDR und schlug allen Beteiligten des »Runden Tisches« ein Gespräch über die Modalitäten für ihre Beteiligung an der Regierungsverantwortung vor.[155] Der SED/PDS-Vorsitzende Gysi wiederholte das Angebot, die Opposition solle Ministerposten, die bislang seine Partei besetze, übernehmen.[156] Zustimmung kam von Meckel, der die von Modrow zur Bedingung seines Schrittes gemachte Notlage des Landes als gegeben ansah.[157] Auch von den Blockparteien wurde Zustimmung signalisiert und mitgeteilt, man werde seine Minister nicht zurückziehen. Bereits am 28. Januar wurde am »Runden Tisch« über die Bildung einer parteiübergreifenden geschäftsführenden Übergangsregierung verhandelt.

Als die Volkskammer am 29. Januar abermals tagte, hatte man sich bereits auf eine »Regierung der nationalen Verantwortung« geeinigt.[158] Außerdem war vereinbart worden, die Wahlen angesichts der krisenhaft zugespitzten Lage auf den 18. März vorzuverlegen. Zu Beginn der Volkskammertagung gab Modrow den Abgeordneten eine eindringliche Schilderung der »schicksalhaften Situation«.[159] Die ökonomischen und sozialen Spannungen in der Gesellschaft hätten zugenommen und berührten bereits das tägliche Leben vieler Menschen. Selbst der Ausreisestrom gehe unvermindert weiter. Alle Maßnahmen und Appelle hätten bisher nicht vermocht, diesen Aderlaß aufzuhalten, der die wirtschaftliche Leistungfähigkeit schmälere – ganz abgesehen von der sozialen Tragik, die mit dieser Ausreisewelle verbunden sei, sagte Modrow und sprach damit das Scheitern der Perestroika in der DDR offen aus.

Seine Lage war verzweifelt. Wirtschaftshilfe aus Bonn konnte die Entwicklung in der DDR nur in langen Zeiträumen zum Besseren verändern und daher für ihn kein gegenwärtig ins Kalkül einzubeziehender Faktor sein. Hinzu kam, daß die westdeutschen Politiker gleich welcher Couleur, die sich einst darin gefallen hatten, mit Honecker und seiner Gefolgschaft nicht nur zum unumgänglichen Dialog zusammenzutreffen, nun jenen, die den einstigen Generalsekretär und dessen Regime gestürzt hatten, möglichst aus dem Wege gingen

Vergeblich wandte sich eine Gruppe Perestroikisten aus den Reihen der SED/PDS mit der eindringlichen Bitte an führende Vertreter der westdeutschen SPD, sich nun nicht abzuwenden.[160] Sie schrieben: Begegnungen der alten Führung mit Spitzen der SPD seien stets im freundlichen Ton gehalten gewesen. »Wenn Sie damit eine Unterstützung der demokratischen Kräfte der Parteibasis beabsichtigten, ist ein plötzliches Abwenden von uns völlig unverständlich.« Wie glaubhaft könne der Beifall der SPD für die Reformer in der Tschechoslowakei von 1968 sein, wenn vergleichbare Reformen in der SED/PDS abgelehnt würden, fragten die Perestroikisten die SPD-Politiker Vogel, Momper, Lafontaine, Brandt, Eppler und Engholm.

Deren Partner war jedoch nicht mehr die SED/PDS, sondern die noch vor Monaten von einigen der Adressaten als überflüssig bezeichnete SDP der DDR, die alsbald SPD heißen sollte. Die CDU orientierte sich, ehe sie ganz auf die umgestaltete Blockpartei setzten sollte, in Richtung Demokratischer Aufbruch, aber auch auf die Partei, die am 20. Januar in Gasthof »Goldene Krone« im Südosten Leipzigs gegründet wurde: die Deutsche Soziale Union (DSU), die aus der CSPD und einer ganzen Reihe anderer kleiner Gruppierungen hervorging. Schon vor Weihnachten hatten der CSPD-Vorsitzende Ebeling und dessen Generalsekretär Diestel beim Bundeskanzler vorgesprochen und Unterstützung erbeten. Kontakte hatte man auch zur CSU gesucht, die sich schließlich der »Häuptlinge ohne Indianer«, wie die Amateur-Politiker ohne Gefolgschaft genannt wurden, angenommen hatte. Auf der nach Leipzig verlegten CSU-Klausurtagung hatte man beschlossen, sämtliche Gruppierungen zur DSU zusammenzufassen, deren Gründung sogleich mit logistischer Unterstützung und Steuerung aus München auf den Weg gebracht worden war.[161]

In Diestels Leipziger Haus wurde gemeinsam das DSU-Grundsatzprogramm ausgearbeitet. Der Gastgeber berichtete später darüber: »Im Eßzimmer zogen wir einen großen Tisch aus und da saßen die 25 Mann dran, die das DSU-Grundsatzprogramm ausarbeiteten – mit Unterstützung der CSU und einem Abteilungsleiter vom Konrad-Adenauer-Haus.«[162] Danach sollte sich die DSU als liberal-konservative, christlich-soziale Volkspartei der breiten demokratischen Mitte verstehen. Unter dem Motto »Freiheit statt Sozialismus« wollte man die eher Bürgerlichen im Lande gewinnen.[163] Dies gelang später sogar bis zu einem gewissen Grad, doch die innerparteilichen Querelen um die Person Diestels, der mit dem Stellvertretenden DSU-Vorsitzenden Joachim Nowack in de Maizières CDU überwechselte, nachdem eigens dafür das Wahlgesetz geändert wurde, und anderes schmälerten später die Aussichten der Partei.

Was die Zukunft Deutschlands und Europas anging, hatte sich die DSU im Januar in ihr Grundsatzprogramm geschrieben: »Unser Ziel ist ein dauerhafter Friede, der die Spaltung Deutschlands und Europas in politische und militärische Blöcke überwindet.«[164] Auch in den übrigen neugegründeten Gruppierungen und Parteien, aber auch in den umgestalteten Blockparteien wurde angesichts der nationalen Dynamik, die sich in Deutschland entfaltet hatte, nun mehr denn je über dieses Thema diskutiert. Gemeinsamer Nenner aller Modelle war nach wie vor die Kopplung von deutscher und europäischer Teilungs-Problematik.

Auch in der SED/PDS war nun die Rede von einem – über die Zwischenschritte der Vertragsgemeinschaft und Konföderation herbeizuführenden – vereinigten Deutschland in einem »Europäischen Haus«, nachdem man mittlerweile von der grotesken These Abschied genommen hatte, daß sich in Deutschland zwei unterschiedliche deutsche Nationen herausgebildet hätten. Da die Deklamation von der unter dem Dach des »Europäischen Hauses« anvisierten Einheit Deutschlands soviel Interpretations- und Gestaltungsspielraum zuließ, lautete nun die entscheidende Frage, in welchem Tempo diese verwirklicht werden sollte. Daß dies nicht mehr hundert Jahre sein konnten, von denen Gorbatschow einmal gesprochen hatte,[165] war angesichts der Wirklichkeit in Deutschland klar.

Bei der SED/PDS ging man von größeren Zeiträumen aus und warnte, so André Brie, vor einem raschen »Anschluß«, wie dieser von »einigen, sehr kurzsichtigen Leuten mehr laut als begründet gefordert wird«.[166] Ein solcher hätte nicht nur katastrophale wirtschaftliche Folgen, wie der Gesellschaftswissenschaftler schrieb, sondern vereitelte eine allerletzte Chance, auf die die Perestroikisten angesichts des landesweiten Desasters hoffen konnten: die Angleichung beider Systeme oder ein durch Abstriche modifizierter »dritter Weg« für Gesamtdeutschland. Ein rascher Zusammenbruch der DDR mußte diese Aussichten minimieren, zumal sich die potentiellen westdeutschen Partner gegenwärtig verweigerten. Wohl mit Blick in diese Zukunft hatte sich die apparative »Avantgarde der Perestroika« in der DDR, die Blockparteien, von der SED/PDS distanziert, um für die westlichen Parteien als Partner akzeptabel zu sein.

Alles hing von Moskau ab, wohin der DDR-Ministerpräsident – wie es vor Tagen gewünscht worden war – ohne offizielle Begleitung[167] am 30. Januar 1990 an Bord einer Sondermaschine der Interflug vom Flughafen Berlin-Schönefeld startete. Im Kreml wurde er von Gorbatschow, Ryschkow und Schewardnadse empfangen. Dem von der »Prawda« am darauffolgenden Tag veröffentlichten gemeinsamen Kommuniqué zufolge hob Modrow die Bedeutung der »solidarischen Unterstützung der sowjetischen Seite« hervor.[168] Sie sei »sehr wertvoll für alle Kräfte, die den Weg zur Erneuerung der DDR eingeschlagen haben«. Weiter hieß es in dem Kommuniqué, daß der DDR-Ministerpräsident »einige Ideen zur Annäherung der beiden deutschen Staaten und dem Ausbau der neuer Beziehungen und einer neuen Partnerschaft zwischen ihnen« geäußert habe. Modrow habe von einer Staaten-

Konföderation gesprochen. Von einer Vereinigung Deutschlands stand in der Verlautbarung kein Wort.

Eben um dies Modrow klarzumachen, hatte man ihn nach Moskau gebeten. Leidenschaftlich hatte der Dresdener für die Umgestaltung in seinem Lande gekämpft – die Sowjets brachten ihm dafür Respekt entgegen –, nun mußte er erfahren, daß die Sowjetunion die DDR aufgab, sich den so oft beschworenen »Realitäten« beugte – diesmal nicht den Realitäten der Abmachungen und Vereinbarungen der Nachkriegszeit, sondern der Realität, die vom deutschen Volk geschaffen worden war. Der getreue Modrow flog am darauffolgenden Tag nach Berlin zurück und trat alleine an die Öffentlichkeit, »weil«, so umschrieb sein Mitstreiter Karl-Heinz Arnold das »demokratische Selbstverständnis« des vorletzten DDR-Ministerpräsidenten, »es weder ein Zerreden am ›Runden Tisch‹ noch eine Diskussion zwischen den fünf Koalitionsparteien (vertrug)«.[169] Vor der internationalen Presse verkündete er am 1. Februar »seine Konzeption«: »Für Deutschland, einig Vaterland«.[170]

Der von Modrow vorgetragene Plan, ungeachtet des Rahmens vom »Europäischen Haus« zügig ein neutrales Gesamtdeutschland zu schaffen, löste in der SED/PDS einen regelrechten Schock aus,[171] waren doch die Reformer nach den Vorgaben Moskaus von Glasnost und Perestroika angetreten, um »ihre DDR« über die Zeiten hinwegzuretten. Jetzt mußten sie erkennen, daß Gorbatschow sie den sowjetischen Politik-Interessen opfern würde. Nach dem Hitler-Stalin-Pakt zum zweiten Mal in der bewegten Geschichte dieses Jahrhunderts machten deutsche Kommunisten eine solch bittere Erfahrung.

Ein Geheimpapier, das große Scheitern und die deutsche Einheit – eine Bilanz

Im Frühjahr 1992 – inzwischen war nicht nur die DDR, sondern auch die Sowjetunion untergegangen – informierte das Bundesamt für Verfassungsschutz eine kleine Zahl ausgewählter Verantwortungsträger der Bundesrepublik über eine geheime KGB-Struktur in Deutschland. In dem streng geheimen Papier heißt es, daß außerhalb der bekannten KGB-Residentur in Karlshorst, dem für die Aufklärung der Bundesrepublik zuständigen »Führungskopf«, dem sogenannten »Berliner Apparat«, eine weitere geheime KGB-Residentur existiere, die sogenannte Gruppe »Luch« (russisch für Strahl).[1]

Während die »normalen« Vertretungen des KGB wegen der historischen Entwicklung und wegen der überwiegend identischen Aufklärungsschwerpunkte eng mit dem MfS zusammengearbeitet hätten, sei die Gruppe »Luch« ein völlig abgeschotteter Bereich gewesen, der keinerlei Arbeitskontakte zum MfS der ehemaligen DDR unterhalten habe. Auch innerhalb des KGB sei die Gruppe »Luch« einer besonderen Geheimhaltung unterworfen. Es heißt dazu: »›Luch‹ war aus dem regulären Hierarchiegefüge der offiziellen Residentur herausgelöst und nur den direkt befaßten Mitarbeitern der 4. Abteilung (der sogenannten Deutschlandabteilung im Moskauer Hauptquartier, d.Verf.) sowie der Leitungsebene der 1. H(aupt)V(erwaltung) des ehemaligen KGB insgesamt bekannt und entsprechend unterstellt.«

»Die Einrichtung dieser Gruppe war im Zuge der wachsenden Emanzipationsbestrebungen des MfS gegenüber dem ›Ziehvater KGB‹ und den damit auch verbundenen Zweifeln an der unbedingten Loyalität der DDR-Führungskader als notwendig erachtet worden. (...) Seit Mitte der 80er Jahre hatte die Gruppe ›Luch‹ den Auftrag, Bürger der ehemaligen DDR in Leitungsfunktionen von Wissenschaft, Technik und Politik zur Zusammenarbeit mit dem KGB zu verpflichten, um auf diese Weise gesellschaftlich relevante Prozesse beeinflussen zu können.« Mit anderen Worten: Die Gruppe hatte die Aufgabe, in der DDR die Umgestaltung nach sowjetischem Vorbild zu betreiben beziehungsweise zu unterstützen. Ihre Stoßrichtung mußte demnach auf die orthodox-kommunistische Führung um Honecker zielen.

Bei den von »Luch« rekrutierten Personenkreisen soll es sich, der Analyse des Verfassungsschutzes zufolge, neben Kadern aus der Staatsführung um Entscheidungsträger der FDJ, aus Bildungseinrichtungen und Handelsorganisationen, aber auch aus den Reihen der Kirche gehandelt haben. In den Jahren 1988/1989 sei die Arbeitsweise von »Luch« modifiziert worden. »Fortan waren nicht mehr Verpflichtungen von hochrangigen DDR-Führungskadern vorrangig (...), sondern vielmehr die Suche nach Fachleuten der mittleren Managementebene.« Man habe sich »auf Mitglieder der Blockparteien der ehemaligen DDR, solcher neugegründeter Parteien im Zuge der Wende und Angehörige von Jugendorganisationen konzentriert«.

Diesen »effektvollen Wandel in der Arbeitsmethodik« führten die Kölner Verfassungsschützer auf das Wirken von General Anatoliy G. Novikov zurück. Dieser habe in den Jahren 1988/1989 als Leiter der Deutschlandabteilung in der Ersten Hauptverwaltung der Moskauer KGB-Zentrale fungiert und sei auch für das Vorgehen der in der Ost-Berliner Sowjet-Botschaft, aber auch in den sowjetischen Generalkonsulaten in der DDR residierenden Gruppe »Luch« verantwortlich gewesen.

Die veränderte Arbeitsmethodik der Gruppe »Luch« korrespondierte mit der dynamischen Entwicklung im sowjetischen Einflußbereich und der damit notwendig gewordenen Modifikation des Perestroika-Konzepts. Die reale Entwicklung überholte nämlich die Moskauer Planer und sollte sie zu immer weiterreichenden Zugeständnissen bis hin zur Aufgabe des alleinigen Führungsanspruchs der Kommunistischen Parteien zwingen, deren Anbindung an die KPdSU schon mit dem Abrücken von der Breschnew-Doktrin formal aufgegeben worden war.

Gorbatschows Bekundungen von der Souveränität der Warschauer-Pakt-Staaten hatten eher deklamatorischen Charakter. Wenngleich die Kraft nicht mehr ausreichte, war der Anspruch geblieben, die dortigen Entwicklungen in der Hoffnung auf ein kompetentes und entschlußwilliges, Gorbatschow-treues Führungspotential vor Ort weiterhin zu lenken. Da ein Sturz wie der Walter Ulbrichts so nicht mehr möglich war, mußten deshalb verdeckte Mittel und Wege gewählt werden, sich der Verweigerer in Ost-Berlin und anderswo zu entledigen. Die Arbeit der Gruppe »Luch« war eines dieser Mittel. Die Gewichtung ihrer Rolle beim Komplott gegen die Honecker-Führung entzieht sich derzeitiger Möglichkeiten, denn wer von den Geheimsten gelenkt bzw. instrumentalisiert wurde, wird sich ohne den Einblick in die KGB-Archive kaum klären lassen können.

Ein weiteres Mittel der von Moskau gebilligten äußeren Einwirkung auf die Verhältnisse in der DDR war die Öffnung des »Eisernen Vorhangs« durch die ungarischen Perestroikisten. Sie bildete das Fanal zur Honecker-Demontage durch die sich nun organisierende Opposition innerhalb und außerhalb des Apparates. Die Rolle derer, die die Entwicklung nun im sowjetischen Sinne betrieben oder forcierten, erinnert an den Zauberlehrling, der die Geister rief und sie nicht mehr zu bändigen wußte.

So gut es zunächst auch gelungen sein mochte, die aus der traditionellen Bürgerrechtsbewegung hervorgegangene Opposition vor den eigenen Karren zu spannen, so fehlkalkulierten die »Wendemacher« das Volk. Ihm war lediglich die Rolle zugedacht worden, die sowjetische Politikvorgabe von der Perestroika und die dazugehörenden neuen Männer zu legitimieren. Doch nun – einer gewaltigen Eruption gleich – erhob es sich und reklamierte für sich seine ihm zustehende Rolle als Souverän: »Wir sind das Volk«, lautete die Losung der Stunde.

Dieses Volk und der Druck der Perestroikisten trieben Krenz entgegen den Vorstellungen Moskaus zur Öffnung der Mauer. Er erhoffte sich davon, die Lage zu entspannen und sich als Honecker-Nachfolger behaupten zu können. Das Volk geriet jedoch statt dessen in einen regelrechten nationalen Taumel. »Wir sind ein Volk«, hieß jetzt sein Ruf. Wenn das Wort »Revolution« für die Ereignisse des Herbstes '89 überhaupt gebraucht werden kann, dann für den Zeitraum nach dem Fall von Mauer und Stacheldraht. Das Volk hatte sich jetzt von den ursprünglichen

Kräften der Wende und deren Zielsetzungen von demokratischem Sozialismus und Zweistaatlichkeit emanzipiert und seine ureigensten Bedürfnisse artikuliert.

Markus Wolf schrieb darüber: »Die weitsichtigsten Analytiker konnten sich Ende Juli 1989 den 9. November mit seiner bedingungslosen Grenzöffnung, diese unter dem Zwang der Ereignisse getroffene Entscheidung und ihre Folgen, nicht vorstellen. Mit Deutschland einig Vaterland, zunächst auf Plakaten und von Tausenden bei den Montagsdemos in Leipzig und anderen Städten skandiert, bekam die Entwicklung zur deutschen Einheit eine nicht mehr steuerbare Dynamik. Die nun noch vom Einbringen einer sozialistischen Alternative sprachen, wurden kaum gehört.«[2]

Konnten diejenigen, die die DDR umgestalten wollten, schon nicht ahnen, was mit der, wie Wolf sagte, »bedingungslosen Grenzöffnung« an Unsteuerbarem in Gang gesetzt werden würde, so hatten sie auch die Haltung der Westdeutschen zur staatlichen Einheit falsch eingeschätzt. Die vorherrschende veröffentlichte Meinung hatte nämlich das Bild einer sich mit den »Realitäten« willfährig arrangierenden politischen Klasse gefördert und dies für gut geheißen. Daß auch Teile dieser politischen Klasse ein von den Bedürfnissen und Vorstellungen des »Mannes auf der Straße« abgeschiedenes Eigenleben führten, verdeutlichten die Bilder aus der Bundesrepublik während jener dramatischen Herbsttage: Auch bei den Westdeutschen samt ihrem Kanzler war nämlich trotz vierzig Jahren der Teilung der Wille zum »einig Vaterland« niemals ganz erloschen.

Als nicht minder folgenreich erwies sich die Fehleinschätzung Moskaus gegenüber der Deutschlandpolitik der Westmächte. Noch am 1. November 1989 hatte Gorbatschow erklärt, »daß sich kein ernsthafter Politiker in der Welt« ein vereintes Deutschland vorstellen könne.[3] Offenbar überstieg es die Phantasie des Sowjetführers, daß das von den westlichen Siegermächten des Zweiten Weltkrieges deklamierte Prinzip vom Selbstbestimmungsrecht der Völker trotz aller machtpolitischen Implikation nun auch für die Deutschen Anwendung finden sollte, wie es im Deutschlandvertrag von 1955 festgeschrieben worden war.

Wenn Moskau schließlich dem Bundeskanzler, der die Gunst der historischen Stunde genutzt hatte, entgegenkam und die DDR nach 44 Jahren entließ und damit den Weg zur deutschen Einheit freigab, dann nicht zuletzt deshalb, weil sich im eigenen Machtbereich die Ausgangspositionen für Glasnost und Perestroika inzwischen dramatisch verändert hatten. Die Sowjetunion, die es wirtschaftlich zu sanieren galt, vor allem mit Hilfe einer ökonomisch nach Westen geöffneten DDR, existierte so nicht mehr. Mit der Umsetzung der neuen Politik war dort ein ungeahntes und mannigfaltiges, durch den Stalinismus unterdrücktes Konfliktpotential freigeworden. Die mit Gewalt und Terror unter einem Dach zusammengepferchten Nationalitäten und Religionen hatten sich Bahn gebrochen und ließen den amorphen Koloß »Sowjetunion« zerbröckeln.

Das Scheitern der Perestroika und damit des Konzepts vom »Europäischen Haus« zeichnete sich für Moskau zu Beginn des Jahres 1990 ab. So war es folgerichtig, nunmehr die »deutsche Karte« zu spielen. Eine andere Wahl blieb Gorbatschow jetzt nicht mehr, denn hätte er versucht, die Entwicklung mit militärischer Gewalt aufzuhalten oder gar rückgängig zu machen, hätte er die Noch-Sowjetunion politisch und wirtschaftlich isoliert und damit selbst das Überleben ihres russischen Kernlandes gefährdet. Mit seinem Einverständnis für ein zunächst neutrales, durch das Beharren Kohls schließlich der Nato angehörendes Gesamt-Deutschland bot sich immerhin noch die Möglichkeit, sich dessen Wirtschaftskraft nutzbar zu machen.

Die von Kohl vollendete deutsche Einheit stand damit am Schluß einer Entwicklung, die ursprünglich das Überleben des Sowjetimperiums einschließlich der DDR hatte gewährleisten sollen. Die Perestroika-Konzeption, ihre Urheber und die Sowjetunion sind heute Geschichte. Geblieben sind Rußland und die alten Apparate sowie ihre alten-neuen Partner im einstigen Machtbereich. Sie sind ein Erbe der Nachkriegszeit für die neue Epoche der beginnenden Ausgestaltung Europas, zu deren unabänderlicher Konstante auch weiterhin die Machtpolitik gehören wird.

Anhang

Anmerkungen

Anmerkungen zur Einleitung

1. Siehe dazu: Albaz, Jewgenija: Geheimimperium KGB. Totengräber der Sowjetunion, München 1992 (weiterhin zit. als: Albaz, KGB), S. 163 ff.; ferner Gordiewski, Oleg/Andrew, Christopher: KGB, München 1990 (weiterhin zit. als: Gordiewski/Andrew, KGB); Huyn, Hans Graf: Die deutsche Karte, München 1991 (weiterhin zit. als: Huyn, Karte) S. 70 ff.
2. *Neues Deutschland* vom 16. 6. 1983.
3. Die Angaben zur Person Gorbatschows sind dem Munzinger-Archiv/Intern. Biograph. Archiv 37/92 entnommen.
4. *Die Zeit* vom 17. 2. 1984.
5. Gorbatschow, Michail: Perestroika, München 1987, (weiterhin zit.: Perestroika) S. 22.
6. Ebda. S. 40.
7. Teltschik, Horst: Die Reformpolitik Gorbatschows und die Perspektiven der West-Ost-Beziehungen, in: Außenpolitik 3/1989, S. 214.
8. Vgl. dazu: Schwegler-Rohmeis, Wolfgang/Segbers, Klaus: Perestroika passé?, Opladen 1992, S. 24.
9. »Rede des Minister für Auswärtige Angelegenheiten der Union der Sozialistischen Sowjetrepubliken, E. A. Schewardnadse, Warschau, 19. März 1986«, ohne Datum, BAB/ZPA IV 2/2035/30.
10. Ebda.
11. Ebda.
12. Vgl. dazu: Kahlweit, Cathrin: Architekten des Umbruchs, Frankfurt a. M. 1993 (weiterhin zit. als: Kahlweit, Architekten), S. 62; ferner Jakowlews propagandistische Selbstdarstellung: Jakowlew, Alexander: Offener Schluß. Ein Reformer zieht Bilanz. Gespräche eingeleitet und kommentiert von Lilly Marcou, Leipzig 1992.
13. Perestroika, S. 42 f.
14. Gordiewski/Andrew, KGB, S. 809.
15. Vgl. dazu: Geierhos, Wolfgang: Grundlagen, Ziele und Instrumente der sowjetischen Politik, in: Hubatschek, Gerhard (Hrsg): Strategie für den Frieden, Herford 1986, S. 119.
16. Mitteilung von Günter Bohnsack am 29. 3. 1993.
17. Ebda.

18. Ebda.; laut Bohnsack galt dies z. B. für die Reden der »Generäle für den Frieden«, die von der Abteilung X (»Aktive Maßnahmen«) der HVA in enger Kooperation mit dem Ost-Berliner Institut für Politik und Wirtschaft (IPW) erarbeitet und durch Kuriere den jeweiligen Zielpersonen zugestellt wurden.
19. »Rede des Genossen Jakowlew auf der Sitzung der Sekretäre für Ideologie (23. Jan. 1987 in Warschau)«, BAB/ZPA IV 2/2035/24.
20. Ebda.
21. *F.A.Z.* vom 19. und 20.6.1986.
22. Meyer, Thomas: Das SPD/SED-Papier – Der Streit der Ideologien und die gemeinsame Sicherheit, in: SPD- Bundestagsfraktion (Hrsg.): Rück-Sicht auf Deutschland. Beiträge zur Geschichte der DDR und zur Deutschlandpolitik der SPD, Bonn 1993 (weiterhin zit. als: Rück-Sicht), S. 24ff.
23. Bahr, Egon: Vierzig Jahre Deutschlandpolitik. Stationen und Entwicklungen, in: Rück-Sicht, S. 3ff.
24. »Bericht über die Konsultationen mit dem ZK der KPdSU am 26. und 27. Jan. 1989 in Moskau zu Fragen der weiteren Sicherheitspolitischen Zusammenarbeit SED/SPD«, ohne Datum, BAB/ZPA 3 IV 2/2A/3192.
25. »Niederschrift über das Gespräch des Genossen Erich Honecker, Generalsekretär des ZK der SED und Vorsitzender des Staatsrates der DDR mit Genossen Michail Gorbatschow, Generalsekretär des ZK der KPdSU, im erweiterten Kreis während des Arbeitsbesuchs des Genossen Honecker am 28.9.1988«, 28.9.1988, IV 2/ 1/685.
26. Ebda.
27. *Der Spiegel* vom 12.4.1993.
28. Ebda.
29. »Information über das Arbeitstreffen der Sekretäre für Wirtschaft der Zentralkomitees der Bruderparteien der Mitgliedsländer des RGW am 6. und 7. März 1989 in Prag«, ohne Datum, BAB/ZPA IV 212 A/3202.
30. Ebda.
31. Schewardnadse, Eduard: Die Zukunft gehört der Freiheit, Hamburg 1991 (weiterhin zit. als: Schewardnadse, Zukunft) S. 208.
32. Zit. nach: Brabant, Marion/Müller, Hans-Peter/Wilke, Manfred: Die Deutsche Kommunistische Partei (DKP). Geschichte – Organisation – Politik, Köln 1990, S. 10.
33. Schewardnadse, Zukunft, S. 208.
34. Zur Wende in Ungarn siehe: Kiss, László J.: Warum scheiterte der »Gulasch-Kommunismus«, in: Elvert, Jürgen/Salewski, Michael: Der Umbruch in Ost-Europa, Stuttgart 1993 (weiterhin

zit. als: Elvert/Salewski, Umbruch), S. 121ff; ferner: Kahlweit, Architekten, S. 301ff.

35. Zum Wandel in Polen siehe: Kahlweit, Architekten, S. 187ff.
36. Zu Bulgarien siehe: Ignatow, Assen: Widerstände und Chancen für die Demokratisierung in Bulgarien, in: Elvert/Salewski, Umbruch, S. 149ff; Kahlweit, Architekten, S. 367ff.
37. Zum Umsturz in der Tschechoslowakei siehe: Sládek, Zdenek: Der tschechische Realsozialismus, in: Elvert/Salewski, Umbruch, S. 109; ferner: Bechtholdt, Heinrich: Zeitwende im Sozialismus: Die Gorbatschow-Reformen bedrängen Osteuropa, in: Außenpolitik 3/1989, S. 236ff.
38. Huyn, Karte, S. 148.
39. Zur Wende in Rumänien siehe: Wagner, Richard/Frauendorfer, Helmuth (Hrsg.): Der Sturz des Tyrannen. Rumänien und das Ende einer Diktatur, Hamburg 1990; ferner Gabanyi, Anneli Ute: Rumänien – Anatomie einer Dauerkrise (weiterhin zit. als: Gabanyi, Dauerkrise) in: Elvert/Salewski, Umbruch, S. 135.ff.
40. Gabanyi, Dauerkrise, S. 136.

Anmerkungen zu Kapitel 1

1. Zu Honecker siehe: Borkowski, Dieter: Erich Honecker. Statthalter Moskaus oder deutscher Patriot, München 1987; vgl. auch die offizielle DDR-Biographie: Honecker, Erich: Aus meinem Leben, Berlin (Ost) 1982.
2. Siehe dazu die erhellenden Ausführungen des Honecker-Widersachers Werner Krolikowki: »Handschriftliche Aufzeichnungen von Werner Krolikowski vom 16. Januar 1990«, in: Przybylski, Peter: Tatort Politbüro. Die Akte Honecker, Berlin 1991 (weiterhin zit. als: Przybylski, Tatort 1), S. 321ff.
3. Mampel, Siegfried: Die sozialistische Verfassung der Deutschen Demokratischen Republik. Frankfurt a. M. 2/1982, S. 31ff.
4. Siehe unten Seite 113.
5. Gorbatschow, Perestroika, S. 260f.
6. *Süddeutsche Zeitung* vom 9. 7. 1985.
7. »Niederschrift über das Treffen der Generalsekretäre und Ersten Sekretäre der Zentralkomitees der Bruderparteien der Teilnehmerstaaten des Warschauer Vertrages am 23. Oktober 1985 in Sofia«, ohne Datum, BAB/ZPA IV 2/2035/29.
8. Ebda.
9. Przybylski, Peter: Tatort Politbüro, Bd. 2: Honecker, Mittag und Schalck-Golodkowski, Berlin 1992 (weiterhin zit. als: Przybylski, Tatort 2), S. 173ff.

10. Ebda., S. 68.
11. »Information über die 123. Sitzung des Exekutivkomitees des RGW am 4. und 5. Juni 1987 in Moskau«, 5.6.1987, BAB/ZPA IV 2/2035/34.
12. *F.A.Z.* vom 18.9.1987; vgl. dazu ferner: Reißig, Rolf/Schönefeld, Rolf (Hrsg.): Triebkräfte des revolutionären Weltprozesses, Berlin 1983, S. 189ff. Es handelt sich dabei um die deutsche Übersetzung des von W. W. Sagladin u.a. geschriebenen, 1981 in Moskau erschienenen letzten Lehrbuchs für die von der KPdSU geführten Kommunistischen Parteien.
13. *F.A.Z.* vom 18.4.1986.
14. Der von dem Politologen Richard Löwenthal verfaßte »Unvereinbarkeitsbeschluß« wurde nach Gründung der DKP am 8.11.1968 vom SPD-Präsidium beschlossen. Siehe dazu: Miller, Susanne: Die SPD vor und nach Godesberg, Bonn/Bad Godesberg 1974, S. 60.
15. *F.A.Z.* vom 18.9.1987.
16. *F.A.Z.* vom 15.2.1988.
17. Ebda.
18. Przybylski, Tatort 2, S. 69.
19. Die Schürer-Studie vom April 1988 befindet sich in den Unterlagen des Schalck-Untersuchungsausschusses in Bonn.
20. Przybylski, Tatort 2, S. 72.
21. »Niederschrift über das Treffen der Generalsekretäre und Ersten Sekretäre der Zentralkomitees der Bruderparteien am 16. Juli 1988 in Warschau«, ohne Datum, BAB/ZPA IV 2/2035/24.
22. Rede Kurt Hagers »Aktuelle Probleme der Theorie und Praxis des Sozialismus«, 22.1.1987, BAB/ZPA IV 2/2035/24.
23. »Rede des Genossen Jakowlew auf der Sitzung der Sekretäre für Ideologie (23. Jan. 1987 in Warschau)«, ohne Datum, BAB/ZPA IV 2/2035/24.
24. »Diskussionsbeitrag des Genossen Hager am 22.1.1987 auf der Beratung der Sekretäre für ideologische und internationale Fragen in Warschau (Sektion)«, ohne Datum, BAB/ZPA IV 2/2035/24.
25. »Diskussionsbeitrag des Genossen Jakowlew als Antwort auf die Diskussionsbemerkung des Genossen Hager (22.1.1987, Warschau)«, ohne Datum, BAB/ZPA IV 2/2035/24.
26. *Neues Deutschland* vom 21.4.1988.
27. Zit. nach *Frankfurter Rundschau* vom 22.7.1988.
28. »Vermerk über ein Gespräch des Genossen Hermann Axen, Mitglied des Politbüros und Sekretär des ZK der SED, mit dem Außerordentlichen und Bevollmächtigten Botschafter der UdSSR in der DDR, Genossen Wjatscheslaw Kotschemassow, am

9. Juni 1988«, 10.6.1988, BAB/ZPA IV 2/2035/60; *F.A.Z.* vom 11.6.1988.

29. »Notiz über ein Gespräch des Genossen Egon Krenz mit dem Botschafter der UdSSR in der DDR, Genossen W. I. Kotschemassow, am 5.7.88«, (ohne Datum), BAB/ZPA IV 2/2035/60.
30. Stephan, Gerd-Rüdiger: Die letzten Tagungen des Zentralkomitees der SED 1988/89. Abläufe und Hintergründe, in: Deutschland Archiv 3/93 (weiterhin zit. als: Stephan, ZK-Tagungen), S. 296ff., hier S. 310.
31. »Telefonische Mitteilung von Genossen H. Axen an Genossen V. Medwedjew, Sekretär des ZK der KPdSU, am 20.September 1988«, 20.9.1988, BAB/ZPA IV 2/20365/60.
32. Hermann Axen an Erich Honecker am 27.9.1988, BAB/ZPA IV 2/20365/60.
33. »Niederschrift des Gesprächs des Genossen Erich Honecker, Generalsekretär des ZK der SED und Vorsitzender des Staatsrates der DDR, mit Genossen Michail Gorbatschow, Generalsekretär des ZK der KPdSU, während des Arbeitsbesuchs des Genossen Honecker in Moskau am 28.9.1988«, 28.9.1988, BAB/ZPA IV 2/1/685.
34. »Vermerk über ein Gespräch des StS Kurt Löffler mit Heinz Galinski am 7.9.88 in Ost-Berlin«, 7.9.1988, BAB/ZPA O/4/1341; zum Treffen Galinski/Honecker siehe: »Niederschrift des Gesprächs zwischen Erich Honecker und Heinz Galinski am 2.6.1988«, 2.6.1988, BAB/ZPA IV 2/1/679; ferner: *F.A.Z.* vom 7. und 8.6.1988.
35. Am 25.10.1988 wurde Außenhandelsminister Gerhard Beil vom Politbüro beauftragt, die DDR-Geschäftsperspektiven in Sachen Bronfman zu prüfen. Siehe dazu: »Beschluß des Politbüros des ZK der SED vom 25. Oktober 1988«, 25.10.1988, Bundesamt für offene Vermögensfragen, Akte Nr. 82.
36. *Neues Deutschland* vom 18.10.1988. Zu den Anstrengungen Honeckers, über die allzu vordergründige Belebung des Judentums in der DDR und über die Kontakte zu den jüdischen Organisationen einem Staatsbesuch in Washington Vorschub zu leisten, siehe die *F.A.Z.* vom 12.4.1988.
37. Siehe oben Anm. 32.
38. *F.A.Z.* vom 24.10.1988.
39. Stephan, ZK-Tagungen, S. 303.
40. Siehe oben Anm. 32.
41. *Sputnik*, Oktober 1988.
42. *Neues Deutschland* vom 2.12.1988.
43. *Neues Deutschland* vom 25.11.1988.
44. Zit. nach *Frankfurter Rundschau* vom 23.11.1988.

45. *taz* vom 23.11.1988.
46. *Frankfurter Rundschau* vom 18.4.1989.
47. *F.A.Z.* vom 19.11.1988.
48. Ebda., 2.3.1989.
49. Grosser, Dieter/Bierling, Stephan/Kurz, Fritz: Die sieben Mythen der Wiedervereinigung. Fakten und Analysen zu einem Prozeß ohne Alternative, München 1991 (weiterhin zit. als: Grosser/Bierling/Kurz, Mythen), S. 132.
50. »Information für das Politbüro. Betrifft: Zur Lage in der Ungarischen Volksrepublik«, 8.3.1989, BAB/ZPA IV 2/2035/73.
51. Telegramm der DDR-Botschaft Sofia an Erich Honecker, 24.4.1989, BAB/ZPA IV 2/2035/73.
52. »Information über die Lage und die Entwicklungstendenzen der ständigen Ausreise von Bürgern der DDR nach der BRD und Westberlin sowie des ungesetzlichen Verlassens der DDR in der Zeit vom 1. Januar bis 30. Juni 1989«, Juli 1989, in: Mitter, Armin/Wolle, Stefan (Hrsg.): »Ich liebe Euch doch alle«, Befehle und Lageberichte des MfS Januar – November 1989, Berlin 1990 (weiterhin zit. als: Mitter/Wolle, Lageberichte), S. 82ff.
53. »Hinweise auf wesentliche motivbildende Faktoren im Zusammenhang mit Anträgen auf ständige Ausreise nach dem nichtsozialistischen Ausland und dem ungesetzlichen Verlassen der DDR«, MfS, 9.9.1989, Mitter/Wolle, Lageberichte, S. 141ff., hier 141.
54. Wettig, Gerhard: Die sowjetische Rolle beim Umsturz in der DDR, in: Elvert/Salewski, Umbruch, S. 48.
55. Mitteilung von Harald Wessel am 13.2.1992.
56. *Die Welt* vom 3.6.1989.
57. *Neues Deutschland* vom 29.6.1989.
58. Ebda.
59. Gunter Rettner an Erich Honecker am 2.2.1989, BAB/ZPA 3 IV 2/2A/3192.
60. »Aktennotiz über ein Gepräch des Genossen Erich Honecker, Generalsekretär des ZK der SED und Vorsitzender des Staatsrates der DDR, mit Genossen Alexander Bondarenko, Mitglied des Kollegiums und Leiter der 3. Europäischen Abteilung des MfAA der UdSSR, am 30.10.1988«, 30.10.1988, BAB/ZPA IV 2/2035/60.
61. Stephan, ZK-Tagungen, S. 305.
62. Ebda.
63. *Neues Deutschland* vom 30.6.1989.
64. Zit. nach *F.A.Z.* vom 16.8.1989.
65. *Süddeutsche Zeitung* vom 24.7.1989.
66. *F.A.Z.* vom 7.8.1989.

67. Ebda.
68. *Die Welt* vom 31.7.1989.
69. Siehe oben Anm. 67.
70. Ebda.
71. Ebda.
72. *Süddeutsche Zeitung* vom 11.8.1989.
73. Przybylski, Tatort 2, S. 110.
74. Ebda.
75. »Vermerk über das Gespräch des Staatssekretärs und 1. Stellvertreters des Ministers für Auswärtige Angelegenheiten, Genossen Dr. Herbert Krolikowski, mit dem Bundesminister für besondere Aufgaben und Chef des Bundeskanzleramtes der BRD, Rudolf Seiters, am 18. August 1989 im Ministerium für Auswärtige Angelegenheiten«, ohne Datum, BAB/ZPA IV 2/2035/86.
76. Aktennotiz »DDR-Ungarn«, ohne Datum, BAB/ZPA IV 2/2035/73.
77. Ebda.
78. *F.A.Z.* vom 15.8.1989.
79. *Neues Deutschland* vom 19.9.1989.
80. Ebda., 12./13.8.1989.
81. Grosser/Bierling/Kurz, Mythen, S. 156.
82. Ebda.
83. Oskar Fischer an Erich Honecker am 29.8.1989, BAB/ZPA IV 2/2035/73.
84. Ebda.
85. »Vermerk über das Gespräch des Ministers für Auswärtige Angelegenheiten, Genossen Oskar Fischer, mit dem Minister für Auswärtige Angelegenheiten der Ungarischen Volksrepublik, Genossen Gyula Horn, am 31.8.1989«, ohne Datum, BAB/ZPA IV 2/2035/73.
86. »Vermerk über das Gespräch des Mitglieds des Politbüros und Sekretärs des ZK der SED, Genossen Günter Mittag, mit dem Minister für Auswärtige Angelegenheiten der Ungarischen Volksrepublik, Genossen Gyula Horn, am 31. August 1989«, ohne Datum, BAB/ZPA IV 2/2035/73.
87. Oskar Fischer an Erich Honecker am 1.9.1989, BAB/ZPA IV 2/2035/73.
88. Koch, Peter-Ferdinand: Das Schalck-Imperium lebt. Deutschland wird gekauft, München/Zürich 1992 (weiterhin zit. als: Koch, Imperium), S. 125.
89. Lang, Jochen von: Erich Mielke. Eine deutsche Karriere, Berlin 1991.
90. Siehe oben Anm. 88.
91. Grosser/Bierling/Kurz, Mythen, S. 161 f.

92. »Maßnahmeplan zum rechtzeitigen Erkennen und zur vorbeugenden Verhinderung des Mißbrauchs von Reisen nach der bzw. durch die Ungarische Volksrepublik«, 13.9.1989, Mitter/Wolle, Lageberichte, S. 151f.
93. *F.A.Z.* vom 11.9.1989.
94. Grosser/Bierling/Kurz, Mythen, S. 160f.
95. Zit. nach *Süddeutsche Zeitung* vom 16.9.1989.
96. Schewardnadse, Zukunft, S. 212.
97 *Süddeutsche Zeitung* vom 3.10.1989.

Anmerkungen zu Kapitel 2

1. *F.A.Z.* vom 9.10.1989.
2. »Plan der Maßnahmen zur Gewährleistung der Sicherheit während des 40. Jahrestages der Gründung der Deutschen Demokratischen Republik – 6. bis 8. Oktober 1989«, MfS, 27.9.1989, AdA.
3. »Fernschreiben. Mielke an Leiter der Diensteinheiten«, 5.10.1989, Mitter/Wolle, Lageberichte, S. 199.
4. Siehe oben Anm. 2.
5. Dies berichtete der sowjetische Deutschland-Experte V. Falin dem West-Berliner SEW-Vorsitzenden Dietmar Ahrens, der pflichtgetreu an Günter Rettner weitermeldete. Brief Dietmar Ahrens an Gunter Rettner vom 2.10.1989, BAB/ZPA IV/2/2035/86.
6. *F.A.Z.* vom 9.10.1989.
7. *F.A.Z.* vom 7.10.1989.
8. *F.A.Z.* vom 9.10.1989.
9. Ebda.
10. Roos, Peter (Hrsg.): Exil. Die Ausbürgerung Wolf Biermanns aus der DDR. Eine Dokumentation, Köln 1977.
11. Vgl. dazu: Müller-Enbergs, Helmut/Schmoll, Heike/Stock, Wolfgang: Das Fanal. Das Opfer des Pfarrers Brüsewitz und die Evangelische Kirche, Frankfurt a.M./Berlin 1993.
12. Bahro, Rudolf: Die Alternative. Zur Kritik des real existierenden Sozialismus, Hamburg 1980.
13. Zur Geschichte der DDR-Protestbewegung vgl.: Rüddenklau, Wolfgang: Störenfried. DDR-Opposition 1986–1989, Berlin 1992.
14. »Information über beachtenswerte Aspekte des aktuellen Wirksamwerdens innerer feindlicher, oppositioneller und anderer negativer Kräfte in personellen Zusammenschlüssen«, 1.6.1989, Mitter/Wolle, Lageberichte, S. 46ff.
15. Vgl. dazu: Besier, Gerhard/Wolf, Stephan (Hrsg.): Pfarrer, Christen und Katholiken. Das Ministerium für Staatssicherheit der

ehemaligen DDR und die Kirchen, in: Historisch-Theologische Studien zum 19. und 20. Jahrhundert (Quellen), hrsg. von Gerhard Besier u.a., Bd. 1, Neukirchen-Vluyn 1991 (weiterhin zit. als: Besier/Wolf, Pfarrer), S. 33f.

16. »Konzeption zur Weiterführung der politisch-ideologischen Arbeit zur Entwicklung des Friedensengagements der Kirchen und zur Verhinderung bzw. Zurückdrängung des feindlich-negativen Wirksamwerdens sogenannter Friedenskreise in der Evangelischen Kirche in der DDR«, 8.4.1982, AdA.
17. Zit. nach *Frankfurter Rundschau* vom 10.6.1987.
18. Zu Stolpe und seiner Rolle siehe: Reuth, Ralf Georg: IM »Sekretär«. Die »Gauck-Recherche« und die Dokumente zum »Fall Stolpe«, Frankfurt a.M./Berlin 1992 (weiterhin zit. als: Reuth, »Sekretär«).
19. »Information. Rat des Bezirkes Schwerin. Stellv. des Vorsitzenden für Inneres«, 31.8.1987, AdA.
20. »Hinweise aus führenden Kirchenkreisen der Evangelischen Kirche in Berlin-Brandenburg zu weiteren geplanten Aktivitäten«, 30.11.1987, Besier/Wolf, Pfarrer, S. 524f.
21. »Lebenslauf des Walter Stolpe, Stn.-Altdamm. Greifswald Steinstraße 11«, BAP ZC 13880 A.1–4.
22. *F.A.Z.* vom 9.10.1992.
23. *Der Spiegel* vom 22.6.1992.
24. Noch bei der Verleihung der Ehrendoktorwürde an Stolpe am 14.11.1989 wurde dessen gewichtiger Anteil an der Gründung des DDR-Kirchenbundes ausdrücklich gewürdigt, wenn der Dekan der theologischen Sektion der Universität Greifswald in seiner Laudatio hervorhob, Stolpe sei eine der »engagiertesten Persönlichkeiten, die die Gründung des Bundes der Evangelischen Kirchen der DDR auf den Weg gebracht und dessen Organisations- und Arbeitsformen entscheidend mitgestaltet haben.« Zit. nach *F.A.Z.* vom 4.2.1992; zu den Anfängen Stolpes als Inoffizieller Mitarbeiter des MfS siehe: Reuth, »Sekretär«, S. 58f.
25. »Information. Der Prozeß der Verselbständigung der Evangelischen Kirchen in der DDR«, August 1970, aus den Anlagen zu den »Rechercheergebnissen zum IM ›Sekretär‹, Reg.Nr. IV/1192/64« (weiterhin zit. als Gauck-Stolpe-Gutachten).
26. Reuth, »Sekretär«, S. 58.
27. Im Munzinger-Archiv/Internat. Biograph. Archiv heißt es dazu: »Der Jurist im Kirchendienst gilt (...) als planende, gestaltende und treibende Kraft der evangelischen Kirche drüben und zählt neben Bischof Albrecht Schönherr (...) zu den Vordenkern eines Kurses in der DDR, der als Kirche nicht ›gegen‹, sondern ›im Sozialismus‹ bekannt ist.«

28. Siehe dazu *F.A.Z.* vom 12.10.1992.
29. Siehe dazu Reuth, »Sekretär«, S. 63ff.
30. Ebda, S. 67.
31. »Ergebnisniederschrift über die Besprechung in Ost- Berlin am 9. Juli 1985 betreffend den Zustand des deutschen Soldatenfriedhofes in Halbe/DDR«, Volksbund Deutscher Kriegsgräberfürsorge, 10.7.1987. AdA.
32. »Information zu einem Gespräch des Stellvertreters des Staatssekretärs für Kirchenfragen, Hermann Kalb, am 18.1.1988 mit Konsistorialrat (!) Stolpe, Oberkirchenrat Ziegler, Propst Dr. Furian, Stadtjugendpfarrer Hülsemann und Superintendenten Göhring«, 18.1.1988, AdA.
33. Przybylski, Tatort 2, S. 90ff.
34. »Information über ein Gespräch mit Konsistorialpräsident Manfred Stolpe«, 21.1.1988, AdA.
35. »Information über ein Gespräch des Stellvertreters für Inneres, Genossen Günter Hoffmann, mit Konsistorialpräsident M. Stolpe am 08. März 1988«, 9.3.1989, aus den Anlagen zum Gauck-Stolpe-Gutachten.
36. Reuth, »Sekretär«, S. 73.
37. Der ADN-Kommentar wurde im *Neuen Deutschland* vom 11.1.1989 abgedruckt.
38. Die Analyse wurde in der Abteilung 2 der Behörde des Staatssekretärs für Kirchenfragen erarbeitet. AdA.
39. »Hinweise über ausgewählte bedeutsame Probleme im Zusammenhang mit den Ergebnissen der Kommunalwahlen am 7. Mai 1989«, 7.7.1989, Mitter/Wolle, Lageberichte, S. 97ff., hier S. 99.
40. Ebda.
41. Ebda.
42. Dies berichtete Honecker dem KPdSU-Generalsekretär im September 1988. Siehe »Niederschrift des Gesprächs des Genossen Erich Honecker, Generalsekretär des ZK der SED und Vorsitzender des Staatsrates der DDR, mit Genossen Michail Gorbatschow, Generalsekretär des ZK der KPdSU, im erweiterten Kreis während des Arbeitsbesuchs des Genossen Honecker am 28.9.1988«, 28.9.1988, BAB/ZPA IV 2/1/685.
43. »Information über ein Gespräch des Stellvertreters des Oberbürgermeisters für Inneres, Genosse Hoffmann mit Generalsuperintendent Dr. Krusche und Konsistorialpräsident Stolpe am 1.6.1989«, BAB/ZPA O-4/974.
44. *Braunschweiger Zeitung* vom 2.5.1989.
45. Albaz, KGB, S. 168.
46. Tonband-Mitschnitt der Rede von Ardennes während der 11. Sitzung der DDR-Volkskammer vom 13.11.1989, TV DDR 1.

47. Albaz, KGB, S. 168.
48. Gloeckner, Eduard: Honeckers DDR – Ein »Vorposten des Sozialismus« zwischen Gorbatschows Reformpolitik und Einigungspolitik Westeuropas, in: Beharrung und Wandel. Die DDR und die Reformen des Michail Gorbatschow, hrsg. v. Konrad Löw, Berlin 1990, S. 82.
49. Ebda.
50. Elitz, Ernst: Sie waren dabei. Ost-deutsche Profile von Bärbel Bohley zu Lothar de Maizière, Stuttgart 1991 (weiterhin zit. als: Elitz, Profile), S. 77.
51. »Information über einige Probleme aus dem Monatsbericht des Genossen Modrow«, 24. 1. 1989, BAB/ZPA IV 2/2A/3192.
52. Wolf im *Spiegel*-Gespräch am 20. 11. 1989.
53. *Deutsches Allgemeines Sonntagsblatt* vom 12. 5. 1989.
54. Ebda.
55. Gesicherte biographische Angaben zu Markus Wolf finden sich in: Der Generalbundesanwalt beim Bundesgerichtshof. Anklageschrift gegen Markus Wolf (weiterhin zit. als: Anklageschrift, Wolf), S. 51 ff.
56. Neues Deutschland vom 6. 2. 1987.
57. Über die Affäre Guilleaume stürzte seinerzeit Bundeskanzler Brandt. Siehe dazu die Zusammenfassung in der Anklageschrift, Wolf, S. 253 ff.
58. Anklageschrift, Wolf, S. 57.
59. Der Name des entsprechenden MfS-Operativvorgangs (OV) lautet »Fuchs und Hase« und befindet sich in der Gauck-Behörde.
60. Wolf, Markus: Im eigenen Auftrag. Bekenntnisse und Einsichten, München 1991 (weiterhin zit. als: Wolf, Auftrag), S. 64.
61. Mitteilung von Günther Buch am 22. 3. 1993.
62. Anklageschrift, Wolf, S. 57 und 301 f.
63. *F.A.Z.*-Magazin vom 5. 1. 1990.
64. *Deutsches Allgemeines Sonntagsblatt* vom 12. 5. 1989; Wolf streitet solches kategorisch ab. So etwa in einem Gespräch mit dem *Neuen Deutschland* am 10. 7. 1990, wenn er sagte: »Damit es keine Mißverständnisse gibt, ich bin nie direkt in irgendeiner Weise ermutigt worden, als Gorbatschow-Mann eine innere Opposition zu bilden.« Günther Nöllau, ehemals Chef des Bundesamts für Verfassungsschutz, schrieb in der *Frankfurter Rundschau* vom 9. 12. 1989: »Ich möchte mich mal ganz simpel so ausdrücken, daß der Mann offenbar glaubt, auch in einer demokratischen Regierung noch eine Rolle spielen zu können. Ich kann mir vorstellen, daß die Russen sehr erbaut darüber sind, jedenfalls die KGB-Leute, daß der Wolf noch im Spiel ist; denn den kennen sie, zu dem haben sie gute Beziehungen.«

65. Daß die um Wolfs Person inszenierte Propaganda nicht ohne Erfolg geblieben war, verdeutlicht z.B. der Artikel von Peter Jochen Winters über Wolf in der *F.A.Z.* vom 6.11.1989. Dort heißt es: »Der Tod seines Brudes, des erfolgreichen Filmregisseurs und von 1965 bis 1982 Präsidenten der Akademie der Künste der DDR, hat Markus Wolf innerlich erschüttert und in ihm den Plan reifen lassen, sich von den Fesseln des Dienstes zu befreien. Als er das fünf Jahre später schaffte, stürzte er sich mit solcher Konsequenz in die Arbeit des Schriftstellers, daß man den Eindruck haben muß, dieser Mann sei erst jetzt – im Rentenalter – zu sich gekommen. So ist es schwer vorstellbar, daß Markus Wolf, der gar keinen größeren Einfluß auf den Neubeginn, die Umgestaltung in der DDR haben kann, denn als ›elder Statesman‹ und aktiver Schriftsteller zugleich, sich dazu entschließen könnte, sich wiederum in die Zwänge eines Amtes zu begeben, wieder einen Teil seiner selbst – und wahrlich nicht den schlechtesten – dann wohl endgültig zu verleugnen.«
66. *Neues Deutschland* vom 10.7.1990.
67. Wolf, Auftrag, S. 65.
68. Zit. nach *Allgemeinem Deutschen Sonntagsblatt* vom 12.5.1989.
69. *F.A.Z.*-Magazin vom 5.1.1990.
70. Wolf, Auftrag, S. 51ff.
71. *F.A.Z.* vom 30.8.1989.
72. *Der Tagesspiegel* vom 10.2.1991.
73. Ebda.
74. Zur Rolle Heinrich Finks in der sowjetisch-gelenkten Christlichen Friedenkonferenz (CFK) siehe *F.A.Z.* vom 30.12.1991; zu den Nach-Wende-»Seilschaften« an der Berliner Humboldt-Universität vgl.: *F.A.Z.* vom 14.12.1991; zu Finks Stasi-Mitarbeit siehe: »Ergebnisse der Recherche zum IM ›Heiner‹, Reg.-Nr. XV/1827/68«, AdA.
75. *Humboldt-Universität* vom 28.9.1990.
76. Zu André Brie siehe: *taz* vom 27.1.1993.
77. »Bestandsaufnahme IMS ›Peter Scholz‹ Reg.-Nr.XVIII/1734/70, MfS, BV Potsdam, 10.7.1984, Gauck-Behörde.
78. Ebda.
79. »Information Dr. André Brie – Mitarbeiter am IIB – Dienstreise Großbritannien, MfS, BV Potsdam, 31.1.1989.
80. Gysi, Gregor/Falkner, Thomas: Sturm aufs Große Haus. Der Untergang der SED, Berlin 1990 (weiterhin zit.: Gysi/Falkner, Sturm), S. 14.
81. Ebda.
82. »Beschluß über das Anlegen eines IM-Vorlaufes«, MfS, 18.10.1980, AdA.

83. »Vorschlag zur Werbung eines IMS entsprechend der Richtlinie 1/79«, MfS, 27.11.1980; siehe dazu ferner: *telegraph* Sonderausgabe 5/92.
84. *telegraph*, Sonderausgabe 5/92.
85. »Notiz von Werner Krolikowski zur inneren Lage in der DDR vom 30. März 1983«, in: Przybylski, Tatort 1, S. 349ff., hier S. 354.
86. *Der Spiegel* vom 16.11.1992.
87. Przybylski, Tatort 2, S. 73f.
88. Ebda.
89. Schabowski, Günter: Der Absturz, Berlin 1991 (weiterhin zit. als: Schabowski, Absturz), S. 284.
90. Gysi/Falkner, Sturm, S. 25.
91. Wolf, Auftrag, S. 145ff.
92. »Aufbruch 89 – Neues Forum«, in: Die ersten Texte des Neuen Forum. Erschienen in der Zeit vom 9. September bis 18. Dezember 1989, Berlin 1990, S. 1f., hier S. 2.
93. Henrich, Rolf: Der vormundschaftliche Staat. Vom Versagen des real existierenden Sozialismus, Hamburg 1989.
94. Ebda. S. 316.
95. »Information über die Bestrebungen feindlicher, oppositioneller Kräfte zur Schaffung DDR-weiter Sammlungsbewegungen/Vereinigungen«, 19.9.1989, Mitter/Wolle, Lageberichte, S. 153ff.
96. Der Aufruf ist abgedruckt bei Mitter/Wolle, Lageberichte, S. 165ff.
97. epd. Nr. 077 vom 15.9.1989.
98. epd. Nr. 177 vom 18.9.1989.
99. Ebda.
100. Linke, Dietmar: Streicheln, bis der der Maulkorb fertig ist. Die DDR-Kirche zwischen Kanzel und Konspiration, Berlin 1993. S. 79f.
101. »Brief aus Weimar an die Mitglieder und Vorstände der Christlich-Demokratischen Union«, ohne Datum, AdA; »Information über einige aktuell beachtenswerte Aspekte zur Lage in der CDU«, MfS, 26.10.1989, AdA.
102. *Der Spiegel* vom 23.10.1992.
103. »Sonder-Warnliste für die Bevölkerung der Sowjetzone und des sowjetischen Sektors von Berlin«, hrsg. vom Untersuchungsausschuß Freiheitlicher Juristen (UFJ), ohne Datum, AdA.
104. *F.A.Z.* vom 1.7.1990.
105. Ebda.
106. Ebda.
107. *F.A.Z.* vom 20.9.1989.
108. »Information über einige aktuell beachtenswerte Aspekte zur Lage in der CDU«, MfS, 26.10.1989, AdA.

109. *Der Morgen* vom 20.9.1989.
110. Zur Person Manfred Gerlachs siehe ders.: Mitverantwortlich. Als Liberaler im SED-Staat, Berlin 1991.
111. *Der Spiegel* vom 27.7.1992.
112. Wolf, Auftrag, S. 141.
113. Ebda.; *Neue Zeit* vom 12.11.1991.
114. *Neue Zeit* vom 5.12.1991 und 6.4.1992.
115. Zit. nach *F.A.Z.* vom 22.9.1989.
116. *F.A.Z.* vom 23.9.1989.
117. Wir sind das Volk. Die DDR im Aufbruch. Eine Chronik in Dokumenten und Bildern, München 1990 (weiterhin zit. als: Chronik), 21.10.1989, S. 41.
118. Chronik, 29.9.1989, S. 47.
119. *F.A.Z.* vom 16.8.1989.
120. *F.A.Z.* vom 29.9.1989.
121. *Der Tagesspiegel* vom 26.9.1989.
122. »Information über Bestrebungen feindlicher, oppositioneller Kräfte zur Schaffung DDR-weiter Sammlungsbewegungen/Vereinigungen«, 19.9.1989, Mitter/Wolle, Lageberichte, S. 153ff, hier S. 157.
123. *taz* vom 3.10.189.
124. *taz* vom 15.3.1990.
125. Zur Rolle des IM »Torsten«/»Dr. Schirmer« vgl.: Klier, Freya: Aktion Störenfried. Die Januar- Ereignisse von 1988 im Spiegel der Staatssicherheit, unveröff. Manuskript, März/April 1992, AdA.
126. *Der Tagesspiegel* vom 15.3.1990.
127. »Bedeutsame politisch-operative Vorkommnisse im Zusammenhang mit der operativen Lage – Stand 03.10.1989–08.10.1989«, MfS, BV Dresden, 14.10.1989, AdA.
128. ARD-Nachrichtenmagazin Panorama vom 26.4.1993.
129. Gysi/Falkner, Sturm, S. 33.
130. Mitteilung Hermann Kalbs vom 16.12.1991.
131. Gysi/Falkner, Sturm, S. 35ff.
132. »Information über erste Hinweise auf Reaktionen und Verhaltensweisen von Personen in der DDR im Zusammenhang mit der zeitweiligen Aussetzung des paß- und visafreien Verkehrs zwischen der DDR und der CSSR für die Bürger der DDR«, Mitter/Wolle, Lageberichte, S. 192ff., hier S. 192.
133. Chronik, 6.10.1989, S. 58.
134. »Aktuelle Information über die politische Lage und das Stimmungsbild im Bezirk in unmittelbarer Vorbereitung des 40. Jahrestages der DDR«, BL Dresden, 5.10.1989, AdA.
135. *F.A.Z.* vom 19.6.1989.

136. Mitteilung von Hermann Kreutzer und Heinz Gerull am 12.7.1991; zu beider Initiative, die Ost-Berliner SPD wiederzubeleben, siehe *F.A.Z.* vom 5.8.1989.
137. Elitz, Profile, S. 101 ff.
138. »Information zum Ablauf des sog. Menschenrechtsseminars vom 25.8.89 bis 26.8.89 in der Golgathakirche«, MfS, BV Berlin, 27.8.1989, AdA.
139. Ebda.
140. Zu Böhme vgl.: *Der Spiegel* vom 26.3. und 10.12.1990. Siehe auch: Lahann, Birgit: Genosse Judas. Die zwei Leben des Ibrahim Böhme, Berlin 1992.
141. Siehe oben Anm. 138.
142. Von der Bürgerbewegung zur Partei. Die Gründung der Sozialdemokratie in der DDR, Diskussionsforum im Berliner Reichstag am 7. Oktober 1992, hrsg. von Dieter Dowe / Forschungsinstitut der Friedrich-Ebert-Stiftung, Heft 3 (weiterhin zit. als: SPD-Gründung), S. 2.
143. Elitz, Profile, S. 67.
144. Auf die in deutscher Sprache gestellte Frage einer Fernsehreporterin antwortete Böhme russisch und wechselte erst ins deutsche, als er von der Interviewerin darauf hingewiesen wurde. SFB-Fernsehen, Berliner Abendschau vom 6.8.1990
145. »Statut der SDP – Sozialdemokratische Partei der DDR-SDP vom 7.10.1989«, SDP-Gründung, S. 121 ff.
146. »Stenographische Niederschrift des Treffens der Genossen des Politbüros und des Zentralkomitees der SED mit dem Generalsekretär des ZK der KPdSU, Michail Sergejewitsch Gorbatschow, am Sonnabend, dem 7. Oktober 1989 in Berlin Niederschönhausen«, ohne Datum, BAB / ZPA IV 2/2035/60.
147. Vor dem ZK erläuterte Jarowinsky das Wirtschafts-Desaster auf dem Gebiete der Mikroelektronik. Danach wurden in den achtziger Jahren 14 Mrd. Mark Investitionsmittel für die Mikroelektronik ausgegeben. Herausgekommen – so Jarowinsky – seien Schaltkreise vom 40 kB und 256 kB, die pro Stück für 40 Mark bzw. 534 Mark hergestellt würden, auf dem Weltmarkt aber 1 bzw. 5 Valuta-Mark kosteten. Stephan, ZK-Tagungen, S. 319.
148. Siehe oben Anm. 146.
149. Janson, Carl-Heinz: Totengräber der DDR. Wie Günter Mittag den SED-Staat ruinierte. Düsseldorf / Wien / New York 1991, S. 252.
150. *F.A.Z.* vom 11.10.1989.
151. Ebda.
152. »Hinweise über Reaktionen progressiver Kräfte auf die gegenwär-

tige innenpolitische Lage in der DDR«, 8.10.1989, Mitter/Wolle, Lageberichte, S. 204ff., hier S. 204.

153. *F.A.Z.* vom 11.10.1989.
154. Horst Böhm an Hans Modrow am 14.10.1989, AdA.
155. Gysi/Falkner, Sturm, S. 36.
156. Przybylski, Tatort 2, S. 17.
157. Andert, Reinhold/Herzberg, Wolfgang: Der Sturz. Erich Honecker im Kreuzverhör. Berlin/Weimar 1990 (weiterhin zit. als: Andert/Herzberg, Sturz), S. 28f.
158. *Neues Deutschland* vom 12.10.1989.
159. Tonbandmitschnitt von Radio DDR 1 vom 11.10.1989.
160. *Berliner Zeitung* vom 12.10.1989.
161. *Neues Deutschland* vom 14/15.10.1989.
162. Ebda.
163. *Neue Zeit* vom 12.10.1989.
164. Chronik, 12.10.1989, S. 76.
165. Ebda.
166. Chronik, 13.10.1989, S. 78.
167. Ebda, 12.10.1989, S. 76.
168. Bohse, Reinhard u.a. (Hrsg.): Neues Forum Leipzig: Jetzt oder nie – Demokratie! Leipziger Herbst '89. Zeugnisse, Gespräche, Dokumente. Mit einem Vorwort von Rolf Henrich, Leipzig 1989, S. 12.
169. *F.A.Z.* vom 18.10.1989.
170. Ebda.
171. Ebda.
172. Ebda, 10.10.1989.
173. »Weitere Hinweise auf Reaktionen der Bevölkerung zur Erklärung des Politbüros des ZK der SED (Ergänzung der Information vom 13. Oktober 1989)«, 16.10.1989, Mitter/Wolle, Lageberichte, S. 225f., hier S. 225.
174. Schabowski, Günter: Das Politbüro, hrsg. von Frank Sieren und Ludwig Koehne, Hamburg 1990 (weiterhin zit. als: Schabowski, Politbüro) S. 104.
175. Andert/Herzberg, Sturz, S. 29ff.
176. Ebda. S. 31.
177. Krenz, Egon: Wenn Mauern fallen. Die friedliche Revolution: Vorgschichte – Ablauf – Auswirkungen, Wien 1990 (weiterhin zit. als: Krenz, Mauern), S. 145.
178. Schabowski, Politbüro, S. 104.
179. Siehe dazu *F.A.Z.* vom 16.11.1990.
180. Stephan, ZK-Tagungen, S. 309; ferner *Neues Deutschland* vom 19.10.1989.
181. Chronik, 18.10.1990, S. 82.

182. Krenz, Mauern, S. 146.
183. Schabowksi, Absturz, S. 285.
184. Andert/Herzberg, Sturz, S. 21f.

Anmerkungen zu Kapitel 3

1. *Neues Deutschland* vom 19. 10. 1989.
2. Ebda.
3. Ebda.
4. »Aktuelle Information über die politische Lage und das Stimmungsbild im Bezirk am 18. 10. 1989«, BL Dresden, 19. 10. 1989, AdA.
5. »Information über beachtenswerte Aktivitäten bestimmter studentischer Kreise der Humboldt-Universität Berlin«, 16. 10. 1989, Mitter/Wolle, Lageberichte, S. 223f., hier S. 223.
6. »Operative Information. Erste Reaktionen unter Theologen und kirchlichen Amtsträgern zur 9. Tagung des ZK der SED am 18. 10. 1989«, MfS, 19. 10. 1989, aus den Anlagen zum Gauck-Stolpe-Gutachten.
7. Ebda.
8. Ebda.
9. »Niederschrift über das Gespräch des Generalsekretärs des ZK der SED, Egon Krenz, Stellvertreter des Vorsitzenden des Staatsrates der DDR, mit dem Vorsitzenden der Konferenz der Evangelischen Kirchenleitungen in der DDR, Landesbischof Dr. Werner Leich, am 19. Oktober 1989 in Hubertusstock«, 20. 10. 1989, BAB/ZPA J IV/2/2A/3250.
10. Siehe dazu die umfangreichen Materialien in den Anlagen zum Gauck-Stolpe-Gutachten.
11. *Deutsches Allgemeines Sonntagsblatt* vom 24. 8. 1990.
12. Siehe oben Anm. 9.
13. *F.A.Z.* vom 20. 10. 1989.
14. Ebda.
15. Ebda.
16. *Neue Zeit* vom 19. 10. 1989.
17. *Neues Deutschland* vom 25. 10. 1989.
18. Ebda.
19. Ebda.
20. Ebda.
21. *F.A.Z.* vom 25. 10. 1989.
22. Ebda.
23. *F.A.Z.* vom 24. 10. 1989.
24. Ebda., 23. 10. 1989.

25. Ebda., 25.10.1989.
26. Ebda., 27.10.1989.
27. *Neues Deutschland* vom 28.10.1989.
28. *F.A.Z.* vom 24.10.1989.
29. *Neue Zeit* vom 23.10.1989.
30. Chronik, 26.10.1989, S. 93.
31. *Der Morgen* vom 28.10.1989.
32. »Information über das Wirken antisozialistischer Sammlungsbewegungen und damit im Zusammenhang stehende beachtenswerte Probleme«, MfS, 30.10.1989, AdA.
33. Ebda.
34. Ebda.
35. *F.A.Z.* vom 29.8.1989.
36. *Neues Deutschland* vom 30.10.1989.
37. *F.A.Z.* vom 30.10.1989.
38. Siehe oben Anm. 32.
39. Ebda.
40. Ebda.
41. Mitteilung von Hans-Wilhelm Ebeling am 25.2.1993.
42. Zur Person siehe den Diestels Dissertation A (»Die rechtliche Gestaltung der Kooperationsbeziehungen der LPG, VEG und anderen Kooperationspartnern unter den Bedingungen der Zusammenarbeit in einer Agrar-Industrie-Vereinigung«) beiliegenden Lebenslauf, AdA; zu Innenminister Diestels umstrittenem Umgang mit der Stasi-Vergangenheit siehe die *taz* vom 20.6.1990 sowie die *F.A.Z.* vom 29.8.1990.
43. Schütt, Hans-Dieter: Peter-Michael Diestel: Rebellion tut gut. Ein Populist teilt aus, Berlin 1992 (weiterhin zit. als: Schütt, Diestel), S. 37.
44. *Spandauer Volksblatt* vom 17.5.1990.
45. Schütt, Diestel, S. 35.
46. Momper, Walter: Grenzfall. Berlin im Brennpunkt deutscher Geschichte, München 1991 (weiterhin zit. als: Momper, Grenzfall), S. 101 ff.
47. Ebda.,S. 103 f.
48. *F.A.Z.* vom 31.10.1989.
49. Chronik, 31.10.1989, S. 97.
50. Momper, Grenzfall, S. 106 ff.
51. »Bericht über den Arbeitsbesuch des Generalsekretärs des ZK der SED und Vorsitzenden des Staatsrates der DDR, Genossen Egon Krenz, vom 31.10. bis 1.11.1989 in der UdSSR«, 7.11.1989, BAB/ZPA J IV/2/2A/3255.
52. »Niederschrift des Gesprächs« zwischen Krenz und Gorbatschow am 1.11.1989, 1.11.1989, BAB/ZPA IV/2/2039/ 3.29.

53. Ebda.
54. Krenz, Egon: Anmerkungen zur Öffnung der Berliner Mauer im Herbst 1989, in: Osteuropa, hrsg. von der dt. Gesellschaft für Osteuropakunde, April 1992, S. 365 ff. (weiterhin zit. als: Krenz, Anmerkungen), hier S. 368.
55. Siehe oben Anm. 52.
56. Siehe oben Anm. 51.
57. Krenz, Mauern, S. 150 f.
58. »Niederschrift des Gesprächs zwischen Genossen Egon Krenz und Wojciech Jaruzelski«, ohne Datum, BAB/ZPA IV/2/2A 2355.
59. *Neues Deutschland* vom 3. 11. 1989.
60. *National Zeitung* vom 3. 11. 1989.
61. *F.A.Z.* vom 1. 7. 1990.
62. *Neue Zeit* vom 28. 10. 1989.
63. Nach der Gründung des DDR-Kirchenbunds im Jahr 1969, also nach der Schaffung einer eigenen, von der EKD losgelösten Kirchenorganisation, bemühte sich das SED-Regime, die Berlin-brandenburgische Kirche, zu der West-Berlin gehörte, ebenfalls zu spalten. Dies gelang 1970 mit Hilfe willfähriger Kirchenfunktionäre. So heißt es in einem der zahlreichen, die Rolle Clemens de Maizières, Kasners und anderer widerspiegelnden Dokumente der Dienststelle des DDR-Staatssekretärs für Kirchenfragen: »Prof. Müller, Rechtsanwalt de Maizière, Pf. Kasner und Landjugendpfarrer Günther erreichen durch taktisch kluges Auftreten, daß die Synode die feindlichen Konzeptionen nicht beschloß und in der Frage der Eigenständigkeit der Kirche Berlin-Brandenburg auf dem Territorium der DDR mit echten Kompromissen zustimmte.« Zit. aus der »Vorlage zur Dienstbesprechung ›Einschätzung der Synode Berlin-Brandenburg, Frühjahr 1970‹ vom 18. 3. 1970«, BAP 0–4, Nr. 382; Daß auch Clemens de Maizière vom MfS als IM geführt worden war, ist *Der Zeit* vom 24. 1. 1992 entnommen.
64. *F.A.Z.* vom 28. 6. 1991.
65. *Welt am Sonntag* vom 19. 7. 1992.
66. *Der Spiegel* vom 10. 12. 1990.
67. Dies geht aus dem Schriftwechsel zwischen Militäroberstaatsanwalt Manfred Lohse und Lothar de Maizière hervor. Einen Brief Lohses vom 6. 7. 1979 (AZ IA 2000/37/79 S) beantwortend, teilte Lothar de Maizière am 12. 7. 1979 mit, er werde das Mandat von Winfried Baumann übernehmen. In einem handschriftlichen Vermerk Lohses vom 16. 7. 1979 heißt es, Baumann habe nach Rücksprache mitgeteilt, daß er de Maizière die »Vollmacht nicht erteilt«. Der Offizier der Volksmarine, Winfried Baumann, der damit von seinem Recht Gebrauch machte, einen Vertreidiger ab-

lehnen zu dürfen, wurde am 9.7.1980 in einer Geheimverhandlung vom 1. Militärstrafsenat des Obersten Gerichts der DDR wegen »Spionage in besonders schwerem Fall und mehrfach vorbereiteten ungesetzlichen Grenzübertritts« zum Tode verurteilt und am 18.7.1980 in Leipzig durch »Nahschuß in den Hinterkopf« hingerichtet. Die Dokumente befinden sich im AdA.

68. Mitteilung von Hermann Kalb vom 8.11.1991.
69. »Information über einige beachtenswerte Aspekte zur Lage in der CDU«, MfS, 26.10.1989, AdA.
70. Ebda.
71. »Protokoll der außerordentlichen Sitzung des Präsidiums des Hauptvorstandes am 2.11.1989«, ohne Datum, AdA.
72. *F.A.Z.* vom 1.7.1990.
73. Es existieren davon diverse Pressefotos.
74. Siehe dazu das Wolk-Porträt in den Norddeutschen Neuesten Nachrichten vom 27.2.1993.
75. *Neue Zeit* und *Märkische Union* vom 11./12.11.1989.
76. Chronik, 2.11.1989, S.99.
77. Ebda.
78. *Neues Deutschland* vom 10.11.1989.
79. Gysi/Falkner, Sturm, S.43.
80. Krenz, Mauern, S.153f.
81. *Neues Deutschland* vom 4.11.1989.
82. *Der Morgen* vom 8.1.1989.
83. Schabowski, Absturz, S.284.
84. *Berliner Zeitung* und *Neues Deutschland* vom 6. November.
85. Dies geht aus einer fünf Seiten umfassenden Vorlage der Berliner Parteiorganisation hervor, deren Titel unleserlich ist. AdA.
86. »Information über die Lage im Verantwortungsbereich des Ministers für Nationale Verteidigung mit dem Stand: 04.11.1989, 06.00 Uhr«, MfNV, ohne Datum, AdA.
87. »Befehl Nr.:10/89 des Vorsitzenden des Nationalen Verteidigungsrates der Deutschen Demokratischen Republik über Maßnahmen zur Gewährleistung der Sicherheit und Ordnung in der Hauptstadt der DDR, Berlin vom 01.11.1989«, NVR, 1.11.1989, AdA.
88. Die vom Berliner Rundfunk übertragenen Reden wurden vom Rias-Monitor-Dienst vom 4.11.1989 wiedergegeben. Zur Kundgebung siehe auch oben Anm. 84.
89. Wolf, Auftrag, S.5.
90. Bemerkenswert sind Wolfs Ausführungen über einen Traum, demzufolge er an die Spitze der Partei geraten war. Siehe: Wolf, Auftrag, S.182.
91. Markus Wolf an den Chefredakteur des *Neuen Deutschland*, den

»Gen. Naumann«, am 9. 11. 1989. Dem Brief lag der zur Veröffentlichung bestimmte Artikel Wolfs bei. AdA.

92. Zum Entwurf des Reisegesetzes siehe Chronik, 6. 11. 1989, S. 109 f.
93. *Neues Deutschland* vom 8. 11. 1989; Chronik, 7. 11. 1989, S. 111 f.
94. Chronik, 7. 11. 1989, S. 111.
95. Ebda.
96. Wolf, Auftrag, S. 233.
97. *Neues Deutschland* vom 9. 11. 1989.
98. *Neues Deutschland* und *Der Morgen* vom 9. 11. 1989.
99. *Der Morgen* vom 9. 11. 1989.
100. Zit. nach Chronik, 8. 11. 1989, S. 113 ff.
101. Ebda.
102. *F.A.Z* vom 10. 11. 1989.
103. *Der Morgen* vom 9. 11. 1989.
104. Ebda.
105. Wolf, Auftrag, S. 233.
106. *Neues Deutschland* vom 9. 11. 1989.
107. *Neues Deutschland* vom 10. 11. 1989.
108. Grosser/Bierling/Kurz, Mythen, S. 177 f.
109. Stephan, ZK-Tagungen, S. 315.
110. Krenz, Mauern, S. 178 f.
111. Stephan, ZK-Tagungen, S. 314.
112. Ebda. S. 314.
113. Ebda. S. 317.
114. Zit. nach: Grosser/Bierling/Kurz, Mythen, S. 181.
115. Siehe unten Kapitel 4.
116. Krenz, Mauern, S. 182.
117. Schabowski, Politbüro, S. 137.
118. Krenz, Mauern, S. 182.
119. Schabowski, Absturz, S. 307 ff; siehe auch: ders., Politbüro, S. 137 f.
120. Krenz, Mauern, S. 181.

Anmerkungen zu Kapitel 4

1. Chronik, 9. 11. 1989, S. 124 ff.
2. *F.A.Z.* vom 14. 11. 1989.
3. Antenne-Deux-Interview mit Gerassimow, zit. nach dpa vom 13. 11. 1989.
4. Krenz, Anmerkungen, S. 368.
5. Ebda., S. 368 f.
6. Egon Krenz an Michail Gorbatschow am 10. 11. 1989, BAB/ZPA IV 2/1/704.

7. Krenz, Anmerkungen, S. 369.
8. *F.A.Z.* vom 11. 11. 1989.
9. Teltschik, Horst: 329 Tage, Innenansichten der Einigung, Berlin 1991 (weiterhin zit. als: Teltschik, Innenansichten) S. 20.
10. *F.A.Z.* vom 11. 11. 1989.
11. Ebda.
12. Zit. nach Chronik, 10. 11. 1989, S. 141 ff., hier S. 142.
13. *Neues Deutschland* vom 11./12. 11. 1989.
14. Stephan, ZK-Tagungen, S. 319.
15. *Neues Deutschland* vom 11./12. 11. 1989.
16. Spiegel TV am 9. 11. 1992 (Fernsehen aus Berlin).
17. *Neues Deutschland* vom 11./12. 11. 1989.
18. Schell, Manfred/Kalinka, Werner: Stasi und kein Ende. Die Personen und Fakten, Frankfurt a.M./Berlin 1991, S. 319 ff.
19. Tonband-Mitschnitt der Rede Manfred von Ardennes während der 11. Sitzung der DDR-Volkskammer vom 13. 11. 1989, TV DDR 1.
20. Tonband-Mitschnitt der Rede Erich Mielkes während der 11. Sitzung der Volkskammer vom 13. 11. 1989, TV DDR 1.
21. *Neues Deutschland* vom 18./19. 11. 1989.
22. »Fortsetzung der Befragung (Alexanders Schalck-Golodkowskis) vom 3. 5. 1990«, BND, 4. 5. 1990, S. 60. AdA. Laut Schalck hieß der Führungsoffizier von Frau Luft Oberst Süß.
23. »Vorschlag für die Neubildung des Ministerrates der DDR«, 16. 11. 1989, BAB/ZPA 2/2A/3266; zu den Erklärungen Modrows siehe *F.A.Z.* vom 28. 1. 1993.
24. *F.A.Z.* vom 28. 1. 1993.
25. Die handschriftliche Liste unter der Überschrift »Ministerrat der DDR« stammt aus dem MfS. Das Papier enthält detaillierte Angaben, wie etwa Registrier-Nummern etc. zu den jeweiligen Personen.
26. *Neues Deutschland* vom 23. 11. 1989.
27. Horst Felber an Günter Maleuda am 14. 11. 1989, AdA.
28. »Erste Gedanken für die weitere Parteiarbeit in den GO/APO«, AfNS, Bezirksamt Dresden, 21. 11. 1989. AdA.
29. »Arbeitsthesen der Kreisleitung zu aktuellen Aufgaben in der Parteiarbeit«. AfNS, 18. 11. 1989, AdA.
30. Siehe oben Anm. 27.
31. Bericht des Staatlichen Komitees zur Auflösung des AfNS, 1990, AdA.
32. Die Stasi-Akte der für die Kirchen zuständigen Abteilung XX/4 von Lothar de Maizière umfaßte vier Bände, wie die aufgefundenen leeren Aktendeckel belegen. Einem Bericht der *Neuen Zeit* (23. 3. 1991) zufolge sollen die Akten des späteren Ministerpräsi-

denten Anfang Dezember 1989 gesäubert worden sein. Wie Stolpes Führungsoffizier Wiegand aussagte, sei die Akte IM »Sekretär« im November 1989 vernichtet worden (»Regierungssprecher Erhard Thomas teilt mit«, 14.2.1992) . Im Falle Finks fand sich sogar noch ein Löschbefehl: »Löschung von Erfassungen zu ausgewählten IM«, MfS, 4.12.1989, Anlage zu den »Ergebnissen der Recherche zum IM ›Heiner‹, Rg. Nr. XV/ 1827/68«, AdA.

33. »Aktuelle Information über die politische Lage und das Stimmungsbild im Bezirk vom 16.11.1989«, BL Dresden, 16.11.1989, AdA.
34. *Neues Deutschland* vom 18./19.11.1989.
35. *F.A.Z.* vom 4.2.1992.
36. Stolpe, Manfred: Den Menschen Hoffnung geben. Reden, Aufsätze, Interviews aus zwölf Jahren, Berlin 1991, S. 214ff.
37. *F.A.Z.* vom 24.11.1989.
38. Ebda., 20.11.1989.
39. Ebda.
40. Ebda., 30.11.1989.
41. Ebda., 29.11.1989.
42. Zit. nach *F.A.Z.* vom 30.11.1989.
43. *F.A.Z.* vom 30.11.1989.
44. Ebda., 15.11.1989.
45. Chronik, 29.11.1989, S. 190.
46. *Neues Deutschland* vom 29.11.1989.
47. In der Erklärung »Für eine offene Zweistaatlichkeit« hieß es u. a.: »Mit allen Kräften wehren wir uns dagegen, daß diese Bewegung (gemeint ist die Umgestaltung in der DDR, der Verf.) fremdbestimmt und der Wiedererrichtung eines erloschenen Deutschen Reiches nutzbar gemacht werden soll.« Die von Robert Jungk, Dorothee Sölle, Gerhard Zwerenz, Heinrich Albertz und anderen unterschriebene Erklärung wurde im *Neuen Deutschland* vom 2./3.12.1989 abgedruckt.
48. Siehe oben Anm. 36.
49. *F.A.Z.* vom 5.12.1989.
50. Siehe oben S. 43f.
51. Das ARD-Nachrichtenmagazin »Report« berichtete darüber am 8.2.1993.
52. »Vermerk über ein Gespräch des Ministers für Auswärtige Angelegenheiten der DDR, Oskar Fischer, mit dem Bevollmächtigten des Präsidenten und des Generalsekretärs des Jüdischen Weltkongresses (JWC), Dr. Maram Stern, am 30. November 1989«, 30.11.1989, BAB/ZPA ZR 5889/90.
53. »Vermerk über ein Gespräch des Ministers für Auswärtige Angelegenheiten Oskar Fischer mit dem Präsidenten des Verbandes

der Jüdischen Gemeinden der DDR Sigmund Rotstein am 8.12.1989«, 11.12.1989. AdA.
54. *Berliner Allgemeine Jüdische Wochenzeitung* vom 15.12.1980.
55. Teltschik, Innenansichten, S. 26.
56. *F.A.Z.* vom 20.12.1989.
57. Siehe oben Anm. 52.
58. »Chronik der Ereignisse in der DDR und in anderen Ostblock-Ländern in einer Übersicht«, Wochenendbeilage zur *F.A.Z.* vom 30.12.1989.
59. *F.A.Z.* vom 12.12.1989.
60. Ebda., 7.12.1989.
61. Ebda., 12.12.1989.
62. Tass vom 12.12.1989.
63. *Neues Deutschland* vom 2./3.12.1990.
64. *F.A.Z.* vom 2.12.1989.
65. Ebda., 21.11.1989.
66. Ebda., 23.11.1989.
67. Gysi/Falkner, Sturm, S. 73.
68. Ebda., S. 75.
69. Chronik, 3.12.1989, S. 198f.
70. Ebda.
71. Gysi/Falkner, Sturm, S. 77.
72. Ebda., S. 78.
73. Diese Rolle wurde Schalck und seiner Ehefrau in den DDR-Medien bis ins Frühjahr 1990 vorgehalten. Siehe dazu: *Junge Welt* vom 21./22.4.1989.
74. Anklageschrift, Wolf, Anmerkungen zum wesentlichen Ergebnis der Ermittlungen, S. 2, Anm. 10.
75. Zur Rolle Volperts siehe: Brinkschulte, Wolfgang/Gerlach, Hans Jörgen/Heise, Thomas: Freikaufgewinnler. Die Mitverdiener im Westen, Frankfurt a.M./Berlin 1993, S. 59ff.
76. Schalck-Golodkowski, Alexander/Volpert, Heinz: »Zur Vermeidung ökonomischer Verluste und zur Erwirtschaftung zusätzlicher Devisen im Bereich ›Kommerzielle Koordinierung‹ des Ministeriums für Außenwirtschaft der Deutschen Demokratischen Republik«, Diss./Potsdam-Eiche, Mai 1970. Berater der Gutachterkommission war Erich Mielke. AdA.
77. Siehe dazu: Seiffert, Wolfgang/Treutwein, Norbert: Die Schalck-Papiere. DDR-Mafia zwischen Ost und West, Rastatt/München 1991 (weiterhin zit. als: Seiffert/Treutwein, Schalck-Papiere).
78. »Fortsetzung der Befragung (Alexanders Schalck-Golodkowskis) vom 3.5.1990«, BND, 4.5.1990, AdA.
79. *Deutschland Magazin* vom Mai 1993.
80. Landgericht Berlin, Anklageschrift gegen Wolfgang Vogel.

81. Vermerk Wolfgang Vogels »Betr.: Unterredung mit Richard von Weizsäcker bei Gelegenheit einer Lesung von Siegfried Lenz in der Villa Hammerschmidt am 10.11.1988«, 12.11.1989, AdA; zu den »Gefälligkeiten« vgl. oben Anm. 79.
82. *Die Welt* vom 4.4.1990.
83. Vernehmungsprotokoll des Zeugen Schalck-Golodkowski durch den Generalbundesanwalt beim BGH vom 22.4.1991, AdA.
84. *Die Welt* vom 4.4.1990.
85. Ebda.
86. Seiffert/Treutwein, Schalck-Papiere, S. 416.
87. »Anordnung« Modrows vom 3.12.1989. AdA.
88. *F.A.Z.* vom 6.12.1989.
89. Ebda.
90. Gysi/Falkner, Sturm, S. 77.
91. Arnold, Karl-Heinz: Die ersten hundert Tage des Hans Modrow, Berlin 1990 (weiterhin zit. als: Arnold, Modrow), S. 12.
92. Ebda.
93. Chronik, 6.12.1989, S. 206f.
94. Mitteilung von Henry Leide am 14.11.1992.
95. Fakten und Argumente, AfNS-Pressestelle, Dezember 1989, AdA.
96. Siehe dazu die handschriftlichen Notizen von Reinhard Schult (Neues Forum), 7.12.1989, Archiv der Robert-Havemann-Gesellschaft; ferner: Thaysen, Uwe: Der Runde Tisch oder: Wo blieb das Volk? Der Weg der DDR in die Demokratie, Opladen 1990 (weiterhin zit. als: Thaysen, Tisch); sowie Worst, Anne: Das Ende eines Geheimdienstes. Oder: Wie lebendig ist die Stasi, Berlin 1991 (weiterhin zit. als: Worst, Stasi), S. 28.ff.
97. Handschriftliche Notizen von Reinhard Schult (Neues Forum), 7.12.1989, Archiv der Robert-Havemann- Gesellschaft.
98. Worst, Stasi, S. 29.
99. *Neues Deutschland* vom 9./10.12.1989.
100. Ebda.
101. Ebda.
102. Ebda.
103. *F.A.Z.* vom 11.12.1989.
104. Ebda.
105. Gysi/Falkner, Sturm, S. 79f.
106. *F.A.Z.* vom 12.12.1990.
107. *Neues Deutschland* vom 11.12.1989.
108. *Berliner Zeitung* vom 18.12.1989.
109. Der Wortlaut des Referats von Michael Schumann (»Zur Krise in der Gesellschaft und zu ihren Ursachen, zur Verantwortung der SED«) ist im *Neuen Deutschland* vom 18.12.1989 wiedergegeben.

110. Dies gilt auch für das Referat von Dieter Klein (»Über die Neuformierung einer modernen sozialistischen Partei und ihren Beitrag für eine neue sozialistische Gesellschaft«).
111. *Neues Deutschland* vom 19.12.1990.
112. Ebda.
113. Zit. nach *F.A.Z.* vom 2.12.1989.
114. Siehe oben S. 104f.
115. Zit. nach Chronik, 16.11.1989, S. 156ff., hier S. 157.
116. »Aufenthalt des Regierenden Bürgermeisters von Westberlin, von Weizsäcker, am 1. 10. 1983 in Potsdam«, MfS, 4.10.1989, in: Reuth, »Sekretär«, S. 213ff., hier S. 214.
117. »Über die Begegnung der Präsidien der evangelischen Kirchentage in der DDR und in der BRD vom 26.–28.5.1984 in Eisenach«, MfS, 30.5.1984, aus den Anlagen zum Gauck-Stolpe-Gutachten.
118. Arnold, Modrow, S. 9.
119. Ebda. S. 15f.
120. *F.A.Z.* vom 8.12.1989.
121. *Der Morgen* vom 14.12.1989.
122. Zu Kirchner siehe oben S. 95f.
123. Korbella wurde vom Staatsicherheitsdienst als IMS »Peter Klaus« geführt. Mitteilung von Gerhard Löwenthal am 22.7.1991.
124. Schlußwort de Maizières auf dem CDU-Sonderparteitag am 15./16.12.1989, CDU-Texte 1/90, S. 18ff., hier S. 18.
125. *F.A.Z.* vom 19.12.1989.
126. *Leipziger Volksstimme* vom 18.12.1992 und *F.A.Z.* vom 19.12.1989.
127. *F.A.Z.* vom 19.12.1989.
128. Ebda., 20.12.1989 und 21.12.1989.
129. Ebda, 20.12.1989.
130. Ebda.
131. *F.A.Z.* vom 16.9.1988.
132. dpa vom 19.12.1989.
133. *Neues Deutschland* vom 21.12.1989.
134. *F.A.Z.* vom 23.12.1989.
135. Ebda.
136. »Hinweise auf Aktivitäten und Ausschreitungen extremistischer Kräfte auf dem Gebiet der DDR«, AfNS, 5.1.1990, AdA.
137. *Berliner Zeitung* vom 30./31.12.1989.
138. Thaysen, Tisch, S. 57.
139. Worst, Stasi, S. 30.
140. Ebda.
141. Ebda., S. 31.
142. Ebda.

143. Ebda., S. 32ff. Thaysen, Tisch, S. 70.
144. *Berliner Zeitung* vom 16.1.1990.
145. *Neues Deutschland* vom 16.1.1990.
146. *Der Spiegel* vom 22.1.1990; *F.A.Z.* vom 17.1.1990.
147. Worst, Stasi, S. 42.
148. Modrows Regierungserklärung ist im *Neuen Deutschland* vom 12.1.1990 abgedruckt.
149. *F.A.Z.* vom 13.1.1990; *Neues Deutschland* vom 13./14.1.1990.
150. Ebda.
151. Ebda.
152. Ebda.
153. *F.A.Z.* vom 22.1.1990.
154. Ebda. und *F.A.Z.* vom 20.1.1989.
155. Ebda., vom 23.1.1990.
156. Ebda.
157. Ebda., vom 25.1.1989.
158. Ebda., vom 30.1.1989.
159. »Erklärung des Vorsitzenden des Ministerrates der DDR, Hans Modrow, über die Lage in der DDR, abgegeben vor der Volkskammer in Ost-Berlin am 29. Januar 1990«, in: Thies, Jochen/Wagner, Wolfgang (Hrsg.): Das Ende der Teilung. Der Wandel in Deutschland und Osteuropa. In Beiträgen und Dokumenten aus dem Europa-Archiv, Bonn 1990 (weiterhin zit. als: Thies/Wagner, Wandel), S. 285f.
160. *F.A.Z.* vom 20.1.1990.
161. Mitteilung von Hans-Wilhelm Ebeling am 25.2.1993.
162. Schütt, Diestel, S. 40.
163. Musiolek, Berndt/Wuttke, Carola (Hrsg.): Parteien und politische Bewegungen im letzten Jahr der DDR (Oktober 1989 bis April 1990), Berlin 1991, S. 39.
164. Ebda., S. 219.
165. Tass vom 7.1.1987.
166. *F.A.Z.* vom 30.12.1989.
167. Arnold, Modrow, S. 96.
168. »Kommuniqué über das Treffen zwischen dem Generalsekretär des Zentralkomitees der KPdSU und Vorsitzenden des Präsidiums des Obersten Sowjets der UdSSR, Michail Gorbatschow, und dem Vorsitzenden des Ministerrates der Deutschen Demokratischen Republik, Hans Modrow, in Moskau am 30. Januar 1990«, in: Thies/Wagner, Wandel, S. 318f.
169. Arnold, Modrow, S. 98.
170. »Ministerpräsident Hans Modrow: Für Deutschland, einig Vaterland, Konzeption für den Weg zu einem einheitlichen Deutschland, vom 1. Februar 1990«, in: Münch, Ingo von (Hrsg.): Doku-

mente der Wiedervereingung Deutschlands, Stuttgart 1991, S. 79ff.

171. *F.A.Z.* vom 3.2.1992.

Anmerkungen zur Bilanz

1. Die Analyse des BfV gliedert sich in drei Teile: »1. Vorbemerkung, 2. Die geheime KGB-Residentur; die Gruppe ›Luch‹ (russ. für: Strahl), 3. Aktueller Stand und Ausblick«, Datum und Hauptüberschrift sind aus Quellenschutzgründen geschwärzt worden. Das Papier mit kleinem Verteiler stammt vom Frühjahr 1992.
2. Wolf, Auftrag, S. 153.
3. Siehe oben S. 137.

Abkürzungsverzeichnis

ABC	American Broadcasting Company
AdA	Archiv der Autoren
ADN	Allgemeiner Deutscher Nachrichtendienst
AfNS	Amt für Nationale Sicherheit
AIV	Agrar-Industrie-Vereinigung
Anm.	Anmerkung
APO	Allgemeine Parteiorganisation
AZ	Aktenzeichen
BAB	Bundesarchiv Berlin
BAP	Bundesarchiv Potsdam
BfV	Bundesamt für Verfassungsschutz
BGH	Bundesgerichtshof
BL	Bezirksleitung
BND	Bundesnachrichtendienst
BRD	Bundesrepublik Deutschland
BV	Bezirksverwaltung
CDU	Christlich-Demokratische Union
CFK	Christliche Friedenskonferenz
CIA	Central Intelligence Agency
CSPD	Christlich-Soziale Partei Deutschlands
CSSR	Tschechoslowakische Sozialistische Republik
DBD	Demokratische Bauernpartei Deutschlands
DDR	Deutsche Demokratische Republik
DKP	Deutsche Kommunistische Partei
dpa	Deutsche Presseagentur
DSU	Deutsche Soziale Union
ebda.	ebenda
EKD	Evangelische Kirche Deutschlands
f., ff.,	folgende, folgende und nachfolgende
F.A.Z.	Frankfurter Allgemeine Zeitung

FDGB	Freier Deutscher Gewerkschaftsbund
FDJ	Freie Deutsche Jugend
FDP	Freie Demokratische Partei
GMS	Geheimer Mitarbeiter Sicherheit
GO	Grundorganisation
HA	Hauptabteilung
Hrsg.	Herausgeber, herausgegeben
HV	Hauptverwaltung
HVA	Hauptverwaltung Aufklärung
IG	Industriegewerkschaft
IM	Inoffizieller Mitarbeiter
(IM...)	registriert als IM des MfS
IMB	Inoffizieller Mitarbeiter mit Feindberührung
IMS	Inoffizieller Mitarbeiter Sicherheit
IPW	Institut für Politik und Wirtschaft
IWF	Institut für Wirtschaftswissenschaftliche Forschung
JWC	Jewish World Congress
KGB	Komitee für Staatssicherheit
KJVD	Kommunistischer Jugendverband Deutschlands
KKL	Konferenz der Kirchenleitungen
Koko	Kommerzielle Koordinierung
KPD	Kommunistische Partei Deutschlands
KPdSU	Kommunistische Partei der Sowjetunion
KSZE	Konferenz für Sicherheit und Zusammenarbeit in Europa
KZ	Konzentrationslager
LDP	Liberaldemokratische Partei
LDPD	Liberaldemokratische Partei Deutschlands
LKW	Lastkraftwagen
LPG	Landwirtschaftliche Produktionsgenossenschaft

MfAA	Ministerium für Auswärtige Angelegenheiten
MfNV	Ministerium für Nationale Verteidigung
MfS	Ministerium für Staatssicherheit
NATO	North Atlantic Treaty Organization
NDPD	Nationaldemokratische Partei Deutschlands
NKWD	Volkskommissariat für Innere Angelegenheiten
Nr.	Nummer
NSDAP	Nationalsozialistische Deutsche Arbeiterpartei
NVA	Nationale Volksarmee
NVR	Nationaler Verteidigungsrat
OV	Operativvorgang
PDS	Partei des Demokratischen Sozialismus
Pf.	Pfarrer
PLO	Palestine Liberation Organization
Prof.	Professor
PVAP	Polnische Vereinigte Arbeiterpartei
RGW	Rat für gegenseitige Wirtschaftshilfe
Rias	Radio im Amerikanischen Sektor
russ.	russisch
S.	Seite, Seiten
SDI	Strategic Defense Initiative
SDP	Sozialdemokratische Partei
SED	Sozialistische Einheitspartei Deutschlands
SPD	Sozialdemokratische Partei Deutschlands
SRR	Sozialistische Rumänische Republik
StS	Staatssekretär
taz	tageszeitung
TV	Television
UdSSR	Union der Sozialistischen Sowjetrepubliken
Ufrde.	Unionsfreunde

UFJ	Untersuchungsausschuß Freiheitlicher Juristen
UN	United Nations
USA	United States of America
USAP	Ungarische Sozialistische Arbeiterpartei
USP	Unabhängige Sozialistische Partei
UVR	Ungarische Volksrepublik
VEG	Volkseigenes Gut
Verf.	Verfasser
vgl.	vergleiche
VR	Volksrepublik
ZDF	Zweites Deutsches Fernsehen
zit.	zitiert
ZK	Zentralkomitee
ZPA	Zentrales Parteiarchiv

Ralf Georg Reuth
Goebbels
760 Seiten mit 33 Schwarzweißfotos.
Leinen

Reuths Buch ist seit langem die erste Biographie des Mannes, der zwölf Jahre lang das Bewußtsein der Deutschen gelenkt hat. Ohne alle wissenschaftliche Gestelztheit zeichnet Reuth die Lebenslinien dieser vielleicht schillerndsten Persönlichkeit aus der Nazi-Führungsriege. Auf eine überwältigende Fülle bisher unausgewerteter Dokumente gestützt, skizziert er das kleinbürgerliche Milieu, dem Goebbels entstammte, schildert er das Werden seiner geistigen Welt und die Mittel, deren er sich skrupellos bediente, um nach oben zu kommen – bis zu seinem kläglichen selbstmörderischen Ende.

»Die lang erwartete Goebbels-Biographie ist da, und – um es gleich vorwegzunehmen – sie ist gut gelungen!«
WELT

»Reuths Buch ist nicht nur ein Lesevergnügen ersten Ranges, sondern darf mit Recht als die neue Standardbiographie des nationalsozialistischen Demagogen bezeichnet werden.«
Das Parlament

»Anschaulich und flüssig lesbar.«
DIE ZEIT

»Alles in allem liefert Reuth einen neuerlichen Beweis dafür, daß die in der linken Historiker-Ecke verpönten Biographien sehr wohl einen historischen Erkenntniszweck erfüllen können.«
DER SPIEGEL
